Heinrich Preschers

Das Tausendjährige, und durch die bischöfliche Einweihung der neuen Kirche geheiligte Ottobeyren oder merkwürdige Begebenheiten

Heinrich Preschers

Das Tausendjährige, und durch die bischöfliche Einweihung der neuen Kirche geheiligte Ottobeyren oder merkwürdige Begebenheiten

ISBN/EAN: 9783743624207

Hergestellt in Europa, USA, Kanada, Australien, Japan

Cover: Foto ©Lupo / pixelio.de

Weitere Bücher finden Sie auf **www.hansebooks.com**

Das
Tausend-jährige/
und durch die
Bischöfliche Einweyhung
der neuen
Kirche
geheiligte
Ottobeyren:
oder
Merkwürdige Begebenheiten,
welche sich
Bey der Feyerlichsten Einseegnung
der neu erbauten Kirche/
und dem
Tausend-jährigen
Jubel-Fest
Deß befreyten Reichs-Stiffts/ und GOttes-Hauses
Ottobeyren
zugetragen.

Ottobeyren, Gedruckt bey Carl Joseph Wanckenmiller, 1767.
Zu finden bey Johann Martin Baader, Buchbinder allda.

Vorrede deß Verfassers.

Sehr vieles sind wir der Schrifft schuldig. Sie rettet die erhabensten Tugenden unserer Ur-Ahnen von dem Untergang, und ertheilet selben die Unsterblichkeit, welche Sie von Cedern, Ertz, und Marmor umsonst gehoffet hatten. Sie ist ein getreuer Leit-Stern, welcher uns die Klippen der falschen Sätze entdecket, und sicher auf der Strasse der Wahrheit fortführet. Sie ist dem Faden der Ariadne gantz ähnlich, weilen wir uns durch dero Beyhilff glücklich auß dem Labyrinth verdorbner Gewohnheiten entwickeln, und in die heilige Fuß-Stapffen unserer grossen Aeltern eintreten. Sie ist ein immerwährende Stimme, welche der spaten Nachkommenschafft die ihren Groß-Vättern erwiesene Gnaden, ertheilte Freyheiten, vermehrte Rechten verkündet, und hierdurch selbe zur schuldigen Danckbarkeit ermahnet. Dahero wünschte der gecrönte Prophet so sehnlich, die Geheimnisse, und Wercke GOttes geschrieben, und in einem Buch verzeichnet zu sehen, weilen er in dem Geist erkennte, daß das Volck, so erschaffen sollte werden, den HErrn loben wurde. Auch dieses ware, und wird allzeit mein eintziges Ziel seyn. Ich stellte in meinem vor einigen Wochen zum Druck beförderten Werckgen das gestifftete, erhaltene, und verhertzliche Ottobeyren also vor, daß ich der traurigsten Schicksaalen, augenscheinlichen Gefahren, und offt sehr nahen Umsturtzes, und gäntzlichen Unterganges nit vergasse. Gegenwärtige Bläter beschreiben, wie drey Hochwürdigste Bischöfe die neue prächtige Kirche so wohl, als die Opfer-Tische zu heiligen, und einzuweyhen, auch eben so viele Durchleuchtigste, Hochwürdigste, und Gnädigste Reichs-Fürsten den Ehren-Tage dieser tausend-jährigen Braut durch ihre höchste Gegenwart zu verherrlichen sich gewürdiget, welches fürwahr eine fast unerhörte Gnade ist, und für unser GOttes-Hause zu allen Zeiten die größte Ehre seyn wird. Selbe enthalten, wie viertzehen andere infulirte Häupter samt einer grossen Anzahl hoher Gästen dieses Jubel-Fest zu zieren, sich genejgtest erzeiget haben. Auß welchem denn ein zukünfftiges Alter leicht folgeren, und schlüssen kan, was für Lob-Sprüche selbes demjenigen schuldig seye, welcher allein nach so trüben Wolcken besonders der letzten Jahrhunderten ein so angenehme Glückes-Sonne hat aufgehen lassen, und nach so harten, und fast unzahlbaren Stössen ein so unerwartete Heiterkeit gegeben.

Ware nun dieser Beweg-Grund hinreichend mich zum schreiben zu bewegen; so nöthigte mich das allgemeine Verlangen das Werck zu beschleunigen. Mir ist zwar nit unbekant, wie verdächtig dieses Vorgeben einem unbenannten Wälschen Redner scheine, weilen wir selbes so gar an der Stirne jener Bücher lesen, welche eben so gelassen sich in ihren dunckelen Gemachen erzeigen, als die junge Hünlein in ihrem zarten Kercker. Doch habe ich dieser in sich so gerechten Bestraffung mich um so weniger schuldig gemachet, weilen nit allein die auß benachbart, und entfernten Oertern eingelauffene Briefe, sondern das außdrückliche, und wiederhollte Verlangen der Höchsten, und Hohen Gäste, deren Augenwincke ich als Befehle billich verehre, meinen Kiel immer ermunterten. Und darff ich nit ein überzeugende Probe dessen jene sinnreiche, und ruhm-volle Beschreibung nennen, welche ein frembde Feder in die zu Augsburg gedruckte Französche Zeitungen Num. 82. hat eingerucket?

Meine niedrige Schreib-Art, und unreine Sprache wird, wie ich hoffe, dem geneigten Leser, minderen Eckel, und Verdruß verursachen, weilen selbe wenigstens gleich bem Monde mit fremden Licht pranget. Denn den meisten Theil nehmen ein jene Meisterstücke der Geistlichen Wohlredenheit, welche wir allhier bewunderet, und würdig sind, daß selben in Bücher-Sälen ein Platz eingeraumet, der Namen dieser geübtesten Meistern verewiget, und die auß selben theils gesammelte, theils annoch zu hoffende Früchten auch anderen von uns entlegenen mitgetheilet wurden.

Uebrigens weilen ich wohl wuste, daß der Ruff nach seiner Gewohnheit allen Begebenheiten einen mercklichen Zusatze gemachet; so habe ich, um einen genauen, und sicheren Bericht von dem gantzen Hergang zu geben, diese Beschreibung in zwey Theile abgeschnitten. Der erste belehret alles umständlich, was von der Zeit, da der Grund-Stein zu der neuen Kirche geleget worden, biß zu dero würcklichen Einweyhung merckwürdiges vorgefallen ist. Der Zwepte enthält alles, was ich immer durch diese acht-tägige Feyerlichkeit habe bemercken können, so einen Raum in unseren Jahr-Büchern, und die Aufmercksamkeit eines wohlgesinnten Gemüthes verdienet. Ein günstiger Leser, wenn er den gantzen Verlauff, und Hergang zu Gemüthe führet, wird leicht begreiffen, daß der barbey gemachte Aufwand, wenn man die Kräfften Ottobeyrens, übergroß, wenn man die Hoheit, Würde, und Viele der Gäste, billich, und nothwendig, und wenn man enblichen das erhabenste Ziel, so allein die Ehre GOttes ware, betrachtet, schuldig, und heilig gewesen.

Erster

Erster Theil
Von Erbauung der Kirche biß zur feyerlichen Einsegnung.

§. I.
Von Anfang deß Gebäudes.

Ichts ist mehr denen alles verzehrenden Unbilden der Zeit außgesetzet, als die Gebäude. Wenn ihre Zähne wegen Festigkeit der Mauern stumpf zu werden beginnen, ruffet sie alle Elementen zu hilff, und verbündet sich mit ihnen, um den Untergang der Kunst-stücke zu beschleunigen. Vergebens häuffet das Abgöttische Griechen-Land seine Schätze zusamen, um der Nachwelt ein Wunder in seinem Tempel zu Ephesus zu übergeben, indeme ersteres der eines ewigen Namen unsinnig begierige Herostratus die süsse Hoffnung in dem Rauch aufgehen machet; nachmalen aber das Alter diese kostbare Arbeit also zernichtet, daß uns nichts mehr, denn das blosse Angedencken übrig bleibet. Noch der harte Marmor, noch das überhäuffte Gold, und die vermengte Edelsteiner können die Residenz eines Persischen Monarchen von dem Untergang retten: Wir lesen dero silberne, und goldene Bäck, und mit schimmerenden Sternen besetzte Bildniß deß Himmels allein auf dem Papier. Und was finden wir wohl von den 32. Schuh breiten, und 100. hohen Mauern Babylons? was von dessen zahlreichen Thürnen, welche ihr Haupt 10. Schuh über die übrige Mauer erhebten? was endlichen von den in dem Lufft hangenden Wunder-Gärten? diese vormahlen so prächtige Stadt, und mächtige Beherrscherin der Welt hat ihren Schimmer also verlohren, daß die Erdmesser anjetzo nit einmahl die Lage derselben mit Gewißheit bestimmen können.

Niemand wird sich dahero verwunderen, das Rupertus II. jener grosse Abbt, dessen Verdienste keine Zung, noch Feder genugsam beloben wird, so wohl das allhiesige Closter, als Kirchen Gebäude in so elenden Stand bey dem Antritt seiner Regierung gefunden, daß jenes nit einmahl die schlaffende Religiosen vor dem Regen-Wasser, oder fallenden Schnee mehr schützen könnte; dieses aber den gäntzlichen Einsturz mit der Zeit drohete. Von den Zeiten der grossen Prälaten Leonardi, und Caspari, welche die allhiesige Kirchen, und Closter-Mauern theils wiederhergestellet, theils erweitert haben, waren schon mehr als 150. Jahre verflossen, und erlaubten ohnedem denselben die Bedrangnissen der Zeiten nit, daß sie ihre Wercke auf mehrere Jahrhundert befestigten. Rupertus sahe die

die höchste Noth ein, und fienge fast zu gleicher Zeit zu regieren, und zu bauen an. Allein bedauerte dieser fromme Vorsteher, daß er den Anfang von der Wohnung der Menschen, und nit von dem Wohnsitz GOttes machen muste, indeme jene einer weit grösseren, und näheren Gefahr außgesetzet ware. Endlichen nachdeme er seinen Brüdern sattsam vorgesehen, legte er den ersten Grundstein zu dem Hauß GOttes mit den in dem Römischen Pontifical vorgeschriebenen Ceremonien. Um die Kirche mit dem Closter bequemer, und enger zu verbünden, ward die Nordliche Seiten hierzu erwählet, also, daß der Chor, und Haupt Altar gegen Mittag, das Langhaus, und Facciata gegen Mitternacht stehen sollte. Rupertus wünschete zwar daß angefangene Werck vollenden zu können; aber die durch den 30. Jährigen Regierungs-Last geschwächte Kräfften, und der unmenschliche Tode beneideten diesem würdigsten Abbten das Glück, welches der Himmel dessen Nachfolger, und nunmehro regierenden Prälaten ANSELMO vorbehalten.

Dieser setzte durch sieben Jahre den Bau fort nach dem Beyspiel seines ruhmwürdigsten Vorfahrers, ohne hiezu außwertige Arbeiter zugebrauchen, in dieser einzigen Absicht, daß der arme Unterthan sein nothwendige Nahrung darbey gewinnen könnte, weilen die erschöpfte Cassen, und entstandene Kriegs Unruhen nit mehrer erlaubten.

Der Sommer deß 1748. Jahrs ware, da mit allem ernst das Werck betrieben wurde. Zu desselben Anfang wurde das Gebäu übertragen dem fürtrefflichen Churfürstlich Bayerischen Bau-Meistern Herrn Johann Michael Fischer, und sahen wir am Ende dessen schon die alte Kirche zu Boden liegen. Allein was grosser Schrecken befiele unsere Gemüther, als wir gewahr warden, in was für augenscheinlicher Gefahr wir uns bißhero befunden? denn als der hintere Theil würcklich nieder gerissen war, stürzte das Gewölb den 20. August vor 3. Uhr Nachmittag gählich ein, unter welchem wir das gewöhnliche Lob-GOttes vormahlen Tag und Nacht abzusingen pflegten, bey welchem unglücklichen Zufall 2. Arbeiter ihr Leben elendiglich eingebüßet, und mehrere sich kümmerlich durch die eilfertige Flucht gerettet. So wurde denn an dem Gotts-Hauß mit gedoppelten Eifer gearbeitet, also, daß die aufgeführte Mauern, und verfertigte Gewölber schon in dem 1756. Jahr die Hand der Künstlern erwarteten.

§. 2.
Beschreibung der neuen Kirche.

Un unserem Ziel näher zu kommen, mittheilen wir ein getreue Beschreibung der gantzen Kirche. Silbe ist also erbauet, daß der Chor, und Hoch-Altar gegen Mittag, der Eingang hingegen gen Norden stehet. Ihr länge erstrecket sich mit den Mauern auf 309. die breite in dem Chor, und Langhauß auf 125. Schuh: die Höhe aber halt in dem Chor 91. in dem Schiff 94. (biß an das Haupt Gesimse gerechnet) in der Haupt-Kuppel biß in dero mitte 122. Schuh. Sie ist einem Creutz ähnlich, und machen die 2. grosse Capellen die Arme auß, daß sie folglich in der mitte 210. Schuh breit ist. Zur Seite der 3. Thüren stehen zwey 365. Schuh hohe Thürne. Die Facciata zieren 3. grosse steinerne Statuen, auß welchen die mittere den Heil. Ertz-Vatter Benedict, die übrige unsere mächtige Schutz-Patronen Alexander, und Theodor vorstellen. Unter diesen ist die Bildniß deß Heil. Ertz-Engels, und besonderen Ottobeyrischen Schutz-Geistes Michael zu sehen.

Ju

In der Kirche selbst sind 16. Altär, nämlich der Hohe, und Creutz-Altar, drey in einer jeden auß den 2. grossen, und vier in den neben Capellen, die übrige vier unter der Haupt-Kuppel; über dieses 3. gedeckte Kuppeln, 4. andere grosse, und 11. kleinere Felder. Die Höhe deß Chor-Altars hat 90. Schuh: dessen Antritt ist auß Marmor; der schöne Tabernackel, welchen der Kunstreiche Herr Baur Gold arbeiter in Augspurg verfertiget: daß 33. Schuh hohe, und 16. Schuh 7. Zohl breite Blat, welches die allerheiligste Drey-Einigkeit vorstellet, die 6. Säulen, und 4. grosse Statuen samt anderen mitteren, und kleinen Figuren geben ihme ein Majestät-volles Ansehen. Sein Haupt bedecket das erste Feld, in welchem die 24. das Lamm anbettende Alte auß der geheimen Offenbahrung entworffen sind. Auf den Pontifical-Chor folgen

Die Chorstühle. Ihre ruckwände zieren 18. Bas relief, deren neun Biblische Geschichten, welche auf die merckwürdigste in den übrigen 9. enthaltene Wunderthaten unsers grossen Ertz-Vatters Benedicti abzielen, außdrucken. Uber denselben ist die erste Kuppel, und darinnen die 9. Chör der Engeln zu sehen. Zu beeden Seiten befinden sich 2. Sacristeien, und ober diesen 2. lieblichst sprechende, und mit sehr vielen Registern versehene Orgel-Werck, welche eines gebohrnen Ottobeyrers, und nunmehrigen Königl. Orgelmachers in Dijon deß Kunstreichen Herrn Carl Riepp wahre Meisterstücke sind. In den vier kleineren ob benselben sich befindenden Feldern sind die vier von den Engeln verkündete Geheimnisse, als die Verkündigung Mariæ, Geburt, Urstände, und Himmelfart Christi sehr künstlich entworffen.

An das Chor-Gewölb stosset die grosse, und mittere Kuppel, welche die durch Sendung deß Heil. Geistes gepflanzte Kirche vorweiset. In deroselben Umfang stehen fünff kleinere Altär, nämlich in der Mitte der Creutz-Altar, auf welchem ein grosser Particel deß Heil. Creutzes, und unser uralt, und andächtiges Bildnuß deß Gecreutzigten der allgemeinen Verehrung außgesetzet: auf der Östlich, oder Evangeli Seite die Altäre deß Heil. Michaëlis, wo der Leib deß Heil. Mauri Diaconi ruhet, und deß Heil. Joannis Baptistæ, allwo der gantze Leib deß Heil. Bonifacij Martyrers, und Artzen bewahret wird: auf der Westlich, oder Epistel Seite haben ihre Ruhestadt die verehrens-würdige Cörper deß Heil. Januarij Subdiaconi, und Benedicti Martyrers, auß welchen jener auf dem Altar deß Heil. Schutz-Engels, dieser auf dem Altar deß Heil. Josephs verehret wird.

Auf den Seiten dieser Kuppel stehet man die zwey grosse Capellen. Die erste, so gegen Aufgang stehet, stellet in dem ober sich habenden Feld die Marter der Heil. Brüdern vor. Dero Haupt Altar, so 70. Schuh hält, und ein 25. Schuh, 8. Zohl hohes, und 13. Schuh, 9. Zohl breites Blat hat, ist der Ehre deß unüberwindlichen Blut-Zeugen Alexandri, und anderer Patronen deß Closters gewiedmet. Zur Seite gegen Mittag ist ein kleinerer Altar zur Ehre deß Heil. Ertz-Vatters Benedicti; der andere aber gegen Mitternacht zur Ehre der Heil. Jungfrauen, und Martyrern Ursulæ; Catharinæ ꝛc. errichtet.

Gleiche Ordnung ist in der zweyten gegen Westen liegenden Capelle beobachtet worden. Das Bild deß eben so hohen mitteren Altars enthält den bey der Echnabeu erhaltenen Sieg, wie daß darüber stehende Feld den Schutz, und Fürbitt der seeligsten Jungfrauen Mariæ. Zu beeden Seiten ziehen die Augen an sich die 2. zierliche Altäre der Heil. Scholasticæ, und Annæ

An dem Haupt Pfeiler dieser Kuppel gegen Untergang ist die sehens-würdige Cantzel, oder Predigt-Stuhl, gegen Aufgang aber der besonders künstliche Tauff-Stein gestellet.

Das Schiff endlichen hat zur Seite 4. Neben-Capellen. Die erste gegen Osten ist deß Heil. Martini, die zweyte deß Heil. Antonij. Gegen Westen liegen die übrige zwey, nämlich der Heil. Nicolai, und Joannis von Nepomuck, wie auß 4. zu ersehenden Feldern leicht zu erkennen ist. Die darinn befindliche Kuppel stellet die durch den Heil. Orden fortgepflanzte Kirche, und das letzte Feld die Stiftung, Bestätigung, und Erhaltung unseres Gotts-Hauses vor. Die letzte 3. kleine Felder, in welchen eben so viele auß der Göttlichen Schrifft entlehnte Geschichten gemahlen sind, befinden sich unter der also genannten Port-Kirchen.

Alle Gemählde, welche in den Gewölbern, Capellen, Altären, Sacristeien, und anderen Orten in das Aug fallen, sind Erfindungen und Kunst-stücke deß Welt-berühmten, und von uns niemahl genug zu belobenden Herrn Jacob Zeiler, Seiner Kaiserlichen Majestät Academischen Mahlern, welchem durch einige Sommer sein ebenfalls kunstreichen Pemsel vergesellschafftet der wegen seiner außnehmenden Erfahrenheit bekannte Herr Frantz Anton Zeiler. Die eintzige Bildnissen deß Heil. Benedicti, und Scholasticæ, der Heil. Ursulæ, und Annæ verdancken ihre Zierde, jene dem kräfftigen Pemsel deß Herrn Joseph Mages, diese der Annehmlichkeit eines Herrn Januarij Zicken. Die Statuen so wohl inner, als ausserhalb der Kirche, Bas relief, Figuren, und Zier-Arbeit sind mehrmahlige Proben der ungemeinen Geschicklichkeit deß Hrn Joseph Christian. Die seltene, und wohl angebrachte Stuccador-Arbeit samt den Statuen auf dem Haupt-Gesimse, und Bas relief ober den Beichtstühlen rühmet mit stummen Lippen die schon in mehreren Ländern, und Oertern erwiesene Kunst deß Herrn Michael Feuchtmayer, wie die Chor, und Beichtstühle, die Thüren, und übrige Holtz-Arbeit ihre mit der Majestät vereinigte Schönheit der Hand deß Herrn Martin Hermanns zuschreiben.

§. 3.
Erste Einsegnung.

Nachdeme nun wir mit dem Kirchen Gebäude so weit gekommen, ward der Entschluß gefasset, alle Anstalten vorzukehren, damit wir selbe bäldigst beziehen, und da:inn dem Allerhöchsten das geziemende Lob fürohin absingen, wie auch das Heiligste Meß-Opfer abstatten könnten. Dahero wurde

Der Hochwürdige Herr Sigismundus, deß Heil. Geists Ordens der Löblichen Hospitäler, und Gotts-Häuser in Memmingen, und Wimpfen Prælat, und Maister, auch durch Teutschland, und Elsaß Visitator, und Vicarius Generalis &c. durch einen Abgeordneten erbethen, die in dem Römischen Ceremonien-Buch vorgeschriebene simplicem Benedictionem, oder Einsegnung vorzunehmen, worzu der 31. August, als das Fest der Heil. Engeln bestimmet worden. Es langten demnach Se Hochwürden, und Gnaden an dem Vor-Abend allhier an, und nahmen deß folgenden Tages fruh Morgens um halb sechs Uhr besagte heilige Verrichtung vor, also, daß wir um viertel auf sieben Uhr die Prim das erstemahl in dem neuen Chor abhalten kunten.

Hoch ermeldter Prælat beliebten um die gewöhnliche Zeit das Hoch-Ambt in Pontificalibus mit der größten Erbauung, und Andacht abzusingen. Worauf

auf diese freuden-volle Verrichtung mit dem Ambrosianischen Lob-Gesang beschlossen worden.

Ubrigens weilen die schwache Gesundheits Umstände, und hoch erlebte Alter, welche so gar diese Handlung unserem dreymahl jubilierten Gnädigen HErrn Reichs Prälaten nit gestatteten, uns keine Hoffnung mehr übrig liessen, daß Selber den Höchsten, und hohen Gästen bey vorseyenden hohen Fest seine schuldige Aufwartung machen könnte, als gelangte unsere Bitte an mehr besagte Se Hochwürden Herrn Prälaten, daß Hochdieselbe diese Zeit hindurch die mühsame Stelle eines Prælati domestici, und Hauß-Vatters vertretteten. Dero angebohrne Milde und besondere Neigung gegen Ottobeyren gestattete nit, daß auf ein so billiches Ansuchen eine abschlägige Antwort erfolgete; vielmehr sagten Sie mit eben so vieler Fertigkeit zu, als mit grossem Ruhm Sie so arbeit-volles Amt verrichtet.

§. 4.
Einweyhung der 12. Altären.

Schon zu Anfang deß Augusts hatten wir unsere unterthänigste Bitte Ihro Hochfürstlichen Durchleucht, unserem Gnädigsten Ordinario durch Abgesandte, und Ihro Königlichen Hochheit Bischoffen zu Freisingen, und Regensburg schrifftlich überreichet, und waren hierinn so glücklich, daß wir von diesen höchsten Fürsten, und Bischöfen ein gnädigst und mildestes Ja-Wort erhielten. Weilen aber die Altäre allzu zahlreich, und die vorgeschriebene Ceremonien all zu Mühesam, und häuffig, als daß diese feyerliche Einweyhung in einem Tage könnte verrichtet werden: als gerueheten Ihro Durchleucht dero Hochwürdigen Herrn Suffraganeo, und Weyhbischofen in Augspurg die Vollmacht, 12. Altäre bey verschlossenen Thüren einzuweyhen, zu ertheilen; wie auß nachstehenden Schreiben zu ersehen:

Nos JOSEPHUS DEI, & S. Sedis Gratia Episcopus Augustanus, S. R. I. Princeps, Landgravius Hassiæ, Princeps Hirsfeldiæ, Comes in Katzenelenbogen, Diez, Nidda, Schaumburgi, Isenburgi, & Biddingæ, Abbas Exemptus Földwariensis in Hungaria, Eques Illustris Ordinis S. Huberti &c. &c.

Cum de proximo sit per Nos solemni ritu consecranda Ecclesia Insignis Monasterij in Ottobeuren, itemque Altare Majus; reliqua minora Altaria remaneant pariter consecranda, Nosque ad omnia hæc munera non simus satis: ideo cum tempus sit modo peropportunum, & commoda se præbeat occasio Domino Suffraganeo nostro, diverso tempore aliunde distracto, id munus perficiendi, etiamsi nondum Ecclesia sit solenniter consecrata, utendo specialibus facultatibus, ob difficultatem longi itineris, quo recursus haberi possit ad Urbem, Nobis a S. Sede Apostolica peculiariter attributis, cumque nullus expressus id vetet Canon Ecclesiasticus, prædicto Reverendissimo Macaritensi Suffraganeo Nostro licentiam impertimur, ut, quando sibi commoda detur occasio, etiam ante solemnem Dedicationem, minora Altaria per Ecclesiam valeat consecrare, dummodo id exequatur foribus clausis, & in forma omnino privata, & remaneant tria Altaria (ultra Altare Majus) adhuc consecranda, quod perficiendum erit in Actu ipso solemnis Consecrationis Ecclesiæ a Serenissimo Regali Principe Clemente Wenceslao Episcopo Frisingensi, & Ratisbonensi, Nostroque Coadjutore. Non obstantibus &c. Datum ex Castro Nostro Oberdorffij die 29. Aug. MDCCLXVI.

(L.S.)

JOSEPHUS Episcopus Augustanus
Landgravius Hassiæ.

J. F. Gandolfi Consil. Eccl. Ser. in Spirit. Sec. intimus.

Diesem Zufolge erkiesete der Hochwürdige, Frey Reichs Hoch-Wohlgebohrne Herr Frantz Xaveri Freyherr Adelmann von Adelmansfelden, Episcopus Macaritensis, deß hohen Dom Stiffts Augspurg Canonicus Capitularis, Ihro Hochfürstl. Durchleucht allda Suffraganeus, auch höchst bero Geistlichen Raths Præsident &c. den 12. und 13ten September zu diesem feyerlichen Act, und beglückte Ottobeyren durch sein erwünschte Ankunfft den 11ten besagten Monats Nachmittag.

Diesen frohen Augenblick verkündeten die erthönende Glocken, und stunde das gantze Convent bereit, Seine Bischöfliche Gnaden, welchen bey dem Eingang der Kirche abzusteigen gefiele, mit geziemender Ehrfurcht zu empfangen. Hochdenselben ware der P. Großkeller biß Mindelheimb entgegen gefahren, um Ihro Gnaden von dort auß biß hieher zu bedienen.

Die Heil. Reliquien, welche in denen den folgenden Tag zu consecrierenden Altären sollten verschlossen werden, wurden noch selben Abend bey der Sacristey zwischen 2. brennenden Wachskertzen andächtig außgesetzet, und 6. Ordens-Priester beordnet, die Metten, und Laudes de pluribus Martyribus zu betten.

Folgenden Tage wurden die Prim und andere kleinere Horæ samt dem Amt in aller frühe abgehalten, und lasen alle Priester (sechs außgenommen) die Heil. Messe, also, daß um 8. Uhr schon der Anfang der feyerlichen Verrichtung kunte gemacht werden.

Se Bischöfliche Gnaden hatten für diesen Tage die sechs gegen Niedergang auf der Epistl Seite liegende Altäre bestimmet. Dahero haben Hochdieselben den ersten, und gröſten zu ehren der allerseligsten Jungfrauen und Mutter GOttes Mariæ, als Königin deß Heil. Rosenkrantzes, den zweyten zur Ehre der H. Scholasticæ, den 3ten zur Ehre der H. Annæ, und der Familie Christi eingeweyhet, der vierte wurde denen Heil. Josepho, und Benedicto dem Martyrer, der 5te dem Heil. Nicolao, der sechste dem Heil. Joanni von Nepomuck geheilliget. Diesem Act wohnte das gantze Convent bey, und bettete wechsel-weiß die vorgeschriebene Antiphonen, und Psalmen ab. Auf den neu eingeweyheten Altären statteten so denn die sechs beordnete Priester dem allerhöchsten für diese so lang gewünschte Gnade den schuldigsten Danck durch entrichtung deß unblutigen und heiligsten Opfers ab.

Obschon nun diese heilig, und mühe-volle Handlung drey gantze Stund gedauret, geruheten doch Se Bischöfliche Gnaden nach einer sehr kurtzen Ruhe dem häuffig versammelten Volck das Heil. Sacrament der Firmung noch, ehe sie die ermattete Kräfften in etwas erquickten, zu ertheilen. Ja weilen die Anzahl deren, welche um dieses Heil. Geheimniß baten, immerdar anwachsete, haben Hochdieselbe diese heilige Arbeit gleich nach der Mittag-Tafel wieder vorgenommen, und mit unermüdeten Eifer biß gegen Abend fortgesetzet. Hierauf sind die Heil. Gebeiner auf den folgenden Tage vor den Eingang in die Sacristey gesetzet, die Metten, wie gestern gebettet, und also dieser freuden-volle Tag beschlossen worden.

Den 13ten September ward alles, wie den verflossenen Tag, beobachtet. Die Altäre, welche durch die Bischöfliche Hand geheiliget wurden, sind folgende: 1. der Heil. Patronen Alexandri, Theodori, und Sebastiani, 2. der Heil. Benedicti, Placidi, Mauri. 3. der Heil. Ursulæ, Catharinæ, Binosæ &c. 4. deß Heil. Joannis deß Tauffers, und Bonifacij deß Artzten, und Martyeers, 5. deß Heil.

Heil. Martini, und 6. deß Heil. Antonij von Padua. Jene, so das Heil. Sacrament der Firmung empfangen wollten, versammelten sich anheute in weit grösserer Menge, also, daß 8. und offt mehrere Priester mit verbünden genug zu schaffen hatten. Doch liesse der Hochwürdig und Gnädige Bischoff von der langen, und beschwerlichen Arbeit nit allein nit ab, sondern unterbrache selbe öffters, und verrichtete mit dem Volck das nach Empfahung dieses H. Geheimnuß gewöhnliche Gebeth, damit theils denen noch übrigen ein bequemerer Platz eingeraumet wurde, theils die andere selben Tag noch nacher Hauß zu kehren Zeit gewunnten.

Den 14. Tag, nämlich das Fest der Erfindung das Heil. Creutzes machten Se Bischöfliche Gnaden dadurch merckwürdig, das Sie dreyen Fratribus Professis das Subdiaconat ertheilten. Die übrige so wohl vor, als nachmittägige Stunden foderten die sehr zahlreiche, um das H. Sacrament der Firmung unterthänig bittende Frembdlinge, also, das, da Hochdieselbe schon würcklich Abends zur Tafel zu gehen gedenckten, und erst wiederum einige auß entfernten Oertern kamen, Sie die Tafel verschoben, und dem demüthigen flehen Gnädig zusagende, auf ein neues zu der Heil. Arbeit kehreten. Die Anzahl deren, so dieses Heil. Geheimnuß zu empfangen die Gnade gehabt, belauffet sich auf 5548.

Die in Augsburg fürseyende wichtige Geschäfft vergönneten uns das Glücke nit, diesen Hochwürdigen, und Gnädigen Gast länger verehren zu können. Ihro Bischöfliche Gnaden traten dahero den 15ten um 8. Uhr vormittag die ruckreise unter abermahliger Läutung aller Glocken an. Wenn wir die beglückte Stunden, so Hochdieselbe uns Gnädig geschencket, zählen, und die viele Verrichtungen, Mühe, und Arbeit betrachten, müssen wir gestehen, das Sie wenig ruhige Minuten allhier gefunden. Und so wir uns vorgenohmen hätten, nit eine kurtze Geschicht, sondern ein weitläuffige Lob-Rede zu verfassen, wurden wir überflüßigen Stoff, und Materi haben. Die bewunderens-würdige Gedult bey so grosser ungestimme deß Volcks, der ununterbrochene Eifer bey so gehäufften Arbeiten, die sonderbare Milde gegen alle, die ungemeine Andacht bey den heiligen Verrichtungen wurden unserer ansonst unerfahrnen Feder Worte genug einflössen. Gewiß werden auch gantze Jahrhundert nit vermögend seyn das Gedächtnuß eines so würdigen Gasts, und Gnädigen Gönners in den danckbaren Hertzen, und Gemüther der jetzig, und zukünfftigen Einwohnern unseres Gotts-Hauses außzulöschen.

Der zweyte Theil.
Von der feyerlichen Einweyhung der neuen Kirche.
§. I.
Ankunfft der Höchsten Gäste.

Der für uns beglücktefte Tag brache endlich an, an welchem wir die angneh=
mende Gnade genieffen follten, die Höchfte Gäfte in unferen Ring=Mauern
unterthänigft verehren zu können. Denn die Durchleuchtigifte Fürften
den 26ten September zu ihrer Anherokunfft Gnädigft zu beftimmen geruhet
hatten. So wurden demnach alle Anftalten, fo viel nämlich unfere geringe
Kräfften erlaubten, zum würdigen Empfang vorgekehret. Unfere Untertha=
nen hatten freywillig zu diefem Ende eine Compagnie zu Pferd errichtet,
und fich felbft auf eigene köften einen fehr fchönen Uniform angefchaffet. Gleich=
fahls ware ein Compagnie zu Fuß auß Burgern montieret; die andere mufte
in ihren gewöhnlichen Kleidern Dienft thun, und die Wachen in dem Marckt=
flecken verfehen. Die bemeldte Compagnien verfammelten fich an befagten Tage,
und ftellten fich in parade. P. R. P. Prior, und Herr Canzler wurden beordnet,
denen Durchleuchtigften Gäften in Mindelheim unterthänigft aufzuwarten, wie
denn auch einige Reutter auf den Gränzen poftieret, die erwünfchte Ankunfft
Höchft derenfelben erwarteten.

Diefe gefchahe endlich nach 3. Uhr Nachmittag, unter Läutung aller Glo=
cken, und Erthönung unferer Pöllern. Die Höchfte Herrfchafften ftiegen bey
der Kirch=Thüre auß, allwo Höchftdiefelben von Sr. Hochwürden HErrn
Prälaten von Memmingen, als erbettenen Prælato domeftico, von unferem
nunmehro 79. Jährigen HErrn Reichs Prälaten, welcher fich durch feinen Be=
dienten dahin führen lieffe, und dem ganzen Convent in Flocken mit brennenden
Kerzen empfangen worden. Alsbald Ihro Durchleucht, und Ihro Königl. Hoheit
in die Kirche hineingetreten, ftimmte P.R.P. Prior die Antiphon: Ecce Sacerdos
magnus &c. an, welche von dem ganzen Chor famt dem Pfalmen: Memento
Domine David unter Vortragung deß Convent=Creuzes abgefungen worden.
Beede Durchleuchtigfte Fürften Bifchöfe pflegten indeffen ihre Andacht unter der
Kuppel vor dem Creuz=Altar, und wurden hierauf in die beftimmte Zimmer
begleitet. Der Hofftat ware fo zahlreich, als anfehnlich, und ftimmte mit
der höchften Würde vollkommen überein.

Weilen fich nun die Cavallerie, und Infanterie in dem inneren Hof rangiret
hatte: fo geruheten die Höchfte Gäfte derfelben Übungen von den Fenftern an=
zufehen, und darüber ein gnädigftes Wohlgefallen zu bezeugen. Gleich hernach
folgte eine fehr kurze Tafel, welche diefem erfreulichften Tage ein Ende machte.

Den folgenden 27. Sept. verherrlichte die Ankunfft Sr. Hochfürftlichen Gna=
den von Kempten. Höchft Diefelben waren hierzu durch Abgeordnete gehorfamft
erbe=

erbethen. Und was wäre billicher, als daß das Hochwürdigste Ober-Haupt jenes Stiffts an der Freude Ottobeyrens theil nehmete, dessen grosse Vorfahrer Fridericus, Bilgrinus, Joannes, Wolfgangus, und andere unser Schicksale, und Wohlstand sich so nachdrucklich haben angelegen seyn lassen? Ihro Hochfürstl. Gnaden wurden von unseren R. P. Sub-Priore, und Herrn Cantzley Verwaltern auf den Gräntzen complimentieret, und trafen unter Begleitung einiger entgegen geschickten Reuttern glücklichst um 3. Uhr Nachmittag allhier mit einer zahlreichen, und ansehnlichen Suite ein. Auch diesen beglückten Zeit-Punct verkündete uns das klingende Ertz der Glocken, und das krachen der Pöllern, dabey denn wiederum unsere Soldatesca so wohl zu Pferd, als zu Fuß die Ehre genosse, in Höchst deroselben Angesicht aufmarchieren zu können, und den mehrmahligen Beyfall dieses Höchsten Gasts zu verdienen.

Abends erschienen die Hochwürdigste Bischöfe nit bey der offentlichen Tafel, sondern beliebten wegen vorhabender Consecration, und Einweyhung der Kirche in geheim zu speisen. Die Metten aber de pluribus Martyribus ward, wie in dem Pontifical vorgeschrieben, von sechs dazu ernannten Ordens Geistlichen abgehalten.

§. 2.
Erster Tag, und würckliche Einweyhung der Kirche.

Freude, und Erstaunung wechselten bey Anbruch dieses höchst für uns beglückten Tages in unseren Gemüthern ab; und finden wir nit Worte genug, mit welchen wir jede Ceder-würdige Begebenheiten lebhafft ausdrucken könnten. Wir schreiben auch dieses nit nach Vorschrifft der Wohl-Rednern, welche ihre Schreib-Art für gar zu mager, und niedrig halten, wenn sie nit die Gegenwürfe über alle Wahrscheinlichkeit erhebet. Nein! viele tausend beaugte Zeugen werden den Unglauben überweisen, daß wir unsere Erzählung in den Gräntzen der alleinigen der Historie angebohrnen Wahrheit eingeschränket haben.

Die zu dieser Zeit fast ungewöhnliche Kälte ward an diesem Tage durch den rauhen Ost-Wind vermehret. So gar die erhartete Bauren Brust fienge an zu zittern, da sie diesen ungebethenen Vorboten deß nahe vorseyenden Winters fühlete. Ohne diese Ungemach der Zeit, und Lufft in Betrachtung zu ziehen, wurde nach Abbettung der Geistlichen Tag-Zeiten der Anfang zur feyerlichen Einweyhung um sieben Uhr Morgens gemachet.

Ihro Hochfürstl. Durchleucht, der Hochwürdigste, Durchleuchtigste Reichs Fürst, und Herr, Herr JOSEPHUS Bischoff zu Augsburg, Landgraf zu Hessen, Fürst zu Hirschfeld, Graf zu Katzenelenbogen, Dietz, Ziegenhain, Nidda, Schaumburg, Isenburg, und Bidingen, Canonicus der Cathedral Kirchen zu Constantz, Lüttich, und der Metropolitan Kirche zu Cölln, Infullerter Abbt zu Földwar in Hungarn rc. rc. Wie auch Ihro Königliche Hoheit, der Hochwürdigste, Durchleuchtigste Reichs Fürst, und Herr, Herr CLEMENS WENCESLAUS Bischoff zu Freising, und Regensburg, Coadjutor deß Bißthums Augsburg, Königlicher Prinz in Pohlen, und Litthauen, rc. Hertzog zu Sachsen, Gülich, Cleve, Bergen, Engern, und Westphalen, Landgraf in Thüringen, Marggraf zu Meissen, Ober, und Nieder Lausitz, Burggraf zu Magdeburg, Gefürsteter Graf zu Henneberg, Graf zu der March Ravensperg, Barbay und

Hanau

Hanau, Herr zu Rabenstein ꝛc. ꝛc. befanden sich um besagte Stund schon vor der Kirch-Thüre (welcher Ort am meisten der Wuth der Winden außgesetzet ist) und fiengen die Heilige, aber zu gleich langwierig, und höchst beschwerliche Verrichtung mit allgemeiner Erbauung, und Erstaunung an.

Bey Jhro Durchleucht vertraten die Stelle eines Assistenten Jhro Hochwürden, und Gnaden Herr Baron von Ecker der Hohen Dom-Stifter Augsburg, und Freisingen Canonicus Capitularis, dann auch Probst deß Collegiat Stiffts zu St. Andreas. Das Amt eines Diaconi, und Subdiaconi nahmen auf sich Jhro Hochwürden, und Gnaden Herr Graf von Breuner der Metropolitan Kirche zu Salzburg, und der Hohen Dom-Stiffter Augsburg, und Passau Canonicus Cap. und Jhro Hochwürden, und Gnaden Herr Baron von Rodt der Hohen Dom-Stiffter Augsburg, und Constantz Canonicus Capit. Ceremoniarius endlich waren hierbey Jhro Hochwürden, und Gnaden Herr von Balli deß Löblichen Collegiat-Stiffts S. Mauritij in Augsburg Dechant.

Jhro Königliche Hoheit hatten zum Assistenten Jhro Hochwürden, und Gnaden Herrn Baron von Bodtmann der Hohen Dom-Stiffter Freising, und Regensburg Canonicum Capit. denn deß Löbl. Stiffts bey unser Frauen in München infulierten Probsten, zu Diaconen, und Subdiaconen Jhro Hochwürden, und Gnaden Herrn Baron von Westernach der Hohen Dom-Stifftern Freising, Augsburg, und Constantz Capitularem Can. und Jhro Hochwürden, und Gnadin Herrn Baron von Hornstein der Hohen Dom-Stifftern Freisingen und Augsburg Canonicum Capit. Sr Hoheit Geistl. Rath, und Vicarium in Spiritualibus Generalem erkiesen.

Es ware fürwahr ein die Augen reitzende Lust, und Majestät voller Anblick, zwey Hochwürdigste Bischöfe, und sechs infulierte Hochwürdige Dom Capitularen mit einer so heiligen Arbeit beschäfftiget, zu einer Zeit ansehen. Allein entzuckte unsere Gemüther vor allem erstens der unbeschreiblich, und unglaubliche Eifer Jhro Durchleucht. Wir können mit Recht sagen, was wir bey dem Heil. Luca lesen: Wir haben heute Wunder gesehen. Denn Wir sahen einen durch hohes Alter, 26. Jährigen Regierungs-Last, und wiedrige Gesundheits Umstände entkräffteten Hohen Priester: wir fühleten die ungewöhnliche taube der Witterung: Wir erkannten die lange Dauer, und grosse Beschwerlichkeit der Ceremonien: Wir hatten vor Augen den weiten Umfang der einzuweyhenden Kirche. Wir erstauneten dahero billich, sehende, daß die Ubermasse deß wahrhaft Fürstl. Geistes sich so gar dusserlich ergüssete, und dem geschwächten Corper die benöthigte Kräfften ertheilte; die Andachts Flammen, die ungemeine Lästehemmete; die heilige Wandlung durch mehr denn 5. Stunde ununterbrochen fortgesetzet wurde, also, daß Jhro Durchleucht öffter nach Vorschrifft deß Ceremonien-Buchs uni die gantze Kirche gegangen, die Treppen, und daß bey den Aposteln errichtete Gerüst fertig bestiegen, und endlich mit Einweyhung deß Hoch-Altars nach 12. Uhr diesem seyerlichen Act ein Ende gemachet.

Eben so viel bewunderens würdiges bemerckten wir in Sr Königlichen Hoheit. Höchstdieselbe beliebten gnädigst die drey Altäre, nämlich deß Heil. Creutzes, deß Heil. Michaelis, und deß Heil. Schutz-Engels einzuweyhen. Wir bewunderten hierbey die mit einer sonderbaren Fertigkeit vereinbarte Genauigkeit in Beobachtung aller auch mindesten Ceremonien, die gröste mit der Majestät vereinigte Milde, und die großmüthige Unempfindlichkeit, indeme Se Hoheit, hett, da alle übrige für grosse der Kälte fast erstarreten, allein diese ungemeine Ungemach der Zeit nit zu fühlen schienen. Wenn wir die enge Schrancken einer Beschreibung zu übertretten gedrungen, würden wir, ohne uns nach dem Beyspiel der Rednern die Zunge eines Cicero zu wünschen, kricht eine der vollkommensten Lob-Reden der gelehrten Welt liefern, wenn wir mit blossen, und ungeschmückten Worten alle Umstände, und wunder-volle Begebenheiten erzählten. Allein wir kehren wieder zu unserem Fürhaben.

Nach vollendeten allen zur Einweyhung der Kirche, und Altären gehörigen Ceremonien, haben Ihro Hochfürstliche Durchlaucht, der Hochwürdigste, Durchleuchtigste Reichs Fürst und HErr HErr JOSEPHUS Bischoff zu Augsburg Land-Graf zu Hessen ꝛc. ꝛc. unter Assistierung der hochermeldten Hochwürdigen, und Gnädigen Herrn Baron von Ecker, Grafen von Breuner, Baronen von Robt, von Westernach, und von Hornstein das erste Hoch-Amt in der neu eingeweyhten Kirche mit einer unbeschreiblichen Andacht, und allgemeiner Erbauung abgesungen. Während diesem entrichteten Se Königliche Hoheit das heiligste, und unblutige Opfer auf dem von Höchstdenselben erst geheiligten Creutz-Altar, und geruheten sodenn dem übrigen Gottes-Dienst auf dem in mitte deß Chors zubereitteten Bethstuhl biß an das Ende beyzuwohnen: Wie denn auch Se Hochfürstliche Gnaden von Kempten dem gantzen bißhero beschriebenen Einweyhungs-Gepräng, und dem Hoch-Amt von einem Beth-Ort zu zusehen, beliebet haben. Der Beschluß ward endlich von Ihro Durchlaucht nach 2. Uhr mit Anstimmung deß Ambrosianischen Lob-Gesangs gemachet, daß also diese heilige Verrichtungen mehr denn sieben Stunde dauerten, und sich höchst zu verwunderen ist, daß die Hochwürdigste und Durchleuchtigste Fürsten, und Bischöfe nit das mindeste Zeichen einer Entkräftung an sich mercken lassen.

Die gantze heutige Musik, welche auf diese Feyerlichkeit Se Durchleucht Hof Capell-Meister Herr Petrus Pompeius Sales Mitglied der Akademie zu Bologna neu erfunden, ware auserlesen. Auch liessen sich unter währendem Hoh-Amt die Pöller fast ohne Unterlaß hören, und paradierten die aufgestellte Compagnien von Morgens frühe an biß zum Ende.

Die dritte Nachmittags-Stund war schon angebrochen, als zur Tafel das Zeichen gegeben wurde. Und bemercken wir nit unbillich als ein Merckmale der übermäßigen Gnade, daß die Höchste Fürsten, von nun an jederzeit offentlich auf unserem grossen Sale zu speisen sich gewürdiget, und so gar dem gemeinen Volck den Zutritt dahin gestattet haben. Welches denn sich diese Gnädigste Erlaubniß besto begieriger zu Nutzen gemachet, je ungewohnter selbem ware drey Höchste Reichs Fürsten, und einen so zahlreichen Adel zu gleicher Zeit versammelt sehen.

Übrigens weilen Ihro nunmehro Glorreichest regierende Päbstliche Heiligkeit auf die gantze Octav einen vollkommenen Ablaß allergnädigist ertheilet hatten; Wir aber wegen Bedienung so hoher, und vieler Gästen wenig ruhige Minuten genossen: als sind vier Wohl-Ehrwürdige Patres Augustiner, und eben so viele Patres Franciscaner, und Capuciner geziemend ersuchet, und anhero beruffen worden, die Beichten deß häuffig anders kommenden Volcks diese acht Tage hindurch anzuhören. Womit Selbe heute den Anfang gemachet, und Gelegenheit genug gefunden haben, ihren unermüdeten Eifer zu erproben, in deme sie etlichmale erst um 5. Uhr Abends die Beichtstühle verlassen kunten.

Zweyter Tag.

Danckbare Diener GOttes laden insgemein auch Frembe, ja wohl gar leblose Geschöpfe zum Lob GOttes ein, weil sie ihre Kräfften viel zu schwach erkennen, als das Sie dem Allerhöchsten das schuldigste Danck-Opfer verabzinsen könnten. Die Göttliche Schrifft leget die unlaugbare Beweiß dieser Wahrheit in den drey Babylonischen Knaben, und damit wir kürtze halber andere umgehen, in dem gecrönten Propheten vor Augen. Auch wir waren entschlossen, diesem heiligen Beyspiel, so viel uns möglich, nachzuahmen. Derowegen sind die erfahrneste Redner theils durch Abgeordnete, theils durch Schreiben erbethen worden, durch Geistreiche Predigten das anwesende Volck zu ermunteren, damit selbes mit uns den allgütig, und allmächtigen Erhalter unseres Gottes-Hauses preisete.

Auß dieser Ursach kamen Ihro Hochwürden, und Gnaden, der Hochwürdige HErr GEORGIUS Abbt deß Löblichen Reichs Stiffts, und Gottes-Hauses Roggenburg, dann beeder Löblichen Gotts-Häuser ad S. Lucium, und zu Chur-Walden in Graubündten Pater Abbas hereditarius, und Superior Ordinarius &c. gestern Abends hier an, dessen ungemeine Erfahrenheit so wohl in der Rede-Kunst, als in anderen höheren Wissenschafften die in Druck beförderte Wercke schon längstens der gelehrten Welt verkündet haben.

Nun dieser neue Norbertus unseres Schwaben-Landes, welcher mit den häuffigen Geschäfften eines würdigen Abbten das mühe-volle Amt eines Apostolischen Predigers weißlichist vereinbaret, bestiege der erste an heutigem Tage, als an dem Fest deß Heil. Ertz-Engels Michaels, unsere Cantzel, und machte sich durch nachstehende Lob, und Ehren-Rede das tausend-jährige Ottobeyren auf ein neues verbunden.

Ottobeyren
in
Seinem tausend Jahr alten Jubel- und
Kirchweih-Fest
ein
Heiliges, ein Neues, ein wohlgeziertes
Jerusalem

Vorspruch:

Vidi sanctam Civitatem, novam Jerusalem, paratam ut Sponsam ornatam viro suo. Apoc. 21. Vers. 2.

Ich sahe die heilige Stadt, das neu Jerusalem, und sie ware zubereitet, wie ein Braut, die ihrem Mann gezieret ist. Das Buch der heimlichen Offenbahrung XXI. 2.

Eingang.

Schlechte Ehre, geringer Ruhm, durch Feuer-würdige Unthaten bey der grauen Nachwelt seinen Namen verewigen wollen! keine Lob-Feder hat sich jemals Stumpf geschrieben, das Paris, der treulose Trojaner, in dem Tempel Apollinis Timbræi dem unüberwindlichen Achilles mit einem verrätherschen Mord-Pfeil seinen grossen Helden-Geist auß der belebten Brust geschossen. Noch itzo zörnen alle vier Welt-Angeln auf den Herostratus jenen ruhm-gierigen Griechen, daß er den Wunder-Tempel Dianæ zu Epheso, zu dessen Erbauung gantz Griechen-Land fast all sein Gold zerschmeltzet, durch eine verwegne Brandfackel in schwartze Aschen vergraben.

Eine weit edlere Denckens-Art hatte das obschon noch heydnische Rom begeistert, welches steif darauf hielte; geringe Letten- und Leimen-Hütten dörffe man zwar übern hauffe schmeissen, herzliche Götter Tempel aber solte nicht einmal die gefräßige Zeit zernagen. Und verdienen jene Namen mit Stahl-Federn dem unsterblichen Ceder eingeätzt zu werden, welche mit dergleichen Wunder-Gebäude, Städte und Land geadelt haben.

So hat dißfalls geurtheilet, so hat gehandelt das edle Rom. Pantheon, das herzliche Pantheon, oder das allgemeine Wohn-Hauß der Götter, welches auß allen Tempeln, wie das volle Mond-Licht untrer den kleinern Nacht-Fackeln hervorleuchtete, und fast mehrere Gold-Platten, dann Maur-stein zählte, wurde zu diesem Ende aufgerichtet; und nur dieses allein beschmärchen wir, daß eine so vernünftige Welt-Beherrscherin in selbem dem wahren GOtt keinen Thron aufgerichtet, sondern mehrere Altär den falschen Göttern, den Augen- und Ohren-losen Götzen aufgestellt, als Ställe dem unvernünftigen Vieh Noë, der Gerechte, in seiner Arche gezimmert hat.

Unendlich grösseres Lob, als die Abergläubige Römer verdienten bey einer spaten Nachwelt, und verewigten ihren Namen zu unsterblichem Ruhm zween der großmächtigsten Fürsten Salomon und Zorobabel, jener durch die erste, (a) dieser durch die zwepte Erbauung (b) deß allerherrlichsten Welt-Tempels in der Haupt-Stadt Jerusalem; sintemaln selbe durch diese heilige That das offenbare Zeugniß deß Göttlichen Wohlgefallens für sich erworben, dem Volck aber unzählige Schätze der Zeitlich- und Geistlichen Wohlfahrt zugezogen haben.

Wir reden dieses nicht ohne Grund; allermassen uns GOttes Wort in den geheiligten Blättern gäntzlich überführet: prächtige Tempel-Gebäude seyen GOttes Augen-Lust und grösste Ergötzlichkeit. Kaum war der Jerosolymittanische Tempel unter Dach, so wurden den Innwohnern schön häuffigere Wolcken-bräche der Göttlichen Gnaden verheissen, (c) als dem grossen Patriarchen Jacob, da er auf offnem Feld seinen Schlaf-Stein durch aufgegossenes Oel zum Opfer-Tisch eingeweihet hat. (d) Wie vor dem Außzug von Egypten wider eine Würg-Hand deß strafenden Engels die Häuser der Israeliten; (e) also ward Jerusalem gegen allen Ubeln befestiget. Die Nacht- und Schild-Wache ware aller Arbeit entübriget auf ihren Mauern, weillen die Innwohner bey dem stets wachenden Auge GOttes gantz sicher schlummern konten.

Allein, O deß widrigen Zufalls! O deß leidigen Zeit- und Glücks-wechsels! Jerusalem, das Welt-beruffne Jerusalem ist gewesen, und stehet nun nicht mehr! kaum hatten sich tausend Jahre von der ersten Einweihung deß

D   Sa-

(a) 3. Regum. 5. & 2. Paralip. 3. (b) 1. Esdræ. 3. v. 8. (c) 2. Paralip. 7. v. 14. & seq. (d) Genes. 28. v. 13. 14. & 15. (e) Exodi 12. v. 22. & 23.

Salomonischen Tempels verlaufen, (f) so wird die Königs-Stadt, die Tochter Sions, die Zierde und Freude der gantzen Welt (g) durch Titi deß Feld-Herrn und der Römern Ubermacht besieget und unterjochet: der Tempel, O der wunder schöne Tempel! wird geschleift, die Brandfackeln angelegt, und wo vormals lauter Ambra und Cinnamom auf dem Opfer-Stein rauchte, da gehet alles durch Feuer in düstern Rauch und grauer Asche auf. Wo das Heiligthum gestanden, hat sich ein oeder Distel-Dorn, und Steinklumpen angehäufet.

Aber was Glück für dich Hochwürdiges Reichs-Stift! was Freud für uns hochansehnliche Zuhörer! tausend Jahre sind in deinem geseegneten Allmanach verstrichen, daß du zu seyn hast angefangen, und wir preisen anheute mit gebeugtem Haupt und danckbarer Seele die Güte GOttes, daß du noch seyest, und durch deß Himmels weise Vorsicht biß zu unsern Tagen in deinem ersten Weesen annoch aufrecht stehest. Holder Anblick! mit Erstaunung sehen wir, wie das tausend Jahr alte Ottobeyren in ein neues, wie durch gluende Asche der betagte Phoenix zu frischem Leben, sich verjüngert habe. Mit Verwunderungs-vollem Auge sehen wir einem neuen und weit prächtigern Tempel hergestellt, welchem ein Prophetischer Aggäus den Lob-Text schon vorlängst aufgesetzt zu haben scheinet, da er auß freudigem Ton gesungen: Grösser wird seyn die Herrlichkeit dieses letzteren Hauses, dann deß vorigen. (h) Mit entzuckenden Hertzens-Lust haben wir gestern durch geheiligte Hände eines Durchleuchtigsten Reichs-Fürsten, Land-Grafen, und Hochwürdigsten Bischofs, gegenwärtigen Tempel zu einem Beth- und Wohn-Hauß GOttes einseegnen, die Altar-Steine aber zu Opfer-Tische durch einen Printzen (wo sich die Königliche Hoheit mit der obersten Priester-Würde, glücklicher, denn bey Hircanus und Aristobulus denen letzten Zweige deß Machabdischen Geblüts, (i) vereinpaaret) allbereits einweihen gesehen.

Der tausendste Jahr-Tag deß gestifteten, und die hohe Einweihungs-Feyer deß neu erbauten Ottobeyren also sind jene beglückte Begebenheiten, worauf sich gar wohl gründet die Freude, worinnen gegenwärtiges Hochlöblich-Welt-berühmtes Benedictiner Stift schwebet. Es hat grosse Ursache zu frolocken! es hat schwere Pflichten dem allgütigsten GOtt eine offentliche prächtige Danck-feyer abzustatten! in dem Geist soll es sich erfreuen, weilen es schon im achten Jahr-hundert unsrer Gnadenreichen Erlösung, nämlich anno 764. gestiftet, in seiner ersten Blüthe in das achtzehende Jahr-hundert einfolglich Tausend zwey Jahr (welch erstaunliches Alter!) biß nun zu fortdauret! GOtt solle es sein erkentliches Hertz durch brenn-eifrige Danck-Pflichten gäntzlich wiedmen, weil selber jhme so viel gutes gegeben, und daß gegebene so lang erhalten hat! die günstige Himmels-Huld, so ihm durch gantze 1000. Jahre zugegangen, solle es auß vollem Hals anpreisen, und jene gütige Hand, von welcher es so manigfältige Wohlthaten empfangen, mit danckbaren Küssen verehren!

Otto-

(f) Dedicatum est templum anno 3001. tandemque a Romanis igne & ferro vastatum anno 4073. August. Calmet in Diction. Biblic. V. Templum fol. 332. col. 2. & 333. col. 1.
(g) Filia Sion - - urbs perfecti decoris, gaudium universæ terræ. Thren. 2. v. 13. & 15.
(h) Magna erit gloria domus novissimæ, plus quam primæ. Aggæi 2. v. 10.
(i) Joseph. Philo. Antiquit. lib. 15. cap. 9. &c. 2. æ 3.

Ottobeyren, das danck-beflissneste Ottobeyren thut es, und thut es biß zu unser Bewunderung, und allseitiger Geists-Erbauung. Mit dem Evangelischen Weiblein ladet es eine gantze Nachbarschafft zu Freudens Theil-nehmung höflichst ein. (k) Mit dem gesegneten Samen Abrahams auf GOttes Geheiß heiliget es das tausende Jubel-Jahr, und nennet dieses billig ein Jahr der Erlassung; (l) indeme von unserm heiligsten Vatter CLEMENS dem dreyzehenden diese acht-tägige Feyer hindurch allen hieher wallenden Christglaubigen Pilgern eine vollkommene Nachlaß der Sünden-Straff ist vergünstiget worden. Wie David, da er die geheiligte Bunds-Lade nach Jerusalem zuruck geführet, und in Mitte deß Tabernackels, den er eigens zu diesem Ende aufrichten liesse, auf das Feyrlichste eingesetzt, zu Vergrößerung der Herzlichkeit dieses Fests die höchste Häupter deß Priesterthums einberufen hat; (m) also erbethete ein brenn-eifriges Ottobeyren zween Durchlauchtigste Bischöfe und Fürsten, dann andere Hochwürdigste geinfelte Prälaten, jene zur Einweihungs-Handlung deß neu erbauten Tempels- diese zu Entrichtung deß Lob- und Danck-Opfers auf den neu eingesegneten Altar-Steinen. Wie Nehemias Athersata dem Esdras und andern Schrift-Gelehrten aufgetragen in der neu erbauten Stadt und Tempel Jerusalem dem Volck das Gesatz-Buch sieben Tag lang vorzulesen, die Größe und Wohlthaten GOttes zu predigen und zu verkünden, (n) also wurden auch hier-orts Wohlredner außerkiesen, welche auf diesem erhabenen Rede-Stuhl jene uneingeschränckte Güte, Barmherzigkeit, und Gnaden-völle, so die freygebige Vatter-Hand in das liebend, und geliebte Stift Ottobeyren durch tausend Jahre so häufig außgespendet, mittelst ihrer flüssigen Sprach-Kunst, wehrend der heilig angesehenen Ehren-Octav deß gegenwärtigen herzlichen Jubel- und hohen Einweihungs-Fests (o) hindurch, nach Verdiensten und Würdigkeit außrufen sollten.

Hier stehe ich nun, Hochansehnliche, gleichwie der erste, also der untüchtigste deren Rednern; hier stehe ich, wo meine Zunge sich lösen, und die Worte außbrechen sollen. Ich bin befelchet, einer gantzen anliegenden Catholischen Nachbarschaft das zehnhundert-jährige Jubel- und deß gantz neuen Ottobeyren hohe Einweihungs-Fest, jenen zweyfachen reitzenden Gegenstand unser Freude, deß allgemeinen Trosts, der schuldigsten Danckbarkeit auf die lebhafteste Art vorzubilden. Ich befolge, unerachtet meiner geringen Fähigkeit, und noch wenigerer Fertigkeit die heisse Begierde, und erfülle die eingeschärfte befehle. Was der Heil. Johannes zum Preiß der allgemeinen streitenden Kirche in dem geheimen Offenbarungs-Buch gesprochen, das sage ich zu Lobe der uralt Ottobeyrischen, anjetzo gantz erneuerten prächtigen Kloster-Kirche: Ich sahe die heilige Stadt, das neue Jerusalem, geziert wie eine Braut.

D 2 Drey

(k) Convocat amicas & vicinas, dicens : Congratulamini mihi. Luc. 15. v. 9.
(l) Sanctificabisque annum - - & vocabis *remissionem* cunctis, habitatoribus terræ tuæ ; ipse est enim Jubilæus. Levit. 25. v. 10.
(m) Vocavitque David Sadoc & Abiathar Sacerdotes, Uriel, Assajam Joel, Semeiam, Eliel, & Abinadab Principes familiarum leviticarum. L Paralip. 15. v. 11.
(n) 1. Esdræ VIII. v. 9. 15. & 18. Ut prædicetur & divulgetur vocem - - legit autem in libro legis Dei per dies singulos a die primo usque ad diem novissimum, & fecerunt solennitatem septem diebus, & in die Octavo collectam juxtam ritum
(o) In insigni die Solennitatis vestræ. Psal. 80. v. 4.

18

Drey Eigenschafften bemercket vorzüglich der geheime Schreiber in Jerusalem daß es heilig, neu, und wohl außgeziert gewesen. Wohl holde Eigenschaften, die wir in einer gantz gleichen Aehnlichkeit allhier auf das vollkommenste entworfen sehen, so, daß ich mich ohne mindesten Anstand berechtiget zu seyn erachte, das jubilirende Ottobeyren mit der heiligen Stadt Sion, den allhiesig neu erbauten herrlichen mit dem prächtigen Tempel in Jerusalem zu vergleichen. Ja! Jerusalem der Grund, Ottobeyren der Abriß! Jerusalem das Vorbild, Ottobeyren das Ebenbild! der Sachen gleiche Bewandtnuß soll meine Worte bewähren.

Hochansehnliche! vernehmen Sie also den Satz meiner folgenden Ehr- Lob- und Danck-Rede. Ich gebe kurtz und ohne Umschweiffen den

Innhalt:

„Das Hochwürdige uralte Reichs-Stift Ottobeyren in seinem 1000.
„jährigen glückseligsten Jubel-Fest ein zweytes Jerusalem."

Die Zergliederung deß vorgetragenen Haupt-Satzes stellet sich gantz heiter aller Augen dar; denn es ware, wie jenes

I. Heilig. II. Neu. III. Außgeziert.

Wohlan! das heilige soll der erste: Das neue der zweyte: das schön außgeschmückte Ottobeyren der dritte Predigt-Theil aufdecken.

Du, O starcker, O heiliger, O unsterblicher GOtt! (p) O König der Zeiten (q) durch dessen ewigen Rath-Schluß, Güte, und Vorsicht das jauchzende Ottobeyren den tausendsten Jahr-Tag feyret. Durch dessen starcken Arm selbes ein wunder-schönes Kirchen- und Kloster-Gebäude hergestellt! stärcke auch mich schwachen, auf daß ich die seltene Gnad deß erlebten 1000. jährigen glückseligsten Alterthums, die heilig freudige Handlung der hohen Kirchen Einweihung also lebhaft entwerfe, damit die erste eine allgemeine Bewunderung; die zweyte einen entzückenden Trost: beyde zusamen grosse Liebe, eifrige Andacht, und heisse Danck-Anmuthungen gegen dich als den Ursprung alles Guten in unsern Hertzen erwecke, durch die mächtige Fürbitt jener grossen Mutter, welche in der Zeit das ewige Wort empfieng, da sie von Gabriel begrüßt wurde: Ave Maria!

Erster

(p) Sancte DEus, sancte & immortalis! EccleC in Antiph. media vita
(q) 1. Tim. 1. v. 17.

Erster Theil.

Vidi sanctam Civitatem.
Ottobeyren ein heiliges Jerusalem.

Drey Ursachen sind es, wie ein berühmter Schrift-Steller sehr weißlich bemercket, warum Jerusalem die heilige Stadt benamset worden:

1. Weiln unser Heyland Christus JEsus selbsten allda seine heilige Kirch gestiftet, gepflantzet, und errichtet hat:
2. Weiln in selber der heilige GOtt in dem heiligen Tempel heiligst verehrt wurde:
3. Weiln sehr viele Heilige besonders von dem Geist GOttes besestte Propheten darinn gelebt haben. (r) So lehret Cornelius der so fromme als gelehrte Jesuit.

Hochansehnliche! gedunckt es Ihnen nicht, als sehreten sie in dem alten das gesegnete Schicksal deß neuen Jerusalem, deß Hochlöbl. GOtts-Hauses Ottobeyren. Das sieben Hundert sechtzig, und vierte Jahr war jener glückselige Zeit-Punct, wo Ottobeyren auß einem Gräflichen Schloß in ein Wohn-Hauß geistlicher Ordens-Bekenner verwandelt wurde. Bereits tausend Jahre sind verstrichen, da die Burg Illergäu in eine Burg Sion versetzt, ein Kloster und Kirche GOttes gestiftet worden; und zwar 1. nur darum, auf daß darin der Allerhöchste immer gelobt, und verehret wurde: anbey aber 3. haben allhier zu allen Zeiten heilige Gottselig und Gottsfürchtige Männer gelebt.

So ist denn auch Ottobeyren ein heiliges Jerusalem zu nennen, und zwar mit bestem Fug und Recht: denn heilig waren 1. die Stifter: 2. heilig die Absichten der Stiftung. 3. heilig viele deren Stift-Genossen, vorzüglich dessen würdigste Vorsteher und Aebte.

I. Und wer waren denn die Stifter gegenwertig preiß-würdigsten GOtts-Hauses? wem schreibt Ottobeyren danckmehmigst zu, daß es Ottobeyren seye? So

---

(r) Jerusalem civitas sancta dicitur, quod in eadem DEus sanctus sancte colebatur in templo Sancto, quodque in ea multi fuissent Sancti, praesertim Prophetae; ac tandem Sanctus sanctorum scilicet Christus in eadem Sanctam suam Ecclesiam instituisset. Cornel. a lapide in cap. 27. Math. v. 52.

Splach Hertzog der Francken, Stadthalter in Alemanien, (s) und Ermiswinde eine hochgebohrne Gräfin von Illergäu dessen würdigste Gemahlin, dero nicht so fast die adeliche Stamm-Fackeln, als das helleste Tugend-Licht zu dem Ehren- und Ehe-Bett Splachs den Weeg gezeigt hat. Weiln dieses eble Paar GOtt vor Augen und dessen heiligstes Gesetz stets im Hertzen hatte, so wurde Splach der Seegen Abrahams zu theil, und Ermiswinde eine eben so fruchtbare Mutter, als Sara die Tochter Raguels: denn sie zeugten drey Söhne und eine Tochter (gute Früchten eines guten Baums!) denen sie die Gottsfurcht, und anderer Tugend-Safft so sorgfältig als der alte dem jüngern Tobias mit dergestalt erfreulicher Nachwirckung zu- und beygebracht haben, daß der holde Himmel Gauzibert dem erst gebohrnen eine hohe Aarons Mütze gestricket, und Wien, in Franckreich die Ertz-Bischöffliche Inful aufgesetzt: Toto der zweytgebohrne zum Altar bestimmt, dieser geistlichen Versammlung, wie der erste Vorsteher, so auch der erste heilige Abt geworden; und Dagobert endlichen, als dem letzten männlichen Zweig, welchem der Durchlauchtige Zeuger, den Regierungs-Stab zugedacht hatte, ein un- und frühzeitiger Tod auß der zarten Hand gerissen: Richardis hingegen die Fürsten-Tochter mit dem angenehmen Geruch ihrer Tugenden die Welt erfüllet hat. (t) Fürwohr eine heilige Erbschafft, heilige Kinder! (u) aber kein Wunder! Ottobeyren ware damals ein rechter Adler-Sitz aller Tugenden, welche sich weit enger verkuppelten, als die Gleiche einer guldnen Kette in ein ander gewunden sind, und zoge die Frömmigkeit der Eltern durch süssen Gewalt eines rührenden Vorgangs die Frommkeit der Kindern unfehlbar nach sich.

Splach dann, jener fromme und Gottsfürchtige Fürst, jener sowohl an Tugenden als siegenden Kriegs-Helmen berühmte, bey dem König Pipin, dann seinem allerwürdigsten Sohn Carl dem grossen so beliebte Splach (w) innerlich von dem heiligen Ihme zu Hertze redenden GOttes-Geist angetrieben faßt den edlmüthigen Entschluß, wie einstens David in Sion, also er in Ottobeyren eine Ordens-Wohnung für Geist-Männer, für die Ehre GOttes aber ein Beth-Hauß aufzurichten, somit den besten Theil seiner Habschafft demselben wiederum zu schencken, von welchem er dieselbe so reichlich empfangen hatte. Er eröffnete die heilige Gedancken seiner tugendreichen Gemahlin: wie er, so dachte diese: sie waren zwey in einem Fleisch, doch eines Sinns und Hertzens, wo es auf die Ehre GOttes ankame. Das Beyspiel der Milde ihres Gemahls ware der Leit-Stern ihrer Freygebigkeit, und dessen Fürstlicher Tugend-Geist belebte auch ihre Fürstliche Seele. Jene Schanckung, die Splach dem Geber alles guten zuruck zu geben sich entschlossen, begnehmigte, ja beförderte Ermiswinde mit Hertz und Mund, mit Wort und Werck. Und was die betagten Gottseligen Eltern vorsangen, daß zwitzerte die junge Adler-Brut lieblichst nach. Die wohlgesitteten Söhne unterschrieben und unterzeichneten so behend, und willfährig den milden Stifftungs-Brief, als heilig der Gotts-fromme Hertz-Vatter selben verfasset hat.

Diejenige, auf deren Zungen die geistliche Stifftungen ein todtes Weesen, und fromme Ordens-Bekenner müßige, unnütze Geschöpfe der Erben heissen, wer-

---

(s) Franciscus Petrus Canon. Regul. Wettenhusanus in Suevia Ecclesiastica pag. 828. Verb. *Uttenburanum Monasterium.*
(t) Kurtze Beschreibung der Stifftung ꝛc. fol. 2. & 3. §. 1.
(u) Hæreditas Sancta, nepotes eorum. Ecclel. 44. v. 12.
(w) Kurtze Beschreibung ꝛc. pag. 2. n. 5.

werden vielleicht diesen Hertzog verschwenderisch nennen, daß selber der geistlichen Armuth ein so ergiebiges Allmosen mitgetheilet hat. Allein, dem Miß Gunst scheint alles zu viel, was GOttes-Dienern die Milde der Fürsten zum Unterhalt deß Lebens, und deß Lob GOttes zu reichen pflegt. Der Freygebigkeit Sylachs war nichts zu viel, was er den Erstlingen dieses Stifts zugewendet hat, auch nichts zu groß, weiln alles, was er diesem Stift schenckte, weniger und geringer ware, als er selbst. Er wußte nämlich, ein Fürst entlehne den grösten Glantz nicht von jenen Gütern, die ihme anhangen, sondern die er von sich giebt, und GOtt schenckt; und seye hierinnfalls gleich einer brennenden Fackel, welche damals scheint, wann sie sich selbst verzehrt. Was folgere ich? jenes untrügliche Lob, und Göttliche Gutheissung, so der Büsserin von Bethanien Christus die ewige Wahrheit zugeeignet, haben Sylach, und Ermiswinde sich ebenfalls bey einer gut gesinten Welt schon längst eigen gemacht, nämlich, daß sie an GOtt, und den lieben Heiligen ein gutes Werck außgeübet haben. (x)

II. Ware der Stiftern Lebens-Wandl unstrafbar, das Christenthum vollkommen, ihre Auffführung gegen GOtt heilig; so waren noch heiliger dero reineste Absichten in der Stiftung selbst. Was GOtt zum Urheber, daß kan nicht anderst dann Gut, und was dessen grössre Ehre zum Endzweck hat, daß kan nicht anderst, dann Heilig heissen. Die grössere Ehre GOttes, die Verherrlichung seines allerheiligsten Namens, welche David den Mann nach dem Hertze GOttes zum neuen Tempel-Bau in der Haupt-Stadt Jerusalem verleitete, hat auch unsern Tugend-beflissenen Sylach bewegt, sein Schloß in ein Ordens-Kirchen zu verwechslen, und dem gesegneten Geschlecht Benedicti deß heiligsten Uhr-Vatters einzuraumen, damit auf Erden zu ewigen Zeiten unabläßig gelobt werde JEsus, deme die junge Juden-Schaar mit jauchzender Stimm und frohlockenden Lefzen nur einmal zugesungen: Gebenedeyt seye, der da kommet im Namen deß HErrn. (y)

Es ware aber das Lob GOttes nicht das alleinige Ziel, sondern auch die Außbreitung deß Namens, die Erweiterung deß Reichs Christi, die Nachfolg deß allerheiligsten Meisters, und seiner Zwölf außerkohrnen Jüngern. Dem weisen und gerechten Mann Sylach ware gantz nicht unbekannt, daß der Anicianische Stammen-Sproß Benedictus der Nursianer, Benedict der grosse heilige Ertz-Stifter, gleichwie er auf dem Berg Cassin, und selbiger Gegend die Götzen gestürzet, den blinden Heyden durch sein eifriges Predigen das Licht zur wahren Erkäntniß deß allein seligmachenden Christlichen Glaubens angezündet, so auch seinen Lehr-Jüngern, Söhnen, und Nachkömmlingen die unumgängliche Schuldigkeit auferlegt, ihme nachzufolgen, und ein gleiches zu thun. (z) Nur gar zu wohl wußte der für den Namen GOttes, und deß heiligen Evangeliums eifernde Fürst, wie Augustinus der heilige Abbt (aa) zu St. Andreas in Rom von dem Heil. Pabst Gregorio dem grossen als der erste Apostel in das Königreich Engelland gesendet, dann die Seelen begierige

C 2 Mönch

(x) Math. 26. v. 10. (y) Joann. 12. v. 13. (z) Quod me videritis facere, hoc facite. Judic. 7. v. 17.
(aa) Romæ in Monasterio S. Andreæ ab ipso Gregorio Magno ædificato habitum S. P. Benedicti indutus.

Mönch **Laurentius**, **Petrus**, **Mellitus**, **Justus**, **Paulinus**, **Ruffinianus**, und noch mehr andre Benedictiner das Eyland Brittanien zur Liebe und Erkantniß GOttes gebracht, die Temse in einen heilsamen Jordan verwandelt, die Engelländer zu rechten Engeln gemacht. Er hörte mit frohlockenden Ohren an, wie die heiligen **Othmarus** (bb) und **Gallus** (cc) den Schweizern die angenehme Zeit, die Tage beß Heyls angekündet, wie **Virgilius** in Bayrn (dd) **Kilianus** in Francken, (ee) **Kisalarius** zu Wien in Oesterreich die Christenheit beförderten. Er sahe mit eignen von innerlichem Trost-Zähern übergehenden Augen an, wie ein Heil. **Bonifacius** samt seinen H. Gehülfen, und Mit-Arbeitern, so er auß Engelland berufen, benanntlich mit und durch **Burchardus**, **Lullus**, **Wilibaldus** Bischöfe durch **Wunibaldus** und **Sola** Abten (ff) denen Hessen, Thüringern, und Friesländern predigten, allen an beiden Ufern beß Rhein-Stroms gelegnen Landschafften die Christliche Lehr-Sätze außlegten und einschärfften. Er sahe, daß durch **Bonifacium**, und seine gebenedeyten Ordens-Brüder fast alle Teutschen belehret, die bekehrte Landschaften mit Klöstern, die Klöster mit frommen Mönchen besetzt worden, welche jene Glaubens-Saat, so er durch GOttes Gnad gepflanzt, durch ihren Schweiß, und nutzbaren Thau der guten Lehren forthin befeuchten und begiessen sollten.

Dieses alles wußte, dieses hörte, dieses sahe der Gott-gefällige Fürst Sylach, und alsobald entbrante seine Brust von gleichen Begierd-Flammen, derley erhitzten Apostolischen Ordens-Männern seine Herrschafft, sein Gebieth zu versehen. Dieser Ursachen halber, gleichwie die erste Kirch zu Jerusalem auß zwölf Aposteln bestande, so setzte auch Sylach in diese neue von ihme gestiftete Ordens-Versammlung auß dem preiß-würdigsten Benedictiner Schlecht an der Zahl zwölf Geist-Männer ein, die da JEsu und den Aposteln in Armuth, Gehorsam, Keuschheit, und Predig-Amt (gg) aufs genaueste folgen sollten. Könte wohl eine höhere, eine heiligere, eine Gott-gefälligere, Meynung ersinnt werden? Wenn demnach wahr ist, was doch niemand laugnen kan, daß die geistliche Ordens-Stände GOtt zur Ehre, der Kirchen zur Zierde, dem Neben-Menschen zu Nutzen, und dem gemeinen Weesen nimmer zu Schaden gedeihen; so muß ebenmäßig richtig, und der Schluß bündig seyn, daß die Absichte, die Gesinnungen jener, welche Klöster gestiftet haben, in ihrer Weesenheit in Eigen- und Umständen wahrhafft gut, und heilig gewesen sind, folgsam auch Ottobeyren in der Stiftung als ein heiliges Jerusalem zu halten seye. Aber weiters

III. Leitet man her die **Heiligkeit** eines Orts von der **Heiligkeit** der **Gottseeligen Innwohnern**; wird Jerusalem die heilige Stadt betitelt, weilen

dar-

(bb) Claudius Fleurius in hist. Eccl.
(cc) Idem l. c.
(dd) Math. Raderus in Bavaria sancta Tom. I. fol. 74.
(ee) Otto Frisingensis lib. 5. cap. 13. Serrarius de gestis Kiliani.
(ff) Math. Rader. l. c. fol. 71. & seq. Fleurius l. c. Tom. X. lib. 43. ad ann. 755. pag. 262.
(gg) Corbinian Kamm Hierarch. August. Part III. regul. partit. l. cap. 11. pag. 325. in hæc verba. Ottoburum sub annum Christi 764. NB. *Ad imitationem duodecim Apostolorum pro duodecim Religiosis* Ordinis S. Benedicti fundatur.

darinn viele Heiligen besonders Propheten gestanden. O wie wohl verdient nicht auch unser Lieb- und lobwürdigstes Ottobeyren einem heiligen Jerusalem verglichen zu werden! dann sehr viele der Vorsteher, und nicht wenigere gemeine Geistlichen sind kundbar dem Buch der Heiligen einverleibet? Wer weiß nicht an den Fingern herzuzählen Toto den ersten Abt, und deß seligen Stifters heiligen Sohn, dann Rupertus den siebenzehenden Prälaten, welche nicht nur die allgemeine Catholische Kirche, sondern auch sogar die Glaubens-Gegner (hh) als wahre Himmels-Burger und Heiligen ohne mindesten Wiederspruch erkennen. Wohl stattliches-unverwerfliches Zeugniß, worüber unsere Feinde selbst Richter sind! (ii) Wem leuchtet nicht Sonnenheiter in die Augen der lichte Tugend und Heiltzkeit Glantz Nidegarij deß vierdten, und Witgarij deß fünfften allhiesigen Abtens? Jenen beloben die bewährtesten Jahr-Bücher deß Kirchen-Gebieths Augspurg als einen Mann, der voll der Heiligkeit deß Lebens, voll der Gnade GOttes (kk) gewesen. Diesen preisen sie wegen Unschuld der Sitten, wegen entzündeten Seelen-Eifer den Ruhm der Heiligkeit und den schönen beynamen eines Apostollichen Manns bey männiglich erworben zu haben: (ll) Lobes genug! Ein heiliger Udalricus Bischof zu Augspurg deß gantzen Bischtums erkiesener Schutz- und Schirm-Heiliger ist ebenfalls dieser geistlichen Gemeinde als Abt vorgestanden, ein Heiliger den Heiligen! was Wunder also, wann man dich werth-geschätztes Ottobeyren! einen Wohn-Sitz der Heiligen benamset? Die Schrifft spricht für dich das Wort: *Mit heiligen Vorstehern wirst du ebenfalls in deinen Gliedern heilig seyn.* (mm) Der gütige Himmel hat sich gewürdiget, die Heiligkeit deiner Aebte durch untrügliche Wunder-Zeichen dir selbsten anzuzeigen. Johannes Islngrinus dein Gottseliger Abt ware es, dem GOtt, wie dem frommen David heimlich und verborgne Dinge seiner Weißheit geoffenbaret hat; (nn) dann er sahe in dem Geist von ferne auf der Reise nach Rom, wie in der Nähe, sein liebes Kloster durch das wüthende Element in volle Flammen gesetzt, in schwartzen Rauch aufgienge. (oo) Conradus dein zwaintzigster Prälat ware jener den Engeln, und der Welt so werthe Wunders-Mann, zu dessen entseelten, in die Erde schon versenckten Leichnam JEsus Christus am Creutz hangend das allerheiligste Angesicht gewandt hat; (pp) um hierdurch anzuzeigen, es habe Conradus durch seinen Tugend-Wandl und genaue Beobachtung der GOttes- und der Regel Gesetze

F sein

(hh) Martinus Crusius Suevitor. Annalium lib. XI. Part. 1. fol. 311. & 312.
(ii) Inimici nostri sunt judices. Deuteron. 32. v. 31.
(kk) S. Nidgarius O. S. B. primum Ottoburæ Abbas, dein Episcopus Augustanus XIII. — vitæ Sanctitate, DEI, & hominum gratia conspicuus, rerum contemplatione altissimus, voluptatum hostis juratus, sui corporis tortor acerrimus, in precum & amoris divini exercitio assiduus. Corbin. Kamm Hjerarch. Eccles. P. I. cathedræ Class. II. Sect. IV. pag. 107.
(ll) Vir Apostolicus in morum innocentia & animi candore famam Sanctitatis adeptus, Verbi divini indies Præco zelosissimus, religionis propagandæ studiosissimus, *Helvetorum Apostolus &c.* Kamm l. c. pag. 116. Item Franc. Petrus in Suevia Eccles. Verb. Uttenburum pag. 832.
(mm) Psalm. 17. v. 26. cum Sancto sanctus eris. (nn) Psalm. 50. v. 8.
(oo) Franciscus Petrus in Suevia Eccles. v. Uttenburum fol. 838. Kurtze Beschreibung pag. 26.
(pp) Franc. Petrus l. c. pag. 840. Kurtze Beschreibung pag. 35. ex Nicolao Elenbogen Chronologista Ottoburano.

fein Göttliches Antlitz und Liebe verdienet, wie jener Evangelische Jüngling, so sich alle Geboth von Jugend auf gehalten zu haben rühmte, folglich auch verdiente, daß jhne JEsus angesehen und geliebt hat. (qq)

Mit wenig Worten alles zu sagen, drey und fünffzig Prälaten von Totone dem Ersten biß auf Anselmum jetzt glorwürdigst regierenden Abt finde ich an der Zahl, eben so viele helle Lichter, als hocherleuchte Vätter. Und unter diesen (O was unsterbliche Ehre für dich höchst beglücktes Ottobeyren!) zählst du wohl die Halbscheide solcher Prälaten die entweder als Heiligen auf den Leuchter offentlicher Verehrung gesetzt, oder in unstrittigem Ruf der Heiligkeit auß diesem Zeitlichen verschieden sind, deren lobwürdigster Lebens-Brief mit dem Petschier außerlesner Tugend, und deß Seegen reichesten Gedächtnisses besiegelt ist.

Was solle ich melden von so vielen andern an Heilig- und Frommkeit berühmten Geist-Männern, die inner den geheiligten vier Kloster-Mauren schon durch tausend Jahr auferbäulichst ihr Leben zugebracht, und Gottselig beschlossen haben, deren Namen uns zwar unbekannt, jedoch in dem Buch deß Lebens deß Lamms aufgezeichnet sind. (rr) Männer waren sie Groß an Weißheit, aber noch grösser an Tugend, (ss) Männer waren sie zur Zierde deß Ordens, zur Ehre deß Stifts, die mit ihrem Tugend-Glanz und Schimmer der Heiligkeit unser theures Schwaben-Land, ja die gantze Kirche erleuchteten. Ich geschweig den Bernold einen Priester, den Hatto, Bruno und Egilolph Bayen-Bruder, welche in stiller Einsamkeit, in strengem Buß-Leben, in beständigen fasten und Wachen, in erhitzten Beschau- und Betrachtungen, in eifrigem Gebeth, in Heilig- und Gerechtigkeit GOtt gedient, und hierdurch verdient haben, dem Chor der Seligen einverleibt zu werden. (tt) Ich übergehe den Gotts-frommen Johannes Gretter, einen an Reinigkeit der Seele, und deß Leibs, an Unschuld der Sitten eingefleischten Engel, deme der heilige Schirm- und Gotts-Geist die Stunde seines seeligsten Abbruckes in sichtbar himmlischer Erscheinung vorgedeutet hat ; (uu) dieses alles übergehe ich samt mehr andern derley Begebenheiten mit Stillschweigen, immassen schrifftliche Urkunden überzeugend erweisen, daß nicht nur ein und anderer, sondern viele, viele, auß dieser Tugendschule an Heiligkeit deß Lebens wie die Nacht-Sterne an dem blauen Himmels-Feld geglänzt haben ; und eine bewährte Ubergab uns lehret ; so viele Cörper der Heiligen ruhen in der Kirche, daß keinem, auch nicht mehr den Aebten in Zukunfft die Begräbnuß könne gestattet werden. (ww) Fürwahr Ottobeyren an seinen Innwohnern ein heiliges Jerusalem! ein fruchtbare Mutter der Heiligen. Niobe die Königin der Thebäer rühmte sich als (*) ein glückselige Mutter, weilen sie 14. Kinder gebohren, die alle in den Reyhen deren Götteren übersetzet worden. Wie weit billicher jubilieret Ottobeyren, daß sie den Himmel mit so vielen wahren Heiligen bevölckert habe ?

Chri-

(qq) Intuitus Jesus dilexit eum. Marci 10. v. 21. (rr) Apocal. 21. v. 27.
(ss) Homines magni virtute, & prudentia sua praediti. Eccles. 44. v. 3.
(tt) Kurtze Beschreibung der Stiftung Ottobeyren. part. 2. §. VII. pag. 16. & pag. 21. (uu) Kurtze Beschreibung. l. c. pag 65. (ww) Idem l. c. pag. 35.
(*) Pantheon Mythicum P. Pomeij. Parte 1. pag. 171.

Christen! rühet eure Hertzen nicht ein so anzügliches Beyspiel der heiligen Stifter, der heiligen Stiftung, der heiligen Stifts-Genossen zu behender Nachfolge? Gehet, ach gehet unverweilt in das zehendfache Jahrhundert zuruck? (xx) das ist, wie es der gepurperte Kirchen-Fürst Hugo verstehet: Betrachtet, und folget nach den Heiligen GOttes. (yy) Ein dreyfache Heiligkeit bewundert ihr in dem verliebenen 1000. jährigen Zeit-Alter eines erneuerten zweyten Jerusalem. Heiliget euch demnach, und seyt heilig! (zz) bestrebet euch diese dreyfache Heiligkeit eurem Stand gemäß nachzuahmen; denn dieses ist der ernstliche Wille deß für euer Heyl eifernden GOttes. (aaa) Heiliget eure Hertzen durch vollkommene Liebs-Anmuthungen gegen GOtt; heiliget euren Mund durch eifriges Gebeth; heiliget eure Wercke durch gute Meynung; heiliget die Gedächtniß durch beständige Übung deß gegenwärtigen GOttes, den Verstand durch Betrachtungen Göttlicher Dingen, den Willen durch Erweckung schönster Tagends-Acte. Auf solche Weise, ich versichere euch, werdet ihr insgesamt nach diesem Leben zu dem HErrn in das allerheiligste ober-irrdische Jerusalem (verstehe den Himmel) hineintretten. (bbb)

Wie haben bißher das jubilierende Ottobeyren einer seits als ein heiliges Jerusalem auf das lebhaffteste abgeschildert, läßt uns nun selbes anderer seits als ein Neues beschauen.

Zweyter Theil

Vidi novam Jerusalem
Ottobeyren ein neues Jerusalem.

Als auf der Insel Pathmos Johannes der liebe Schooß-Jünger JEsu in dem Geist entzucket aufgerufen, dieses rufe ich auch mit Recht euch zu, hochansehnliche! Ich sahe ein neues Jerusalem! oder wie es der tief-sinnige Jesuit Cornelius außleget: Ein-wegen seinem erworbenen neuen Ehren-Stand triumphierendes Jerusalem. (ccc)

(xx) *Vade in partes seculi Sancti.* Ecclef. 17. v. 25.
(yy) Hugo a S. Victore fol. 203. Commentarij. col. 1. lit. g. *Vade in partes seculi Sancti, idest, intuere & imitare Sanctos.*
(zz) *Sanctificamini, & estote sancti.* Levit. 20. v. 7.
(aaa) *Hæc est voluntas DEI, sanctificatio vestra.* 1. Thess. 4. v. 3.
(bbb) *Appropinquant ad Dominum in sancta Sanctorum.* Ezechiel. 42. v. 14.
(ccc) *Triumphans dicitur nova, ob novum gloriæ statum.* Cornel. a Lapide in Cap. 21. v. 2. Apocal.

Ein für allemal! Ottobeyren ist ein neues Jerusalem 1.) in dem neuen prächtigen Kirchen-Gebäude, und dessen herrlicher Einweihung:

2.) In seinem ehrwürdigen und von GOtt verliehenen 1000. jährigen Zeit-Alter.

3.) In seinem erhabenen immermehr blühenden Wohlstand.

I. Einen neuen, einen gewiß herrlich und prächtigen Tempel, der mit Recht den sieben Welt-Wundern beygesetzt, und für das achte außgeruffen zu werden verdient, zeigt uns dar der gegenwärtige Anblick, ohne daß jemand niemer Vorstellungen bedörffte. Und O wie schön fällt dieser in unsre Erstaunungs-volle Augen! wo wir immer die neu-gierige Angesichts-Lichter hinwenden, erblicken wir nichts, als Neuigkeiten. Neu an der Bau-Kunst, neu an dem Wunder-Pensel eines Apelles, an trefflichen Gemählden, neu an posirter Bild-Schnitz-und Stockador-Arbeit eines geschickten Phidias, neu an erforderlicher Zierlichkeit; neu an Größe, an Lichte, an schöner Ordnung, an wohl angebrachter Eintheilung, also, daß die Künstler der jetzt lebenden Welt fast alle Witz-Kästen hieran erschöpft zu haben scheinen.

Und obgleich dich, Hochansehnliches Ottobeyren! teutsches Vatican! belobte Seltenheiten sowohl bey einer jetzigen, als folgenden Nachwelt scheinbar machen: so nehme ich doch noch andere vergnügende Gegen- und Umstände gewahr, in welchen du billig triumphierest, und welche deinen Ehren-Stand unendlich verherrlichen und erhöhen.

Welch ein unsterbliche Ehre! welche Tröstungen! welche frohen Gnaden-Bäche fliessen dir neuer-dings zu, vortreffliches Stift! zween Fürsten der hohen Priester kamen nicht von ungefähr, sondern auß weiser Himmels-Ordnung in deinen Ringmauren an: (ddd) Ein Durchlauchtigster Fürst, Hochwürdigster Bischof zu Augspurg, gebohrner Printz von Heffendarmstadt haben sich Gnädigst gefallen lassen, den hohen Einweihungs-Act in selbst eigner höchster Person vorzunehmen. Dieser gerechte und Gottsfürchtige hohe Priester, wie Simeon der alte zu Jerusalem, kommt von dem Geist GOttes angetrieben (eee) in den Tempel deß neuen Jerusalem, und verrichtet alle bey solcher Handlung üblich, in dem Römischen Pontifical vorgeschriebne Gebräuche, unerachtet der obhabenden hohen Lebens-Jahre, mit erjüngter Munterkeit deß Gemüths, mit angeflammtem Eifer, mit fürstlichen Geist, und majestätischen Ansehen, und weihet die neu-erbaute prächtigste Ordens-Kirche zur Ehre GOttes, deß Heil. Apostel Fürsten Petri, der Heil. Blut-Zeugen Alexandri, und Theodori, mit Besprengung deß gesegneten Wassers ein, da indessen häufige Freuden-Thränen über die frohe Wangen der zahlreichesten Zuschauer herabflossen, und die eingesegnete Erden befeuchteten.

Schon wiederum eine alte-neue fröhliche Begebenheit, werthestes Reichs-Stift! erreget sich, die deine Freud vollkommen macht. Man zählte das Jahr 1204. da Otto Bischof von Freisingen den ersten Stein geleget, und hernach den 28. Herbstmonath durch Bischöfliche feyerliche Einweihung geheiliget hat.

Eben

(ddd) Math. 27. v. 62. Convenerunt Principes Sacerdotum.
(eee) Simeon homo justus & timoratus .. venit in spiritu in templum. Luc. 2. v. 25. & 27.

Eben der 28. Herbst-Monat, das ist, der gestrig ist jener beglückte Tag, an welchem Ottonis würdigster Nachfolger CLEMENS WENCESLAUS Bischof zu Freysing und Regenspurg, Coadjutor deß Bischthums Augspurg, Königlicher Prinz in Pohlen, und Lithauen, Hertzog in Sachsen 2c. 2c. die Altar-steine in dem eingeweide gegenwärtiger neuer Kirche zu Opfer-Tische eingesegnet hat. Welch unschätzbares Glück! welch ergötzende alte Neuigkeit, und neues Alterthum ist dieses! wie billig triumphierest du, glückseliges Ottobeyren, ab dieser gantz besondern Ehre, Gunst, und Gnade!

II. Verdienen nun die Schönheit deß neuen Kirchen-Gebäudes, dann derselben Einweihungs-Seltenheiten unser Augenmerck; so ist gewiß ein von GOtt verliehenes graues mehr dann 1000. jähriges Zeit-Alter, und der baurhafte Wohlstand Ottobeyrens ein nit minder würdiger Gegenstand unserer Bewunderung: was selten gesehen oder selten gehört wird, ist allemal was neues.

Nichts ist dem Raub-Zahn der allverzehrenden Zeit zu entfliehen vermögend: aertzene Sonnen-Bilder zu Rhodis, gethürnete Pyramiden in Aegypten, der Königin Artemißen marmorsteinerne Grüften wären ehedessen die herrlichsten Wunder der ältern Welt, Wunder, die dermaln von Winden in Staub und Aschen zersträut liegen. Acker-Furchen und oede Wildnisse stehen jetzt, wo die Ringmauren einer regiersüchtigen Semiramis fast die halbe Welt-Runde übersehen hatte. Selbst der geliebte, und von GOttes Majestät erfüllte Wunder-Tempel, welchen die gekrönte Weißheit auß Israel mit eben so grossen Aufwand deß Goldes, als deß Schweisses erbauet, ist nach Umfluß 1000. Jahren in sein erstes Nichts zerfallen. Viele nämlich, und grosse Wunder hat zwar der Erde-Rucken getragen, keines aber hat weder Kunst noch die Natur von so festen Grund-Säulen aufgethürnet, welches nicht, wie jenes Traum-Bild deß stoltzen Asshriers, die Zeit mit einem abgewältzten Steinlein zu Boden schmeissen können: und pflegen die Geschicht-Schreiber selbsten eine Zeit-frist von etwa 500. Jahren für das höchste Ziel der baurhaftesten Königreiche, und Geschlechter anzurechnen, welches durch menschliche Anstalten, und verschmützte Rathschläge so wenig als die Gräntzen unsers Lebens verlängert werden kan. Die tägliche Erfahrniß besteifet diese Außsage: Salomon der Juden-König, der grosse Kaiser Carl, die Sächsischen, Fränckischen, Schwäbischen Kaiser haben kümmerlich 100. Jahr ihre Häuser in Hoheit erhalten. Das Reich der Meder, und Abacti Königliches Hauß blühete etwas über 300. Jahr: das Persische mit dem Geschlecht deß Cyrus schon hundert Jahr weniger, auch nicht länger das Clodovdische in Franckreich, das Reich der Longobarden in Welschland, der Mamolucken in Aegypten.

Zahlreiche Stifter, begüterte Klöster, schöne Kirchen, geistliche Versammlungen, wackere Gemeinden, reiche Spitäler, und derley andere milde Stiftungen hat entweder ein habsüchtiger Eigennutz, ketzerische Wuth, Neid, Grollen, oder mißliche Zeit-läuffe verschlungen, verzehrt, und zernichtet, so, daß wir von ihnen nichts als das leere Andencken, und den eitlen Namen mehr übrig haben;

Zu einem ewigen Nachruhm gereicht es den seeligsten Stiftern Sylach, und Ermiswinde, das Ottobeyren (O das Glückselige Ottobeyren!) nach verfluß 1000. gantzer Jahre annoch aufrecht stehet, und schönstens grünet. Ein zarter Trost für sie im Himmel, das jenes gebenedeyte Geschlecht deß seligsten Ertz-Vatters Benedicti, so sie allhier eingeführt, biß heut zu Tage noch allda blühet,

das

daß jene Tugend-Blume, die sie hier pflantzten, weder an Farb noch an dem Geruch jemals ab, wohl aber an beiden mercklich zugenommen. Ein grosser Trost für sie auf Erden, daß sie an ihren Stift-Kindern danckbare Hertzen finden, welche ihrer Wohlthaten stets ingedenck sind, und ihre Danckbarkeit an dem Altar durch das unblutige Versöhn-Bitt-Danck-und Lob-Opfer, in dem Chor durch beständiges absingen deß Lob-GOttes, in übrigen geistlichen Ubungen durch eröftertes zuruffen: HErr! giebe ihnen die ewige Ruhe, und das ewige Licht leuchte ihnen, alltäglich verdoppeln. Eine Freud für sie, daß sie die dem gerechten David geschehene Verheissung an ihnen dem Buchstaben nach erfüllt und erwahret wissen: „Seinem Sprossen wird das „Reich nicht nur zukommen, sondern auch verbleiben, und dessen Ehren-Glantz „so wenig, als das Sonnen-Licht, erlöschen. (fff)

III. Wir preisen GOttes grosse Vorsicht, daß er dieses ansehnliche Stift so lange Jahr hindurch gnädigst erhalten: wir loben ihne aber anbey, daß er dessen Wohlfahrt im Zeitlich und Geistlichen so huldreich bescheret, und zu jetzig erhabenen Wohlstand befördert hat.

Ottobeyren, daß vom Grund auf neu hergestellte Ottobeyren, das GOtt, und den Menschen angenehme Ottobeyren ist jenes neue Jerusalem, deme, wie vormals die gesamte König in Juda der herrschenden Sions-Stadt, so die höchste Häupter der Erden, Päpst und Bischöfe, Kaiser und Könige, Fürsten und Hertzogen nahmhafte, und stattliche Vorzüge Freyheiten, und Gnaden-Brief ertheilet, womit daßjenige, was einige dieser irrdischen Götter aufgeführt haben, von andern unterstützt, und biß nunzu erhalten wurde. (*)

All diese Fürsten müssen der Meynung gar nicht beygepflichtet haben; daß durch Vermehrung der Geistlichkeit das Wohl eines Staats vermindert werde, und bey dem Anwachs ihrer Güter das Vermögen deß Fürsten, und der Unterthanen abnehme: sie wußten allzugut, daß gleichwie einige Gewächse, darunter nach Meynung Plinii die Feigbohnen sind, das Erdreich, worauf sie gepflantzt werden, nicht außsaugen, sondern vielmehr fett machen; also zogen ihre Länder von geistlichen Stiftungen, Nutzen und Heyl, und wie man zur Kriegs-Zeit mehrmal die Habschaften in die Kirche zur Sicherheit überträgt, so möchten Geld und Gut nit fruchtbarer angelegt werden, als zu Auferbauung der Kirchen und Klöster.

Weniger dann Apollodorus sind wir in der Schmeichelband gesessen, und reden also die ungefärbte Wahrheit behauptende: gegenwertiges GOtts-Hauß könne nicht unbillig ein Hauß der Ehre, und deß Reichthums begrüßt werden. (ggg) Oder wie? gehet dir, Hochwürdiges Reichs Gotts-Hauß, nicht eine unaußsprechliche Ehre, eine höchste Gnade, ein recht entzuckendes Vergnügen zu, da du mit erweiterter Brust, und frolockenden Antlitz ersiehest, daß zu Verherrlichung deines angesehenen Jubel-Fests sich einstellen ein Durchlauchtigster Land-Graf und Fürst zu Hirschfeld, Graf zu Katzenelnbogen ꝛc. dann ein Königlicher Printz in Pohlen und Lithauen ꝛc. Empfängst du nicht einen sonderlichen Glantz, daß deine zehnhundert-jährige Feyer mit seiner

hoch-

(fff) Semen ejus in æternum manebit, & thronus ejus sicut Sol. Psal. 88. v. 36.
(*) Kurtze Beschreibung per totum, præcipue Part. III.
(ggg) Gloria & divitiæ in Domo ejus. Psal. 111. v. 3.

höchsten Gegenwart der Hochwürdigste Reichs Fürst und gefürstete Abbt HONORIUS von Schreckenstein, gemäß seines ehr-vollesten Namens anheut beehret? Gereicht es nicht zu Vergrößerung deiner Glori, daß soviele Hochwürdige HErrn Reichs-Prælaten und infulirte Aebte täglich bey den neu-geweichtem Altar-Steinen das Hochheil. Loß-Amt absingen? daß ein so zahlreicher Adl sich einfinde, welcher insgesamt an der Freude deß errungenen 1000. jährigen Alters so grossen Antheil nimmt, als du von seiner Gegenwart Zierde hast: daß erscheine ein so unzählige meng-Volcks, so dieses Kloster in seinem blühenden Wohlstand bewundert, und dessen Innwohner in ihrem frolocken begleittet?

Wie der Ehren, so bist du auch ein Hauß der Reichthumen, ein mit zeitlich und geistlichen Seegen von dem allgütigsten GOtt reichlich gesegnetes Volck; wohlerwogen dein Wohlstand immer anwachset, deine Glückseligkeit gantz unvermerckt steiget, ja auf jenen Grad, wie das Quecksilber in dem Wetter-Glaß bey heiterem Sonnen-schein gestiegen. Was kan ich anders urtheilen, was anders sagen, als das benedictinische Kloster Ottobeyren seye unter den gesegneten das gesegneteste; (hhh) was kan ich andrest gedencken, als es seyen alle Gattungen jener Seegen, die GOtt den Hebræern verheissen dir zu Theil worden. Nämlich „Du seyest gesegnet in deiner Wohnung, und ge-
„seegnet auf dem Feld: gesegnet seye die Frucht deines Lands, und die Frucht
„deines Viehs, die Heerd deiner Kinder, und die Ställe deiner Schafe; ge-
„segnet deine Speicher, und gesegnet deine Keller.„ (iii)

Zwar muß ich gestehen; daß solcher Wohlstand unsers gesegneten Gottes-Hauses nicht jederzeit gleich gewesen seye, und daß derselbe durch einiges Ungewitter deß stürmischen Glückes nicht nur einmal trübe geworden. Allein gleichwie auf Erden keine Flamme ohne Rauch ist, so findet sich auch nirgens ein Glücksschein ohne widrigen Zufall. Das Gold ist nicht ohne Schlacken, das weisseste Silber laßt einen Ruß in den Handen: der beste Wein führt Hefen mit sich. GOtt kan und will unser Vergnügen im Lande deß Elends nicht vollkommen seyn lassen. Seine Vorsichtigkeit aber ist eben derowegen anzubethen, daß er dieses Stift auch unter den schwärsten Unfällen nicht versincken liesse, und auß den Widerwertigkeiten selbst den dermaligen Wohlstand, wie vor Zeiten das Licht auß der Finsterniß, hervorgebracht, ja selbem mit neuen häufigen Liebs-Heyls-und Glücks-Seegen vorgekommen. (kkk) Ein Seegen GOttes für Ottobeyren ware, daß solches in seinen Rechten zwar mehrmaln bestritten wurde, aber in diesem Streitt fast allzeit gesieget: Ein Seegen GOttes ware, daß zweymal das Kloster, und einmal das Gast-Gebäude in traurige Asche gelegt worden, aber allzeit wie Phœnix, wann er auch zu Pulver, und Asche verbrannt ist, auß seiner Glut frischer, und lebhafter erstehet, wie augenscheinlich erhellet auß gegenwertigem Kloster-Gebäude, deme an prächtigem Ansehen, zierlicher Eintheilung, ordentlicher Verfassung, und bequemlicher Unterbringung sowohl einer zahlreichen Kloster-Gemeinde, als ankommenden Gästen noch biß her kein anderes beykommet.

Im Jahr 1525. lehnten sich die aufrührerische GOtt und der Welt meyneidelbe Bauren gegen ihre rechtmäßige Obrigkeit auf. Ihr Muthwillen entführte

von

(hhh) Inter benedictos benedicetur.   (iii) Deuteron. cap. 28. v. 3. 4. 5. & 6.
(kkk) Prævenisti eum in benedictionibus dulcedinis. Psalm. 20. v. 4.

von dem Kornspeicher 2500. Malter Früchten : Brief, Bücher, Freyheits-Urkunden wurden theils zerrissen, theils in Mitte deß Kloster-Hofs öffentlich verbrannt. Meß-Kleider entunehret, Beth-Gewand, Kuche und anderes Hauß-Geräth geraubet, das Vieh hinweg geführt. Ein armer Söldner von Sontheim hatte sogar die Frechheit, daß er seinen Pflegl mit dem Prälaten-Stab vertauschet, sich als regierenden Herrn in den Abteylichen Sessel gesetzt, von seinesgleichen liederlichen Spieß-Gesellen bedienen lassen, die Schlüssel an der Gürtl herum getragen. (lll) Allein wurde auch dieses scheußliche Unweesen, und derley Trübsalen mit noch grösserer Glückseligkeit gekrönet.

Christen! wie gefällt euch dieses neue Jerusalem? welch reitzende Neuerung? Auf den jauchzenden Lefftzen der frolockenden Stift-Genossen erthönet daß in der heimlichen Offenbarung uns allen zur Nach-Lehre gegebne Looß-Wort, oder Feld-Geschrey : Siehe, ich mache alles neu, (mmm) ein neues Closter, eine neue Kirche, neue Altäre, neue Leuchter, neuen Tabernackel etc. kurtz ein neues Jerusalem. Kan unsere Nachahmung zur Zierde dieses Freuden-Fests nichts beytragen? ja, sie kan es. Paulus der Apostel nennet ohne dem die Seele deß Menschen einen Tempel deß Heil. Geistes. Seine frage ist groß und wichtig: Wisset ihr nicht, daß eure Glieder Tempel deß Heil. Geistes sind? (nnn) Eure Seele ist im sittlichen Verstand daß durch das Heil. Tauf-Wasser besprengte, und durch das gesegnete Oel und Chrysam gesalbte, neu eingeweihte Jerusalem oder GOttes Tempel. Nach Anmerckung deß grossen Hypponensers ist man gewohnt an dem Kirchweyh-Feste neue Kleider anzuziehen. (ooo) Ey so dann zufolge der heylsamen Ermahnung deß Tarsensers : Erneuert euch im Geist eures Gemüths, leget ab nach dem vorigen Wandel den alten sündhaften Menschen, und ziehet einen neuen Menschen an, der nach GOtt erschaffen ist in Gerechtigkeit und wahrer Heiligkeit. (ppp) Solcher Gestalten werdet ihr eine freudige, eine lustige, eine heilige Kirchweyh hier zeitlich, und dort ewig begehen und feyren.

Ich indessen fahre fort in der angewiesenen Gleichniß-leise, und betrachte das neue Jerusalem in seinem herrlichen Aufbau.

Drit-

(lll) Kurtze Beschreibung. fol. 59. (mmm) Apoc. 21. Ecce! nova facio omnia. (nnn) An nescitis, quoniam membra vestra Templum sunt Spiritus sancti. 1. Cor. 6. (ooo) Jam & usus habet hoc verbum: siquis nova tunica induatur, encœniare dicitur, S. Aug. tr. 48. in Joan. cap. 10. (ppp) Ephes. 4. v. 22. 23. & 24.

Dritter Theil.

Vidi ornatam, sicut sponsam viro suo.
Ottobeyren ein wohlaußziertes Jerusalem.

Eben so Geist-als geheimnißreich sind jene Außdrücke, durch welche der geheime Schreiber Johannes die unvergleichliche Schönheit der von den hohen Himmeln herabsteigenden neuen Stadt Sion abschildert: Sie ware zubereitet, sagt er, wie eine Braut, die ihrem Mann gezieret ist. Wessen Braut ist sie? wer ist ihr Bräutigam? Ihr GOtt und ihr König selbst, spricht Augustin, ist ihr Bräutigam. (qqq) Auf was Weise und Manier, durch was Mittl, und Weege hat sie die Gegen-Liebe deß Göttlichen Bräutigams erworben, und gewonnen? durch Annehmlichkeit, wie Jacobus Tirinus der gelehrte Schrifftsteller bemercket, der kostbarsten Kleider, durch holden Schimmer der Edlsteine, und Kleinodien, durch reitzenden Glantz deß zierlichen Hals-schmuckes. (rrr)

Wer siehet nicht allhiesiges Reichs Stift mit fast gleicher Schönheit prangen? Tugend, und Gelehrtheit, entzündeter GOttes, und Seelen Eifer waren je und allzeit jene bezauberende Hals-Zierde, durch welche Ottobeyren, die holde Braut, die Liebe ihres himmlischen Bräutigams, und die gebührende Hochachtung einer vernünfftigen Welt erworben hat. Dem hochheiligen Benedictiner Orden muß man dieses unter Freunden, und Feinden unwidersprechlich eingestehen, daß selber vom ersten Ursprung an, das ist, von dem Jahr 530. wo dieser der Kirche so rühmliche, der Christenheit so ersprießliche heiligste Orden seinen Anfang genommen, wie an Heiligkeit der Sitten, so an Wissenschafften, und Gelehrtheit sich scheinbar hervorgethan, hiedurch in Israel grosse Ding gewürckt, anbey durch bereits 1236. Jahr Farb, und Glantz nicht verändert, an Flor gleich den unsterblichen Ceder-Bäumen seine stets grünende Crone niemals verlohren.

Allhiesige Gottsfromme, und würdige Söhne deß würdigsten Ertz-Vatters Benedicti (wenn ich je sagen darf, was ich dencke, und sagen soll) haben hierzu, wo nicht mehrer, jedoch nicht weniger, dann viele andere beygetragen. Leichter fiele mir die an dem blauen Himmels-Feld funckelende Nachtfackeln, als die zerschiedenheit der Tugend-Stralen, so diese Geist-Männer binnen 1000. Jahre in alle Welt von sich geworffen, in eine bestimmte Zahl einzuziffern. Wenn aber meine Kräfften weit übersteiget von allgem zu sprechen, so wird mir genug seyn, jene zu benennen, welche alle übrige, wie der Diamant andere Edlsteine an innerlichem Glantz und Werth übertreffen.

D   I. Wer

(qqq) S. Augustin. in Psalm. 44.
(rrr) Tirinus in cap. 21. Apoc. Parata, id est, compta, adornata, pretiosissimis vestibus, gemmis, monilibus instructa, ut decet sponsam viro suo sociandam, & jam in thalamum ejus inducendam.

1. Wer sind diese? die Liebe GOttes und deß Nächsten; oder was eines ist: ein zweyfacher Eifer deß Elias. 1. Der Eifer für die Ehre GOttes, und seiner Heiligen. 2. Der Eifer für das Seelen-Heyl jenen bezeigten sie, die Stärcke deß lebhafften Glaubens; durch diesen waren sie nutzlich der Kirche, und flösseten den Safft ihrer gerechtesten Wercken in die Glaubigen, wie der Baum in seine Aeste. Ihr Haupt-Geschäfft, ihr Freud, ihr gantzes Vergnügen ware GOtt lieben, ihme in Heilig- und Gerechtigkeit die Tage ihres Lebens getreulich dienen. Auß ihrem Mund erschallten Psalmen-Lieder bey Tag und Nacht, und wir hören sie GOtt so offt loben, als die Uhr schlagt, das ist, zu allen Stunden. Als ächte Söhne deß Ur-Vatters Benedicti befolgten sie dessen tief eingeschärffte Geboth, sich äusserst bestrebende, auf daß von ihnen in Wort und Werck, in allen Handlungen, in allem Thun, und Lassen GOtt verherrlicht wurde. (sss)

An allhiesigen Stifft-Genossen ist insgemein vieles, ins besondere aber zu bemercken die emsige Geflissenheit die Ehre deß Sacramentalischen, und gecreutzigten GOttes zu befördern. Ohne Schmeicheln kan man sagen: Ihr Schatz seye der unter Wein- und Brods-Gestalten (ttt) verborgene GOtt, und an diesem seye auch ihr Hertz angeheftet. Kommet hochansehnliche! kommet, schauet den König Salomon mit seiner Krone (verstehe den in Feur vergoldt, und mit getriebener Silber-Arbeit reichlich gezierten Tabernackel) damit ihne seine Mutter (das in diesen entzuckenden verkleinerten Benjamin gäntzlich verliebte Ottobeyren (uuu) gekrönet hat am Tag seiner durch Bischöfliche Hand vollzognen heiligen Einweihungs-Vermählung, und am Tag, da sein Hertz in Freuden ware. (xxx) Kommet, sehet das guldene Ruhe-Bettlein den Tabernacul deß vermenschten GOttes; (yyy) sehet die kostbare in Manns grösse neu hergeschaffte silberne Leuchter, die zu dessen Ehre brennen, und leuchten sollten. Gu'bne Opferbecken, mit zartem Kunstfinger, und phrygischer Nadel aus dem Stick-Rahme verfertigte Gold- und silberreiche Meß-Kleider, priesterliche Gewande, mit Juwelen schimmerende Schaugefäß, wie deß allerheiligsten Sacraments, so deß unschätzbaren Heil. Creutz-Particul, sind die kostbaren Rüstzeuge, durch welche allhiesiges Stifft, wie vormals die Israeliten gegen der Arch, und dem Gnaden-Thron (zzz) äusserlich einer gantzen Welt zu erkennen geben, was heiliges Liebs-Andachts- und Verehrungs-Feur innerlich in ihrem frommen Hertzen glosche, wie groß, wie entzündet ihre Gottseligkeit seye?

Und wie fast entzündt ware diese? nicht weniger als deß Königs David. (aaaa) Wie er, so rufften sie: GOtt meines Hertzens, und mein Theil, O GOtt.!

(sss) Ut in omnibus glorificetur DEus. S. Benedictus in Regul. cap. 57.
(ttt) Ubi thesaurus tuus, ibi & cor tuum erit. Mathæi 6. v. 21.
(uuu) Ibi Benjamin adolescentulus in mentis excessu. Psal. 67. v. 20.
(xxx) Cantic. 3. v. 11.
(yyy) Ecce tabernaculum DEI cum hominibus, & habitabit cum eis, & ipsi populus ejus erunt, & ipse DEus cum eis erit eorum Deus. Apoc. 21. v. 4.
(zzz) Exodi cap. 35. v. 20. & seq.
(aaaa) Inflammatum est cor meum. Psalm. 72. v. 21.

O GOtt! in Ewigkeit. (bbbb) auf das GOtt ihres Hertzens auch von andern Hertzen geehret wurde, setzten sie im Jahr 1678. die Bruderschafft deß Allerheil. Altars Sacrament: im Jahr 1711. aber deß Hertzen JEsu ein. (cccc)

Heißt das nicht eifern für die Ehre deß Sacramentalischen GOttes! allein, noch nicht genug. Man kan ferners sagen, es haben die wachtsame Vorsteher, und übrige Stifts Einwohner mit Paulo dem Völcker-Lehrer ihre Glory in JEsu dem gecreutzigten gegründet, und mit Elzeario dem Heil. Grafen in dessen allerheil. Wundmalen ihre Wohnung aufgeschlagen. Ein Wunder- und gnadenreiche Bildnuß deß am schmählichen Creutz-Galgen für unser ewiges Heyl dahin sterbenden Erlösers bewahret man allhier. Und sehet! wilch prächtigen Ehren-Thron demselben die verliebte Creutz-Freunde auf dem künstlichen Creutz-Altar errichtet haben, damit von dannen die hieher wallende Pilger eben so zugesichert, reiche Gnaden Hülfe zu Bedürfnuß der Seele fühleten, als die sündige Israeliten bey der erhöheten ertzenen Schlangen der durch vergifften Schlangen-Bisse tödtlich verwundeten Leibern freudige Genesung erhielten. (dddd)

Von dem angeflammten Eifer für die Ehre GOttes lasset uns übergehen zu dem brennenden Eifer für die Ehre der Heiligen GOttes. Den ersten Platz verdienet billig die Königin aller Heiligen Maria. Nach Zeugniß deß Tuitiensers ist kein gebenedeyter Sohn deß gebenedeyten Ur-Vatters Benedicti, der nicht mit kindlichem Zutrauen, und möglichster Andacht der unter den Weibern gebenedeyten Mutter zugethan ist. (eeee) Und solle ja auß gemessnem Befelch deß Ertz-Stifters Benedicts jedes Kloster seines Ordens ein Capell, oder kleines Bethhauß dem Namen Mariä aufrichten, heiligen, und wiedmen. (ffff) Befolgt haben die leitsam, und gewissenhaffte hierwertige Söhne, und Erben deß Geists Benedicti ihres Zeugers den ihnen Testament-weise hinterlassnen Unterhalt; indeme von Bernoldo dem Lobens-würdig, und best verdientesten Abten schon im Jahr 1189. ein Capell zu Ehren Mariä ist auferbauet worden, und im Jahr 1559. die Hochlöbl. Ertz-Bruderschaft deß allerheiligsten (gggg) Rosenkrantzes dahin versetzt worden, welche noch zu unsern Tagen durch den Eifer dieser Mariophilen sorgsamst befeuchtet, wie die Rosen zu angenehmer Frühlings-Zeit schönstens blühet.

Wer vermag nach Verdienste anpreisen die Andacht, die Liebe, den Fleiß, die Begierde, die Hertzens-Lust, das Vergnügen, mit welchem hiesige Marianer von Anbeginn biß nun besorgen, versehen, und verwalten die in Schwaben Begirch gar wohl bekannte schon 300. Jahr alte Wallfahrt zu Eldern, wo die allerseligste Jungfrau und GOttes-Gebährerin Maria ihre Wunder-Gnaden mildhertzigst ergiesset, und außspendet, wohin in ihren schwären Anliegenheiten
H 2 die

(bbbb) DEus cordis mei, pars mea, DEus, in æternum. Ibid. v. 26.
(cccc) Corbin. Kamm in Hierarch. August. cap. 11. de Ottoburano Monasterio in Annotationibus pag. 352. n. 103.
(dddd) Num. 21. v. 8.
(eeee) Rupertus Abbas Tuitiensis lib. 7. de divinis Officijs cap. 25.
(ffff) Ex Chronico S. Benedicti apud Paulum Barry in anno Mariano ad diem 21ᵐ Martij pag. 261.
(gggg) Corbin. Kamm l. c. pag. 335. n. 35. & prolixius pag. 349. n. 94.

34

die Gottsförchtige Aebte ihre Zuflucht zu nemmen pflegen, wie Moyses zu der Bunds-Lade, und David zu der Arche; wohin zahlreich Wallfahrten die andächtige Christliche Pilger, wie die Juden nach dem Tempel zu Jerusalem. Gleichwie der arbeitsame Jacob auß Liebe der holden Rachel weder Hitz, noch Kälte, weder Arbeit, noch Ungemach gescheuet, also ist dieser eifrigen Missionarien einzige Hertzens-Lust in Wind, und Schnee, in Frost, und Kälte durch Außspändung der Heil. Buß- und Fronleichnams Geheimnisse, durch Predigen, Beichthören, und geistreiche Ermahnungen anforderst die Ehre GOttes, dann der Elderischen schönen Rachel, und Gnaden-Mutter zu vergrössern.

Von der Königin der Englen werffen wir einen Blick auf den Fürsten der Englen, nämlich auf den Heil. Michael, dessen hohes Fest anheut die samtlich Catholische Kirch feyrlichst begehet. Mit gebogener Kniescheibe loben wir anheute die Güte deß himmlischen Vatters, daß er, wie der Synagog dem Tempel zu Jerusalem in dem alten-so in dem neuen Gnaden-Gesetz der Christ-Catholischen Kirche zu einem Schutz-Herrn und Schirm-Geist den H. Michael gegeben, und vorgesetzt habe. Anheute feyren wir die Gedächtniß der Erscheinung, durch welche der allerhöchste Monarch Himmels und der Erden geoffenbaret, Sein allerheiligster Willen, sein höchstes Wohlgefallen seye, daß auch auf Erden der erste Engels Fürst Michael verehret, und zu Ehre deß Ertz- und anderer Heil. Engeln eine Kirche auf dem Berg Gargano ungesaumt erbaut werde. (hhhh) Wie gesagt, so geschehen. Und wir begehen anheut die Gedächtniß der Einweihung dieser ersten Engels-Kirche. Also wird geehret, den der allerhöchste König geehrt wissen will. (iiii)

Also hat den Heil. Ertz-Engel geehret, so folglich den Befehl GOttes dem Buchstaben nach erfüllet Ottobeyren: dann im Jahr 1204. an dem Vor-Abend deß Heil. Michaels den 28. Herbst-Monat wurde durch den Bischof Otto zu Freysing diesem obristen Engels Fürsten der in eingeweihter Kirche erste, in dem gegen Abend liegenden Chor-aufgestellte Altar eingeseeget, und geheiliget. (kkkk) Im Jahr 1703. gelobet Abt Gordianus zu Verehrung deß Ertz-Geistes Michaels auf dem sogenannten Burschelberg, als dem schwäbischen Gargano, ein besondere Capelle aufzumauren. Rupertus der grosse Abt, Rupertus der Zwepte dieses Namens, eines ewig Danckverpflichtesten Andenckens würdigster Prälat, erfüllet und vollziehet im Werck selbsten, was jener, wie Abraham den gehertzten Isaac, in heissen Begierden und guten Willen zum Danck-Opfer dargebothen hat. (llll)

Durch das hertzliche Beyspiel seiner hohen Regierungs Vorfahrer angefrischt ahmete ihrem heiligen Eifer edlmüthig nach, der Hochwürdig heut zu Tag regierende HErr Reichs Prälat ANSELMUS, da hochselber diesem grossen Schutz-Geist dem Heil. Ertz-Engel Michael nicht nur den ersten nach der

Kunst

(hhhh) Historia Ecclesiastica sub S. Gelasio Papa ad annum 492.
(iiii) Esther cap. 6. v. 9.
(kkkk) Kurtze Beschreibung pag. 31.
(llll) Idem fol. 77. Corbin. Kamm l. c. pag. 349. n. 94.

Kunst Natur und Zierde nieblichst verfertigten Neben-Altar geheiliget, sondern auf selben ein von weissen Alabaster: auf das äussere Portal oder Vorzeichen ober der neu erbauten prächtigen Kirche von Stein außgearbeitete heiligsten Bildnuß mit der gewöhnlichen Unterschrifft: Wer ist wie GOtt! aufzustellen, so klug als vorsichtig befohlen hat. Wohlgethan, wie thebor zu Schutz und Hülf deß Heil. Tempels Jerusalem zugeeilet, (mmmm) so wird das neue Jerusalem, will sagen gegenwertig, neu erbautes Kloster, und BethHauß beschützen beschirmen und bewahren der vor Urzeiten erwählte SchutzPatron der Heil. Michael. (nnnn)

Die Verehrung gegen die geheiligten Aschen deren H. Blut-Zeugen Christi hat mit dem Stift Ottobeyren seinen Anfang genommen, und scheint, die selige Stiffter Sylach und Ermiswinde selbsten den erhitzten Eifer und Andacht zu den heiligen Martyrer in die fromme Brust der zwölf Stiffts Erstlinge eingeflößt zu haben; den sie waren es, welche den Heil. Alexander, einen auß den 7. Söhnen der Heil. Felicitas zum ersten Schutz-Patronen deß von ihnen neuerlich gestifteten Gottes-Hauß bestimmet, und nach einiger Zeit diesen grossen Schutz-Heiligen einen zweyten ebenfalls gepurperten Märtyrer Theodorus beygesellet haben. Sie waren es, durch deren Gottseligen Freygebigkeit deß ersteren gantzer, deß zweyten halber Heil. Leib in die Kloster-Kirch übersetzt worden. (oooo)

Johannes Isingrinus jener Gottsfromme Abbt hat den Geist, den Eifer, die Andacht der seligen Stiffter glücklich ererbet. Er reiset im 1157. nacher Cölln am Rhein, und kehret mit einem grossen Schatz wieder zuruck. Fünff gantze Leichnamme der Heil. Jungfrauen und Christlichen Amazonen zusamt fast unzahlbaren andern Heil. Uberbleibslein der gesegneten Gebeiner brachte er mit, und bereicherte damit 77. umliegende Kirchen sprengel. (pppp)

Das Jahr 1624. ware ein für Ottobeyren wiederum gesegnetes Jahr; sintemaln auß den Römischen Catechumben und unterirrdischen Freythöfen drey Heil. Leiber der unüberwindlichen Kempfer Pontiani, Januarii eines Diacons, und Mauri eines Unter-Diacons hieher übertragen, zur offentlichen Verehrung außgesetzt, und als eine neue wehrhafte Schild-Wacht in die Ottobeyrische Schantze aufgeführt worden. (qqqq)

Mit was glimmender Andacht, mit was zarten Vertrauen sowohl die hochwürdigste Häupter als die gemeine Ordens-Geistliche, je und allezeit der Verehrung dieser Heil. Gebeinern und gesegneten Uberbleibseln deren außerwählten Gottes-Freunde seyen zugethan gewesen, wird nach genügen weder eine gespitzte Feder beschreiben, weder eine gelößte Zunge erzählen können. Was un-faßlicher Nutzen! was zeitlich, und geistliche Wohlfahrt erstens dem Stifft
J   selbst,

(mmmm) Ecce Michaël unus de principibus primis venit in adjutorium. Daniel. 10. v. 13.
(nnnn) In tempore autem illo consurget Michaël princeps magnus, qui stat pro filijs populi tui. Ibid. c. 12. v. 1.
(oooo) Kurtze Beschreibung ꝛc. Part. I. §. 4. n. 1. & 5.
(pppp) Idem l. c. pag. 27. n. 10. & 11. Franc. Petrus in Suevia Ecclesiastica de Uttenburano Monasterio, §. 8. præsertim 843 ubi per sex §§. contexuit Catalogum omnium SS. reliquiarum in Ecclesia Ottoburana reconditarum.
(qqqq) Corbin. Kamm l. c. pag. 344 n. 76.

ſelbſt, dann der Land- und Nachbarſchafft darauß durch eine Zeitfriſt von 1000. Jahren zugewachſen, unterlaſſe ich darum weitwendiger anzuführen, weiln eine beredtere Zung und gelehrtere Feder mir hierunnfalls (rrrr) den Weeg ſchon abgelauffen.

II. Der Seelen-Eifer, die erhitzte Begierde, das Heyl deß Neben-Menſchen zu würcken, ware in Ottobeyren nicht weniger entzündet, als jener, die Ehre GOttes und ſeiner Heiligen zu verherrlichen. Sich ſelbſten ſuchten ſie zu heiligen, aber auch in frembde Hertzen die Tugend einzupflantzen waren ſie bemühet. Wie eine embſige Ruth die zuruck gelaſſne Aehrlein ſorgfältig zuſammſammelte, alſo ſuchten auch dieſe Seelen begierigſte Männer die irrgehende Seelen dem wahren Hirten, und eintzigen Schaf-Stall durch nachdruckliche Reden von der Cantzel, durch eindringliche Zuſprüche in den Beichtſtühlen, durch deutliche Erklärungen der ewigen Grund-Wahrheiten deß allein ſeligmachenden Glaubens in der Kinder- und Chriſten-Lehre zuzuführen. Sie wollten nicht nur würdigſte Stammen ihres geheiligten Ordens, ſondern auch mächtige Stützen der Catholiſchen Kirche, mithin ächte Nachfolger der Apoſteln ſeyn.

Sie waren es auch in der That. Jenen Gebothen die oberſten Fürſten zu Jeruſalem, daß ſie keines weegs hinfüro in Namen JEſu reden oder lehren ſollten : (ssss) dieſen wurden von denen der Schmalkaldiſchen Bündnß beypflichtenden Fürſten die verfälſchte Bibel deß Ertzſchwärmers Luther aufgedrungen, das Opfer der Heil. Meſſen, das Chor-Geſang, die Verkündigung deß Wort GOttes unterſagt. (tttt) Allein wie die Apoſtel, alſo antworteten allhieſige Nachfolgere der Apoſteln Hertz- und ſtandhaftig : es gezieme ſich nicht, wegen eitela Menſchen-Tantt die allergerecht-allerweiſeſte Geboth GOttes freventlich zu übertretten. (uuuu) Gleiche Bedrohung betragen ! gleiche Verfolgung, gleiche heldenmüthige Aeuſſerung der Apoſtoliſchen Ordens-Männern für den Glauben JEſu Chriſti !

Spaltung und Ketzerey verheeren das Chriſtenthum, das garſtige Unthier von Eisleben ſteckte mit tödtlichem Gifft ſeiner plumpen Lehr-Sätze gantz Teutſchland an. In benachbarten Ortſchafften, in Mitte deß Ottobeyriſchen Gebieths hat es der feindſelige Mann (xxxx) theils heimlich theils offentlich, jetzt mit Argliſt, jetzt mit Gewalt das verderbliche Unkraut der ketzeriſchen Irr-Lehren außzuſäen getrachtet. Den eifrigſten Stifts-Genoſſen iſt zu unſterblichem Lob danckbareſt zuzuſchreiben, daß dieſes gefährliche Beginnen vereitelt und zu Waſſer wurde. (yyyy) Dieſe, dieſe haben durch die ſchönſte Andachten und GOtts-Dienſte, wodurch die Schwachen ermuntert, durch ernſthafftes Zuſprechen und heylſame Ermahnungen, wodurch die Verſtockte gerührt, die Furchtſame geſtärckt, die Laue angefriſcht wurden, dieſem Unheyl vorgebogen, den Strohm der anfallenden Ketzerey eben ſo glücklich aufgehalten als

Moy-

(rrrr) R. P. Auguſtinus Baychamer Profeſſus Ottoburanus in der kurtzen Beſcheidung der Stifftung Ottobeyren part. 1. §. 1. n. 2. & 3.
(ssss) Principes & Seniores & ſcribæ in Jeruſalem -- denunciaverunt eis, ne omnino loquerentur, neque docerent in nomine Jeſu. Act. 4. v. 28.
(tttt) Kurter Unterricht ꝛc. pag. 61.
(uuuu) Non eſt juſtum vos potius audire, quam DEum ! Act. 4. v. 19.
(xxxx) Venit inimicus homo, & super seminavit Zizania in medio tritici. Math. 13. v. 25.
(yyyy) Corbin. Kamm l. c. pag. 341. n. 66. ad annum 1552.

Moyses bey dem Berg Sinay die schändliche Abgötterey einer tollen Juden-Schaar getilget hat.

Nicht nur insgesammt, sondern auch einzelweise, nicht nur in Glaubens- sondern auch in Pfarreylichen Angelegenheiten haben diese Apostolischen Männer trefliche Beweißthumer ihres entzündeten Seelen-Eifers an Tag gelegt. Widgarius, O der grosse, O der gute Seelen-Hirt Widgarius zu gleicher Zeit heiliger Abbt zu Ottobeyren und Bischof zu Augspurg verläßt seine geliebte Heerde, 99. Schäflein, und suchet liebreicheste in den entferntesten Schweitzer-Gebürgen das verlohrne Schäflein auf. Es schwebte um das Jahr 888. die löbliche Eydgenoßschafft noch grösten Theil in den dicken Finsternissen deß tauben Heydenthums. Durch seine lehrreiche Predigten führt er selbe glücklich zu dem Licht der Catholischen Wahrheit, und erwirbt sich bey einer danckbaren Nachwelt den Ehren-Titel eines **Schweitzer Apostels**. (zzzz)

Als das blanckende Kriegs-Schwerdt der Schweden gantz Teutschland in Furcht und Schrecken sezte, und sich bereits mit Christen-Blut biß zur äussersten Rasserey berauscht hatte, wurde die Zagbafftigkeit so allgemein, daß sogar die Seelen-Hirten ihre Herde verliessen, und wie zu Zeiten deß leydenden JEsu die furchtsamen Apostel in Hütten und Höhlen für ihre Haut sorgeten. P. Jeremias Mayr ein gemeiner Convent-Priester wollte fast gantz allein zeigen, daß all sein Blut nur zu GOttes Ehre walle, und er dem Heyl der Seelen zu lieb bereit seye, solches biß auf den letzten Tropfen zu verspritzen, derowegen, wie das außerwählten Geschier Paulus zu Miletum Gassen und Strassen, also hat er die herumliegende Pfarreyen durchgelaufen, und mit grösserer Sorgfalt nicht nur für eine sondern mehrere Seelen-Heerden Tag und Nacht gewachet, und wann er es nothwendig erachtete in den Höhlen und Wäldern sich so klug als das weise Weib Rahaab zu Jericho die von Josue außgesandte Außspäher zu verbergen gewußt. (aaaaa) Was soll ich melden von einem Gold und Ce-berwürdigen Eifer Benedicts von Hornstein deß fünfzigsten Abbts, welcher Insul und Stab niederlegte, und mit erstaunlicher Demuth die verlassne Catholische Heerde in Theinselberg als resignirter Prälat und betagter Greiß in die 23. Jahr zu weyden sich nicht gescheuet hat. (bbbbb)

Was soll ich sagen von dem grossen Eifer, den diese preißwürdige Bekenner zu beständiger Aufrechthaltung der schönsten Kloster-Zucht zu allen Zeiten von sich blicken liessen? Ihre Seele dörfte sich allein mit dem ewigen beschäfftigen, und den Leib warfen sie in die Fessel aller Strengheiten deß Lebens, damit selber von dem Gesetz deß HErrn so wenig als die Sonne von ihrem Himmels-Bezirch abweichen sollte. Auf ihre Ordens-Regeln hielten sie ein so unverwandt-scharfes Auge, als die Kinder Israels auf die steinerne Tafeln Moyses, und sind sie von dem, was ihnen ihr heiligster Ertz-Vatter Benedict vorgeschrieben, eben so wenig abgewichen, als Naboth die von seinen Vor-Eltern hinterlassne Erbschafft abtretten wollte; daß ich also nicht unbillig mich getraue, Ottobeyren ein Schwabisches Cassin zu nennen, in welchem der erste Geist
ihres

(zzzz) Franc. Petrus in Suevia Ecclef. l. c. pag. 832. Corbin. Kämm Hierarch. Aug. Part. I. cathedr. cap. VI. pag. 116.
(aaaaa) Kurtze Beschreibung ꝛc. pag. 72.
(bbbbb) Kurtze Beschreibung l. c. pag. 74.

ihres seligsten Ertz-Stiffters annoch lieblichst riechet, und die genaueste Kloster-Zucht biß auf unsre Tage schönstens blühet.

III. Die Wissenschafften und Gelehrtheit sind der feinste Geschmuck geistlicher Ordens-Personen. Christus selbst hat seinen geliebten Jünger die Geistlichkeit in Asien durch 7. Sterne, und soviel guldne Leuchter entworffen, (ccccc) damit anzuzeigen, daß den Geistlichen zustehe, wie die Sterne mit himmlischen und wie die Leuchter mit irrdischem Licht zu scheinen. Beide Gattungen besagten Lichts nimmt man wahr in den geschickten Männern allhiesigen Gottes-Hauses. Sie waren gelehrt, und derowegen leuchteten sie, wie der Glantz deß Firmaments, sie unterwiesen viele zur Gerechtigkeit in den Wissenschafften; und derowegen funckelten sie wie Sternen. (ddddd) Wie die Sonne bey hellem Mittag in die weite Welt-Runde, so warffen diese Stiffts Innwohner die Stralen der Gelehrsamkeit in die ferne. Wie die grünende Feld-Auen bey angenehmer Frühlings-Zeit an buntem Blum-Gewächs, so haben in diesem Stifft bißhero die freye Künsten und alle Löbl. Wissenschafften geblühet. Und kan man derselben Breite Länge und Tieffe nirgends woher sicherer abmessen, als auß der Hoheit, zu welcher sie dermahl gestiegen. Weit fruchtbarer ist gewesen und ist annoch Ottobeyren an außbündig gelehrten Köpfen als jenes hölzerne Unthier zu Troja an tapfern Kriegs-Leuten. Die hinterlaßne Schrifften und viele in Druck beförderte Bücher, welche auch in der grossen Bücherey Ptolomæi Philadelphi einen Platz verdient hätten, weisen offenbare Kundschafft ihrer Geschicklichkeit auf: Salzburg, unser teutsches Athen, Fulda, Freysing, und andere hohe Schulen, allwo diese witzigen Männer von erhabenen Schul-Cantzeln das reineste Wasser der Weißheit Strohm-weise außgegossen, sind lebendige Zeugen ihrer treflichen Fähigkeit. Ich will niemand durch Schmeicheley bethören, ich lasse mir dieses nicht aufbürden, ich rede nur, was schon vor 50. Jahren eine gelehrte frembde und unpartheyische Feder geschrieben und durch offentlichen Druck bekannt gemacht, mit einer erlaubten Freymüthigkeit nach. (eeeee)

Wann nun allhier eine wohlgerathene-gutangelegte Pflantz-Schule der wahren Tugend und Gelehrsamkeit jederzeit anzutreffen ware, wann die Frommkeit mit den Wissenschafften, die Weißheit mit den freyen Künsten aufs engste verknipft, wie das grosse Welt-Licht bey Tag, und das kleinere bey der Nacht ihren Glantz in der Nähe gegeben, und in die ferne verbreitet und außgeworffen

---

(ccccc) Apoc. 2. v. 1.
(ddddd) Qui docti fuerint, fulgebunt quasi splendor Firmamenti, & qui ad justitiam erudiunt multos, quasi stellæ in perpetuas æternitates. Daniel. 12. v. 3.
(eeeee) P. Franciscus Wagner S. J. in *Methodo recte cogitandi* Aug. Vind. edita 1717. Epist. dedicat. ad Revmum p. m. Abbatem Rupertum in hæc verba: „In tuis vero Suevicum quoddam Cassinum mihi intueri videbar, ad antiquæ disciplinæ Severitatem ita „compositum, ut literarum simul cultu vel præprimis Germaniæ esset florentissimum. „Non repeto vetera novem seculorum decora, ne ad Superiorem quidem ætatem me „confero, quos enim vel hodie domi tuæ cives, quam literatos, quam omnigenæ eruditionis laude insignes censes? Almæ & Archi-Episcopalis Universitatis Salisburgensis „Rectores Magnificos, Procancellarios, divinarum literarum interpretes præstantissimos, Sacrarum legum Doctores clarissimos, Philosophiæ Professores ingeniosissimos, & „ne taceam ascetas illos, magistrosque religiosissimos, Ecclesiastes facundissimos omnes „editis ingenij sui monumentis nobiles, & quorum singuli singulis fortasse cœnobiis ornamento esse possunt &c. &c.

fen hat, was Wunder, daß auß jhnen, auß jhrem Mittel einige zur Bischöfflichen Würde, wie die heilige Nidgarius und Widgarius, einige in die gefürstete Abbtey Kempten, wie Eberhart, und Johannes von Werdnau, viele andere in Prälaturen als Aebbte und Vorsteher sind beruffen und übersetzt worden? was Wunder, daß von hier der Menge nach sind anverlangt, und zugesagt worden, als tief-sinnige Lehrer, die von dem Kathedeter auf offentlichen Schulen die Göttliche, die sittliche, die natürliche Wissenschafften, die geistlichen Rechte vorlesen und erklären müssen? dadurch aber ist diesem Stift nur grössere Ehre zuruck geblieben, wie einer Blume der Preiß von ihrem starcken Geruch, den sie von sich läßt, und womit sie auch die entfernte Gegenden erfüllet.

Christen! Tugend, und Wissenschafft, Fromm- und Gelehrtheit, GOttes, und der Seelen-Eifer waren jenes reitzende Geschmeid, jene Hals-Zierde, wodurch Ottobeyren, das neue Jerusalem das Wohlgefallen deß himmlischen Bräutigams sich zugezogen hat. Tugend und Gottsfurcht sind, O liebe Christen! der Braut-Schatz, den ihr JEsu Christo dem Seelen-Bräutigam zubringen sollt. Gut für euch, Glück zu! wenn eure Seele mit dem Oel der Tugenden bereitet, mit dem Geschmuck der Christlichen Fromm- und Vollkommenheit außgezieret ist; Ihr seyt die eingeladne Gäste zu dieser Hochzeit, zu gegenwertigem Kirchweyh-Fest. Glück zu! wenn ihr mit dem Hochzeitl. Kleid der heiligmachenden Gnade angezogen seyt, O! so werdet ihr gantz gewiß zur Hochzeit deß Lamms, zum freudigen Kirch- und Abendmahl berufen werden. Aber weh! wenn es euch wie den sorglosen-thörichten Jungfrauen an dem Oel der Tugenden gebricht. Weh! wenn ihr mit dem Ehren-Kleid der Gnad GOttes, der Christlichen Gerechtigkeit nicht pranget. Die Himmels-Thür wird euch, wie jenen Thörichten vor der Nase zugeschlossen werden. Zu grösster eurer Beschämung werdet ihr mit dem ungeschlachten Hochzeit-Gast von der zubereiteten Ehren-Tafel, von dem himmlischen Gast-Mahl abgewiesen, und in die äusserste Finsternis verstossen werden. Ich hoffe das bessere, und schreite zum Ende meiner Rede, welches ich nun vor mir habe.

Beschluß.

Die Sache ist erörtert, der Ab-nach dem Grund-Riß verfertiget, das Geheimniß aufgedecket. Ich sahe ein heiliges, ein neues, ein wohlgezierhtes Jerusalem. Alle diese drey Eigenschafften sahe ich, und Ihr, Hochansehnliche, mit mir in dem zehnhundert Jahr alten triumphierenden Ottobeyren, dessen Jugend anheute, wie deß Adlers sich erneuert hat. (✝) Ich ersahe und priese an jhme ein drey getheiltes heiliges Weesen. Ich belobte in dem Ersten Predig-Theil die heiligen Stifter, Stiftung, und Stift-Genossen. Im Zweyten bewunderte ich die Seltenheiten eines, wegen neuen Gebäude, ehrwürdig 1000. jährigen Alter, und erhabnen Wohlstande frolockenden zweyten Jerusalems. Im Dritten ergötzte meine gierende Hertzens-Lust die mit dem holden Geschmuck der Tugend, und Gelehrtheit mit erhitztem GOttes und Seelen-Eifer wohl außgezierte Braut, das schöne- das weise- das werthe Ottobeyren.

Danck und Wünsche sind demnach jene Hauptpflichten, welche bey gegenwertiger 1000. jähriger Jubel- und Kirchweyh-Feyer zu entrichten mir noch vorstehen.

(✝) Renovabitur ut aquilæ juventus tua. Psalm. 102. v. 5.

stehen. Unsterblicher Danck dem unsterblichen GOtt, für unzählige Gnaden, Gut- und Wohlthaten, so er dem neuen-welt freygebiger, als dem alten Jerusalem Zeit 1000. Jahren zugetheilt! unterthänigster Danck denen Hochwürdigsten Durchlauchtigsten Printzen, Fürsten und Bischöfen, das Höchstdieselbe den Tempel und Opfer-steine GOtt dem Allerhöchsten zu heiligen und einzuweihen, der einte gestrigen, der anderte heutigen Tags das Hoch-Amt abzusingen, die Erstlinge deß Dancks-Lobs- und Bitt-Opfers auf dem neugesalbten Opfer-Tische mit Fürstlichem Gepränge, Majestätischen Ansehen, Ehrfurchts-voller Erbauung einer grossen menge Volcks feyrlichst abzugeben, den tausendsten Jahr-Tag deß gestifteten und das erste Kirchweih-Fest deß neu erbauten Tempels, durch dero höchste Gegenwart zu verherrlichen, und zu verewigen sich gewürdiget haben. Wir legen mit tiefester Verehrung, mit Demuth, und Danckbarkeit die sehnlichste Wünsche bey, es wolle GOttes Güte, zur Aufnahm der allgemein Catholischen Kirche, zur höchsten Glückseligkeit deß Bißthums Augspurg, zum Nutzen und Wonne dero getreuesten Schäflein diese zween Fürstliche Printzen und Hochwürdigste Kirchen-Vorsteher, als mächtige Saulen der Christenheit, als die besten Hirten auf unsern Triften, in das spateste Menschen-Alter, bey geseegneten vollkommnesten höchsten Wohl mildgnädigst erhalten, biß der allerhöchste Hirt erscheinen, und die unverwelckliche Krone der Herrlichkeit auf dero gesalbte höchst-verdienteste Häupter setzen wird. (ggggg)

Dann wünschen wir dem guten frommen, alten Simeon, dem Hochwürdigen HErrn Reichs Prälaten ANSELMO, dem dreyfachen Jubel-Vatter tausend Glücke zu. Ich sagte, dem dreyfachen Jubel-Vatter; ja als einen dreyfachen Jubel-Vatter verehren, und begrüssen wir jhne; denn erstens jubilieret Hochderselbe in mehr dann fünfftzig-jähriger Ordens-Bekenntnis: er jubilieret in fünfftzig jähriger Priester-Würde; endlich jubilieret er mit innerster Hertzens-Freud am heutigem hohen Fest und Ehren-Tag, das Er, und kein anderer, auß besonderer Gnade deß Königs der Zeiten, deß gütigen Himmels seye außerkohren, und erkiesen worden, dieses 1000. jährige Jubel- und erstes Kirchweih-Fest deß neuen so prächtig, als hertzlichen Jerusalems anzustellen, und zu feyren. Diese dreyfache unaußsprechlich vorzügliche Ehre gönnen wir Dir, grosser ANSELM! von innerstem Hertzens-Grund, und nehmen hieran eben so freudigen Antheil, als Du selbsten fühlest. Wie Abraham der Vatter der Glaubigen zu sehen gewunschen, und auch gesehen hat den Tag deß erklärten Heylands, (hhhhh) also sehnlich wünschtest Du den Tag der Verherrlichung deß erneuerten Ottobeyren, und warest so glücklich, das Du unerachtet deiner obhabenden hohen Lebens-Jahre, und anklebenden Leibs-Schwachheiten denselben mit frolockender Brust annoch schauetest. Mit Simeon, dem gerechten, dem Gottsfürchtigen Mann wartetest Du in dem Geist, in brennheissen Begierden, in heiliger Sehnsucht auf den Trost Israel; und deß Himmels Vorsicht fügte es also, das Du die Todten-Gruft ehender nicht sahest, Du hättest dann zuvor gesehen den gesalbten deß HErrn. Kein Wunder also, daß man dich an deinem Ehren-Tag mit Freuden-Thränen überronnen gesehen, und öffters aufrufen gehört hat: HErr! nun läßt du deinen Diener, nach deinem Wort, im Friede fahren; denn meine Augen

ha-

(ggggg) Et cum apparuerit princeps pastorum, percipietis immarcescibilem gloriæ coronam. 1. Petri 5. v. 4. (hhhhh) Jo. 8. 56.

haben gesehen dein Heyl! (iiii) welches bereitet hast vor dem Angesicht vieler Völcker. Geniesse nun, verdientester Prälat! diese höchste vom Himmel Dir bescherte Ehre noch lange Jahre in unverruckter Glückseligkeit Deines neuen irrdischen Jerusalems, biß endlich in dem himmlischen Jerusalem an jenem Tag deine Verdienste, wie deß getreuen Dieners Pauli (kkkkk) mit der Krone der Gerechtigkeit belohnet werden.

Von dem Vatter zu den Söhnen, von dem würdigsten Oberhaupt wende ich mich zu den würdigsten Gliedern, nämlich zu euch, Hochehrwürdige, Hochgelehrteste, Geistliche Stiffts-Genossen. Ihr erkennt mit danckbarer Brust die ausserordentliche Wohlthat deß durch zehenhundert Jahr in erhabenem Wohlstand erhaltenen, anheute erneuerten Gotts-Hauses Ottobeyren, und Ihr erwiedert diese grosse Gnad dem Geber alles Guten mit einem prächtigen Jubel- und Danck-Fest. Ich schicke meine gut-gesinnte Wünsche, die ich für euer beständiges Wohlergehen wohlmeynend abgefast, über die Sterne, und erhebe meine Stimm zu GOtt in den hohen Himmel, er wolle fernerhin über Euch, um GOtt, und seine Kirch sowohl verdiente Ordens-Bekenner! über Euch, geseegnete Söhne deß gebenedepten Vatters Benedicti, den Seegen Benedicti nicht nur allein abthauen, sondern wie einen häufigen Regen ergiessen, euren Wohlstand in zeitlich, und geistlicher Wohlfahrt vervielfältigen, wie die Blüthe jener Lebens-Bäume, welche deß Jahrs zwölfmal g.fruchtet. (llllll) Unser Meister und Heyland Christus JEsus selbst streckt seine allmächtige Hand über Euch auß, und seegne Euch mit jenem Seegen, mit welchem er in Bethanien die heilige Apostel geseegnet hat, (mmmmm) auf das Ihr, als deren embsige Nachfolger jenen GOttes, und Seelen-Eifer, den ihr in eurem Apostolischen Beruf durch 1000. Jahre, zu unsterblichem Nachruhm habt spüren lassen, auch in Zukunfft unverdrossen außüben mögt.

Für euch, liebste Zuhörer, andächtige Christen! was solle ich wünschen? was für euch zu GOtt bitten? nicht weniger, denn die hiesigen Geist-Lehrer seynd Ihr verpflichtet, ein Denckmahl der Erkenntlichkeit, wenigst in eurem Hertzen aufzuhengen. Tausend Ursachen halten euch an, für die geistliche Lehren, für die gute Ermahnungen, für die beylsamen Räthe, so ihr bereits durch 1000. Jahr durch den Mund dieser Geist-Männer angehört, den tausendfältigen Dancks-Groschen abzuzünsen.

Zumalen aber, nach Außweisung deß alten allgemeinen Sprich-Worts (nnnnn) die Dancksagung eine neue Bitte ist, wohlan! so erneuern wir unsre Bitt-Seuffzer, und mit vereinigten Mund, und Hertzen läßt uns zusamt den allhiesigen Ordens-Männern jenes Gebeth, welches durch die achttägige Kirchen-Feyer in den Priesterlichen Tag-Zeiten fast zu allen Stunden abgesungen wird, und zu dessen Entrichtung unsre Mutter, die Catholische Kirch, ihre gehorsame Kinder erinnert, frolockend, freudig, und getröst anstimmen und bethen:

K 2 „Hier

(iiii) Luc. 2. v. 29. & seqq.
(kkkkk) Reposita est mihi corona justitiæ, quam reddet mihi DEus in illa die justus judex. 2. Timoth. 4. v. 8.
(lllll) Lignum vitæ afferens fructus duodecim per menses singulos reddens fructum suum, & folia ligni ad sanitatem. Apoc. 22. v. 2.
(mmmmm) Luc. 24. v. 50. & Act. 1. v. 12.
(nnnnn) Gratiarum actio est nova petitio. Brocardicon.

„Hier steh in deinem Hauß, wie unste Thränen rollen.
„O höchster GOtt! ach schau auf unsre Wünsch herab!
„Auch daß wir dich so sehr jetzt bitten, ist dein Gab.
„Hör unser stilles Ach, und gieb uns, was wir wollen:
 „Theil uns den Seegen mit,
 „Und seegn' all unsre Schritt.

*

„Hier unter diesem Tach, und diesen schönsten Bögen
„Gieb allen, was sie nutzt, was ihre Sehnsucht stillt,
„Gieb, was den Leib mit Heyl, die Seel mit Trost erfüllt.
„Laß dich durch deine Gnad, und unser Ziel bewegen,
 „Und schick uns deine Ruh
 „Sambt allen Frommen zu!„ (ooooo)

Schlüßlich, gleichwie ein himmlischer Bothschaffter dem Heil. Benedict unter andern Verheissungen, Kund gethan: Daß sein Orden biß ans Ende der Welt verharren, und zu den letzten Zeiten für die Römische Kirche getreulich stehen, auch viele in dem Glauben stärcken werde, (ppppp) so glaube ich nicht uneben zu handeln, wann ich Zufolge obangezogener Wahrdeutung meine bißher abgelegte theure Wünsche, heisse Seufftzer, eifriges Bitten und Begehren mit einer der vorigen nicht ungleichen, auß dem Buch deß weisen Manns entlehnten Weissagung kröne, und begleithe:

FLorens per seCVLVM non DeLebItVr
Eccles. 39. v. 12.

AnDere TaVsenD Iahr soLL OttobeVren NaCh Deren AbfLVs serners seVren.

Mir indessen wird geneigtest vergönnt werden, daß ich an die Ehren-Porte deß neu erbauten, und eingeweihten, herrlich und prächtigen Tempels, nachfolgende Denck-Verse einschreiben darf:

Vidi-

(ooooo) Hæc templa, Rex cælestium!
Imple benigno lumine,
Huc, ò rogatus adveni,
Plebisque vota suscipe,
Et nostra corda jugiter
Perfunde cæli gratia.

*

Hic impetrent fidelium
Vota precesque supplicum
Domus beatæ munera,
Partisque donis gaudeant,
Donec soluti corpore
Sedes beatas impleant.

Breviar. Eccles. in Officio Canon. pro festo Dedicat. in hymno ad Laudes.

(ppppp) Menolog. Bened. ad 21. diem Martij.

Vidimus *ornatam* Solymam, *Sanctamique*, *novamque*
Vidimus æterni templa sacrata DEI!
Estis templa DEI : virtutibus ergo *parata*
Pectora reddatis vos *nova*, *sancta* DEO :
Sint nova propositis, niveo sint sancta nidore,
Virtutum placido sint quoque pulcra choro.
Templa eritis tunc digna DEO; atque encœnia dignis
Hic, & ibi dabitur concelebrare modis.

Der schöne Wunder-Bau, deß Heiligthums Altäre,
Das neu Jerusalem, und unsers Teutschlands Ehre,
Dieß alles stellte sich vor unsern Augen ein.
So sey auch unser Hertz neu, heilig, außgezieret.

Neu heißt die kleine Burg, wenn sie von GOtt gerühret
Ein neues Leben führt; und heilig wird sie seyn,
Wenn sie die weisse Blüth der reinen Unschuld schmücket,
Wenn man die Früchte selbst der Tugenden erblicket,

So ist sie außgeziert für ihren Bräutigam.
Dann wird dieß unser Hertz ein Tempel GOttes werden,
Dann ist die Kirchweih schon bey uns noch hier auf Erden,
Biß uns als Gäste ruft zu sich das Göttlich Lamm.

Nachdeme dieser infulierte Lob-Redner den Predigt-Stuhl verlassen; näherten sich Jhro Königliche Hoheit, der Hochwürdigste, Durchleuchtigste Reichs-Fürst, und HErr HErr CLEMENS WENCESLAUS Bischof zu Freisingen, und Regensburg, dann Coadjutor zu Augsburg, Königlicher Printz in Pohlen, und Litthauen ꝛc. Hertzog zu Sachsen ꝛc. ꝛc. dem geheiligten Opfer-Tische, und sangen das Hoch-Amt mit einer fast unerhörten Gottesfurcht, und unglaublichen Majestät ab; da denn abermahlen die mehr ernannte Hochwürdig, und Gnädige HErrn Dom Capitularen von Augsburg, und Freisingen in Infuln assistierten.

Unterdessen lasen Se. Durchleucht Bischof zu Augsburg, unser Gnädigster HErr Ordinarius die Heil. Messe auf dem unteren Creutz-Altar, und wohnten so denn dem übrigen GOttes-Dienst offentlich bey. Zu dessen Ende ertheilten Höchstdieselbe mehreren auß ihrem Bißthum, und allhiesiger Pfarrey mit einer erstaunens-würdigen Erbauung das heilige Geheimniß der Firmung, ohne die mindeste Zeichen einiger Ermattung, welche doch auf die übergrosse Mühe deß vorigen Tages hat folgen müssen, von sich zu geben.

Ubrigens ware auch die heutige Musik ein Werck deß schon oben belobten fürtreflichen Meisters Herrn Sales; unser Geschütze wurde fast immerdar abgefeuret, und stunden unsere Unterthanen so wohl zu Pferd, als zu Fuß, wie gestern, auf den angewiesenen Oertern.

Endlichen gefiele es denen Höchsten Gästen Abends um 5. Uhr einem Musikalischen Schau-Spiel, so die Aufschrift: ALCeste, Phœbi, & aMorIs beneflCIo reDIVIVa, hatte, beyzuwohnen. Das gantze Gedicht zielte auf die

die Begebenheiten, welche wir bey der Erbauung, und Einweyhung der neuen Kirche bemercket haben, ab. Die Musik selbst hatte allhiesiger Virtuos Herr Benedict Krauß verfertiget, und seine ungemeine Erfahrenheit in der Ton-Kunst mehrmahlen sattsam erprobet: wie dieses auß dem allgemeinen Beyfall, so Selber sich bey einheimischen so wohl, als fremden Musik Kennern erworben, und besonders auß dem Gnädigsten, und gnädigen Wohlgefallen, welches die Höchste, und hohe Gäste hierüber bezeuget haben, sich leicht schlüssen liesse. Die hierauf folgende Tafel ware sehr kurz, weilen Se. Königliche Hoheit ihre Abreise auf die Fruhe-Stunden deß folgenden Tages fest gesetzt hatten.

Dritter Tag.

Wir wissen nit, ob wir diesen Tage mit schwartzer Trauer-Farb, oder mit Purpur-Thau, und Mennich in unsern Jahrschrifften bezeichnen sollen. Denn wir verlohren heute gleich Morgens um 5. Uhr die gnädigste Gegenwart Ihro Königlichen Hoheit, welche um besagten Zeit-Punct nach andächtigst angehörtem heiligsten Meß-Opfer unter Läutung aller Glocken, Abfeuerung unseres Geschützes, und Begleitung einer kleinen Reutterey unsere Mauren wieder verliessen. Höchstdenselben folgten um 8. Uhr frühe Se. Durchleucht, unser Gnädigste Herr Ordinarius, dero Abreise ebenfalls der allgemeine Klang der Glocken, das erthönen der Pöllern, ein Theil der Reutter, noch vielmehr aber die heisse, und mit den unterthänigsten Dancksagungen vermengte Glücks-Wünsche begleiteten. Die Lycaonier, die Wunder-Wercke Pauli, und Barnabæ ersehende, glaubten, daß die Götter denen Menschen gleich geworden, und zu ihnen herabgestiegen wären. Mit weit grösserem Recht sagen wir dieses. Zwey Fürsten, welche die hohe Geburt den Beherrschern unsers Europens durch die engste Bluts-Verwandschafft, oder andere Verbündnissen gleich gemachet hat ; Fürsten, welche die seltene Tugenden, und außnehmende Verdienste zu den höchsten Ehren-Stuffen in der Kirche GOttes befördert ; Fürsten, welche wir, wie billich, mit gebeugtem Haupt verehren, haben sich so weit erniedriget, das Höchstdieselbe nit allein unsere geringe Ring-Mauren durch ihre höchst erwünschte Gegenwart zu begnadigen geruhet, sondern auch bey uns das ungewohnte Beyspiel, und Wunder der Milde, Großmuth, Gottesfurcht, und anderer in Wahrheit Fürstlichen Tugenden hinterlassen haben. Wir stimmen dahero der Augsburgisch-Frantzösischen Zeitung an dem in der Vorrede bemerckten Ort gern bey, wenn selbe unserer Einweihungs-Feyerlichkeit ein ansehnliches Ort in den Jahr-Büchern, und Kirchen-Geschichten einraumet ; indeme fürwahr das seltene Beyspiel zweyer Hochwürdigsten Bischöfen, und Durchleuchtigsten Printzen ein ewiges Angedencken bey der Nachwelt verdienet. Und wird uns auch die späte Nachkommenschafft Danck sagen, daß wir die Gedächtniß einer so merckwürdigen Begebenheit zu verewigen gesuchet haben durch Prägung einiger theils goldenen, theils silbernen Denck-Müntzen, welche auf einer Seite die lage deß Klosters, und der neuen Kirche vorstellen ; auf der anderen aber folgenden Vers samt der darinnen enthaltenen Jahr-Zahl dem begierigen Leser vorweisen :

ottobVra DeCeM noVIter post sæCLa
resVrgens.

Nun dieser Höchsten Fürsten Gegenwart, welche allein unsere Glückseligkeit auf ewige Zeiten zu versichern vermögend ware, benahme uns der heutige Tag. Wir wurden selben dahero billich unter die Unglückliche zählen, wenn nit andere besondere Gnaden-Blicke diesen grossen Verlust versüsset hätten.

Bevor wir dieselbe genauer beschreiben, müssen wir anmercken, daß die theils in unserem Gebiet liegende, theils angräntzende Pfarreyen geziemend eingeladen worden, daß sie wechsel-weise die folgende 5. Täge mit Creutz, und Fahnen allhier eintreffen, und also diese unsere Feyerlichkeit zu verherrlichen, wie auch dem Allerhöchsten für Erhaltung ihrer Mutter, und Haupt-Kirche zu dancken, ihre Kräfften mit den unseren vereinigen sollten. Dahero machten heute in einem andächtigen Creutz-Gang Ottobeyren, Egg bey Babenhausen gelegen, und Lachen den Anfang.

Die holde Glücks-Blicke dieses Tages betreffend, ware der erste, daß wir auf unserer Cantzel Ihro Hochwürden, und Gnaden Baron Täntzel von Trazberg deß Hochfürstlich Hochadelichen Stiffts Kempten würcklichen Capitularn, und Bibliothecarium um eben jene Zeit ersahen, da wegen der Abreise Ihro Durchleucht Bischofen von Augsburg unter dem Volck ein ungewöhnliches Getöß entstunde, auch andere Zufallenheiten alle Aufmercksamkeit an sich zu ziehen schienen. Dieses waren fürwahr Umstände, welche vormahlen die Ströhme der Wohlredenheit eines Tulij, da selber eben für seinen besten Freund, und Gönner den Milo redete, außtrocknen, nit aber die Gegenwart deß Geistes bey diesem fürtrefflichen Redner haben verhinderen können. Die überauß wohlgesetzte Rede war folgende.

Vorspruch.

Mille anni ante oculos tuos, tamquam dies hesterna, quæ præterijt.
Pſ. LXXXIX. v. 4.
Tausend Jahre sind vor deinen Augen, wie der Tag, so gestern vorüber gegangen ist.

Innhalt.
Ottobeyren
Ein durch die vorsichtige Güte GOttes
altes/
durch die danckbare Beförderung der Ehre GOttes
Neues
Reichs GOttes Hauß.

Eingang.

DA der Königliche Prophet David das Leben deß Menschen in Betrachtung zohe, beklagte er nicht nur allein die kurtze, und schnell vorbeyfliegende Zeit deßselben, sonderen sahe auch gar wohl ein, und erkennete durch seinen von dem Geist GOttes aufgeweckten Verstand, daß selbes nicht sonders hoch zu schätzen seye; welches Ihn zusprechen bewogen: Unsere Jahr seynd zu achten wie der Spinnen Geweb, (a) so ein schwaches Mücklein zerreissen, und zernichten kan, welches ohnzahlbahren gefährlichen Zufällen unterworffen ist; Ja Er nennet die Lebens-Jahr der Menschen ein Nichts sagend: Ihre Jahre seynd gleich den Dingen, die man vor nichts hält. (b) Endlich um dieses noch mehr zu bekräfftigen, und der Sach ein Gewicht zu geben, meldet Er: Daß auch tausend Jahr vor den Augen GOttes seyen nur wie der Tag, so gestern vorüber gegangen. (c) Heiligster gecrönter Prophet! ich stimme gäntzlich mit dir ein, und unterwerffe mich deinem unlaugbaren Urtheilen: tausend Jahr seynd vor nichts zu achten in Betrachtung der Ewigkeit, oder deß ewigen GOttes; dann dieser allein hat keinen Anfang, und kein End, kein Maß, und kein Ziel, obwohlen Er der Anfang, und das letzte Ziel, und End aller Dingen; dieser allein hat sagen können: Ich bin allein, und ohne mich ist kein anderer GOtt; Ich lebe in Ewigkeit. (d)

Doch getraue ich mir Königlicher Prophet! ohne deinem Außspruch im mindesten zuwider zu seyn, zu behaubten: das tausend Jahr, so wenig selbe auch in den Augen GOttes, soviel in den Augen der Menschen; so wenig selbe gegen der Ewigkeit, so viel gegen der Zeit seyen; dann eben der Ursachen Willen bewundern wir das hohe Alter der Patriarchen. Wir erstaunen, wenn wir in Göttlicher H. Schrift lesen: das Adam unser erster Vatter 930. Jahr gelebet, (e) das Noe der Erhalter deß Menschlichen Geschlechts sein Leben auf 950. Jahr gebracht, (f) das deß Mathusalems seines sich auf 969. Jahr erstrecket habe. (g) Jetzt bey unseren abnehmenden Zeiten, wenn ein Mensch das hunderte Jahr zurückgelegt, wird es alsobald denen offentlichen Zeitungs-Blätteren beygesetzt, um selbes der gantzen Welt zur Verwunderung kund zu machen.

Wenn uns ein Kirch, ein Schloß, oder anderes Gebeude (welches vier, fünff, oder auch mehr Jahrhundert stehet) gezeiget wird, so werden wir dardurch in eine nicht geringe Verwunderung gesetzet. Kurtz: alles was nach dem Alterthum riechet, wird bewundert, und hoch gehalten. Ist also ohnstrittig, und gantz gewiß, das tausend Jahr ein grosses Auffsehen machen in den Augen der Menschen, und zwar gantz billich; dann wie viele auch kostbariste, und höchst geschätzte Sachen können wir zehlen, so tausend Jahr in dieser Welt gedauret? wo ist nun der Babylonische Thurn, der biß an Himmel hätte reichen sollen? (h) wo die Arch Noe, in welcher gleichsam die gantze Welt erhalten worden? (i) wo der prächtige, und fast gantz mit Gold überzogene Tempel Salomons? (k) wo seynd die fast ohnzahlbahre Städt, die schon zu Grund gegangen? wo gantze Königreich, die zertrümert, und von denen nicht einmahl einige Spur mehr zu finden?

Da es deme also, hab ich, Hochansehnlichste A. A. nicht Ursach über Ursach dieses allhiesige tausend-jährige Reichs Gotts-Hauß Ottobeyren zu bewundern? Ja, gewiß; es ist wunderwürdig. Was mich aber in die gröste Erstaunung

---

(a) Ps. 89. v. 9. (b) Ibid. v. 5. (c) Ibid. v. 4. (d) Deut. 32. v. 39. 40. (e) Gen. 5. v. 5. (f) Gen. 9. v. 29. (g) Gen. 5. v. 27. (h) Gen. 11. v. 4. (i) Gen. 6. (k) III. Reg.

47

tung setzet, ist: daß dieses tausend-jährige, hiemit gewiß alte Gotts-Hauß doch auch ein neues seye. Ja es kommet mir vor, als wenn uns der Allerhöchste hätte gäntzlich dessen überzeigen wollen, was David gesprochen: Mille anni ante oculos tuos tanquam dies hesterna, quæ præteriit. (I) das nämlich tausend Jahr vor den Augen GOttes nur seyen, wie der Tag, so gestern vorüber gegangen, und GOtt auch etwas tausend Jahr altes, als neu unsern Augen vorstellen könne. Dann dieses unser tausend-jähriges Ottobeyren zeigt sich uns so, als wenn es erst gestern wäre gestiftet, und aufgebauet worden; daher will ich nachahmen jenem Hauß-Vatter, der altes und neues auß seinem Schatz hervorbringet, (m) und solle der gantze Innhalt und Begriff meiner heut vorhabenden Lob- und Ehren-Rede seyn dieser

Haupt-Satz: das alte, und neue Ottobeyren.

Abtheilung.

Alt und neu zugleich scheinet sich so wenig zusammen zuschicken, als Schwartz und Weiß, indeme es gantz zerschiedene Dinge seynd, und wird fast niemand glauben, daß diese zwey in einer Sach anzutreffen seyen. Nichts destoweniger finde ich diese zwey sonst so entgegen gesetzte Dinge vereiniget in allhiesigem Reichs-Gotts-Hauß Ottobeyren; dann selbes ist durch die vorsichtige Güte GOttes durch tausend Jahr gnädigst erhalten worden, folglich alt, welches der erste: selbes ist nun durch die danckbare Beförderung der Ehre GOttes neu erbauet, folglich ist es auch neu, welches der zweyte Theil meiner heutigen vorhabenden Lob- und Ehren Rede darthun, und beweisen wird.

Die nothwendige Gnad, und Beystand deß H. Geists verhoffend, und auf die Gedult meiner Hochansehnlichsten A. A. vertrauend fahre ich fort in dem Nahmen deß Allerhöchsten, und werde mich befleissen daß zu erfüllen, was ich versprochen und verheissen.

Erster Theil.

ES seynd zwar alle Eigenschafften, die immer was Gutes andeuten, so eng mit der Wesenheit GOttes vereiniget, daß mit Außschliessung einer eintzigen selbe nicht kan vollkommen begriffen, und erkennet werden, indeme der Allerhöchste ein eintziges untertheiltes Wesen ist; nichts destoweniger ist uns auß der Lehr der Heil. Vätter bekannt, daß anderen Eigenschafften auch andere Werck und Verrichtungen zugeschrieben werden. So sagen wir: daß GOtt durch seine Allmacht dieses Welt-Gebäude verfertiget hab; daß Er in selbem durch seine Vorsichtigkeit, und ohnermessene Weißheit herrsche, und anordne, das Er durch seine unendliche Barmhertzigkeit das menschliche Geschlecht erlöset habe, und so von allen anderem zu reden. Eben so schreibe ich die Erhaltung dieses Reichs-Gotts-Hauß Ottobeyrens durch gantze tausend Jahr besonders seiner Vorsichtigkeit und Güte zu; derowegen habe ich gesagt: daß selbes durch seine vorsichtige Güte, oder gütige Vorsichtigkeit tausend Jahr alt

(1) L.C. (m) Math. 13.

alt worden seye, welches wir auß der gantzen Geschicht dieses Reichs Gotts-Hauß Sonnen klar abnehmen können. Dann durch Heiligkeit, Tugend, Adel, Reichthümer, Gelehrtheit, und was immer zu der Vollkommenheit einer Sach beytragen kan, wurde Ottobeyren gestiftet, befördert, und erhalten.

Sylachus Stabthalter Allemaniens, und Graf deß Illergews mit seiner Gemahlin Ermiswint, und deren Erben waren die Stifter, und zwar wahrhafft adeliche Stifter; dann sie waren eben so mit denen kostbaren Perlen ihrer selbst außgeübten Tugenden (welches der wahre Adel ist) wie mit den Cronen, und offenen Helmen Ihrer Ahnen und Vor-Eltern geschmücket, und außgezieret. Sie sahen Ihre Tugend schon in dieser Welt mit Reichthümern und zeitlichen Gütern von dem Allerhöchsten belohnet. Es wurden hier erfüllet die Wort deß HErrn: Quærite primum regnum Dei & justitiam ejus, & hæc omnia adiicientur vobis. (n) Wie vergnügt wurden nicht alle Menschen seyn, wenn sie sich der GOttes-Forcht befleisseten, wie diese Gottseelige Stifter; dann der Königliche Psalmist hat schon erkennet: daß jenen nichts abgehe, welche GOtt förchten. Timete Dominum omnes sancti ejus, quoniam non est inopia timentibus eum. (o) Unsere begüterte Stifter also hielten vor geziemend, und anständig selbe nicht zur Pracht und Wollust, sondern zur Ehre GOttes, und Ihrer Seelen-Heyl anzuwenden. Dahero sie zwölff Dorffschafften bestimmten um durch derer Einkünfften zu Ehren der zwölff Heil. Aposteln zwölff adeliche Diener GOttes deß Ordens deß grossen heiligen Patriarchen Benedicti zuunterhalten, (p) welche sowohl bey Tag als bey Nacht das Lob GOttes vor Ihrer Seelen-Heyl absingen solten: dieses geschahe in dem Jahr nach Christi Geburt 764. da der Heil. Pabst Paulus I. die Cantzel deß Heil. Petri besasse, Pipinus den Fränckischen Scepter führte, der Heil. Tosso aber Seelen-Hirt deß Bißthums Augspurg ware. Hier kan ich nicht mit Stillschweigen umgehen die Wort deß Stiftung-Briefs, welche den ewigen Tod allen denen antrohen, so diese Stiftung kräncken werden: Anathema sit a Deo (seynd die Wort) & mors super eum æterna veniat, vivensque in infernum per omnia sæcula cruciandus descendat. Amen. (q) Allein leyder! viele haben sich durch diesen heiligen Eifer nicht im mindesten Schröcken lassen; dann wie andere Closter-Güter, mit so grosser Freygebigkeit und Milde selbe seynd gestiftet worden, mit eben so grosser Ungerechtigkeit und GOttes-Raub angefochten und vermindert werden: eben also haben auch die Ottobeyrische grosse Unbilden erleyden müssen.

Und zeigte GOtt daß er seine Ottobeyrische Diener wahrhafft liebte, gemäß den Worten: Quos amo castigo. (r) Die ich liebe, züchtige ich; fehlen also wir Menschen sehr weit, wenn wir uns in Trangsaalen beklagen, und schreyen, GOtt habe uns verlassen; dann eben zu dieser Zeit, da wir widriges erdulten, suchet er uns heim, und zeiget seine Liebe, indeme Er pfleget mit gutem, und widrigem abzuwechseln, wie es auch erfahren unser werthestes Ottobeyren. Es ware nemlichen der vorsichtigen Güte GOttes nicht genug den Grund gelegt zu haben, sondern wolte auch selben bestigen; dahero wurde durch vorsprechen der Seeligen Hildegard der Gemahlin deß Kaysers Carls deß Grossen, und mildesten Stifterin deß Fürstlichen Hoch-Stifts Kempten, Totto ein Sohn Sylachi zum ersten Abbten ernennet, von beeden dem Kayser

(n) Math. 6. 33. (o) Pl. 33. v. 10. (p) itа Chron. Ottobur. (q) R. P. Cham. in Hier. Eccles. (r) Apoc. 3.

ser und der Kayserin, das Closter reichlich beschencket, die Stiftung bestättiget, und mit besondern Vorzügen begnadiget; unter welchen nicht die geringste waren : die Freyheit einen Abbten oder Vorsteher, und einen Advocatum oder Beschützer deß Closters erwählen zu dörffen, welcher letztere sich mit drey Eydschwären Ihr Amt wohl zu verwalten verbünden muste. Allein die Zeit hat es aufgekläret, wie schlecht einige dieser Beschützer ihre feyerliche Verbündung beobachtet. Dann dieses Gotts-Hauß muste mehrer widriges von selben als von andern außstehen. Nichts destoweniger stunde selbes dannoch immer aufrecht, und gleichte jenem Hauß : daß ein weiser Mann auf einen Felsen gebauet, dem weder Platz-Regen, weder Wasser-Fluthen, weder Sturm-Wind geschadet. (s) Wie die gütige Vorsichtigkeit dieses Gotts-Hauß mit weltlichen; also versahe Sie selbes mit geistlichen Gütern : dann die Gebein deß H. Alexandri Sohns der H. Felicitatis, und Blut-Zeugens Christi wurden von Rom samt dem Schleir oder sogenanten Mantel (mit welchem zu Luca ein grosses Wunder geschahe) hieher übergebracht, und dieser Heilige als erster Patron erwählet, welchem in folgenden Zeiten der Heil. Theodorus (dessen H. Leib der H. Udalricus dem allhiesigen Gotts-Hauß als ein kostbares Kleinod verehret) beygesellet wurde. Es wurde auch Ottobeyren unter der Regierung deß seeligen Widgarij mit der Gürtel der allerseeligsten Mutter GOttes einem unschätzbaren Schatz bereichert. Isingrinus der Abbt brachte fünff gantze heilige Leiber auß der Gesellschafft der heiligen Ursula, samt dem Haubt der Heil. Binosa (in welchem das Hirn die unverwesene Zung, und der Pfeil, mit welchem sie erschossen worden, zu sehen) von Cölln mit sich hieher. So viel heilige Gebein besaße damahlen Ottobeyren, daß es 77. Pfarreyen hat können mittheilen, die sich entgegen verbunden ein Creutz in dieses Gotts-Hauß an dem Dienstag der Creutz- oder Bitt-Wochen zuschicken, welches noch heutigen Tags geschiehet, jene außgenohmen, die auß wahren Catolicken Verachter der Heiligthümer geworden. Diese heilige Gebein und Reliquien brachten dem Gottes-Hauß alles Glück, allen Seegen, wie einstens die Arch deß Bunds dem Hauß Obededom. (t)

Allein nicht nur an Geistlich- und weltlichen Reichthümern sondern auch durch Tugend, Adel, und Wissenschafften nahme dieses Reichs Gotts Hauß zu, und wurde berühmt. Dieses zuerweisen durfte ich nur die Nahmen, und Thaten dessen Vorsteher anführen ; dann gleichwie die Grösse eines Edelgesteins den Werth desselben ohnvergleichlich erhöhet, also leuchtet auch die Tugend eines Oberhaubts, mehrer hervor, als vieler seiner Untergebenen, indeme dieß das Licht seynd, welches auf den Leuchter gestellet wird, ut luceat omnibus, qui in domo sunt, (u) daß es allen vorleuchte, die in dem Hauß seynd. Auf solche Weiß leuchteten jene Vorsteher dieses berühmten Gotts-Hauß, welche theils bey Lebs-Zeiten schon, theils nach Ihrem Hinscheiden die Nahmen der Heilig- und Seeligen auf dieser Welt, in jener aber bey der Hochzeit deß Göttlichen Lamms zuerscheinen (x) verdienet haben : als ein Seeliger Totto erster Abbt, ein Heil. Nidgarius, ein Seeliger Witgarius, ein H. Udalricus, die alle drey auch Bischöfe zu Augspurg waren, ein Seeliger Bertoldus der sowohl vom Röm. Pabst als Bischoff zu Augspurg die Erlaubniß erhielte sich deß Bischöflichen Schmucks, und Ehren-Zeichen zu bedienen. Von dem Seeligen Ruperto allein wäre ein gantzes Buch zuschreiben : dann dieser obwohlen er die Bürde eines Abbteus erst in dem 30. Jahr seines Alters auf sich genohmen, hat selbe

N 2 dan-

(s) Math. 7. v. 24. 25. (t) II. Reg. c. 6. v. 11. (u) Math. 5. (x) Apoc. 19. v. 9.

dannoch 41. Jahr mit gröſter Klug- und Heiligkeit getragen, und alſo ſeine Lebens-Jahr auf 121. gebracht. Die hölliſche Geiſter gehorchten Ihme zwar; und unterwarffen ſich Ihme, er rühmte Sich dannoch nicht in dieſem, ſondern in dem, daß ſein Namen verzeichnet ſtehe in dem Himmel, (y) welches auch ſicher glaubten ſchon in ſeinem Leben der Kayſer, die Biſchöf, und das Volck.

Den Seeligen Conradum kan ich nicht gänzlich in Vergeſſenheit ſetzen. Es ſolle aber ein ſattſames Zeugniß ſeiner Heiligkeit ſeyn jenes Chriſti des HErrn ſelbſten; dann dieſer wendete ſein Haubt von dem Creutz gegen dem Grab dieſes Heiligen, wie dortmahls am Heil. Creutz zu ſeiner Göttlichen Mutter, und dem geliebten Jünger. Wer ſolte wohl ein ſtärckeres Zeugniß der Heiligkeit Conradi begehren? wir wiſſen ja, daß deſſen Zeugniß wahrhafft ſeye. (z)

Es iſt aber nicht zu gedencken, als hätten nur allein einige Vorſteher dieſes Gotts-Hauß mit dem Glantz der Heiligkeit geleuchtet. Nichts weniges: dann obwohlen ein Stern von dem anderen in dem Glantz unterſchieden, wie Paulus redet; (aa) ſo haben dannoch die andere Stern ſowohl, als die Fix-Stern ihre eigene Klarheit: ich will ſagen: Ottobeyren hat nicht nur heilige Aebbte gezeuget, ſondern auch ohnzahlbare andere H. Söhne Benedicti hervorgebracht. Zum Überfluß will ich nur jene drey H. Männer Hatto, Bernoldus, und Bruno anführen, welche obwohlen ſie gleichſam unter dem Metzen verborgen (bb) waren, das iſt, obſchon ſie ſich, freywillig in ihre Zellen haben einſchlieſſen laſſen, um mit GOtt allein beſchäfftiget, und vereiniget zuleben, ſo hat ſich doch nichts deſtoweniger der Ruhm ihrer Heiligkeit auch in entfernte Länder außgebreitet. Ich übergehe hier einen frommen, und klugen Mann Adelhalmus, welcher fünff Abbteyen vorſtunde, und dannoch ſeiner Mutter, Ottobeyren nämlich, ſehr wohl vorſahe, indeme er ſelbes neu zuerbauen anfienge. Nur von weitem will ich anführen, daß der berühmte Eberhardus Abbt zu Ottobeyren, und Tegernſee auch Fürſt zu Kempten worden. Ich will nicht weitläufig ſeyn in Erzählung, wie viel Ottobeyriſche Söhn Benedicti zu außwärtigen Inſuln ſeyen beruffen worden, worunter auch Cuno der erſte Abbt deß Reichs Gotts-Hauß Irſee.

Von dem Abel, mit welchem dieſes Gotts-Hauß gezieret worden, will ich nur kurtz melden, das erſtlich lauter Adelich, und Ritterbürtige Ordens-Leuth ſelbes bewohnten, von denen auch der friedliebende Joannes von Wernau, welcher, da es ſehr unruhig allhier hergieng, nacher Kempten gegangen, und alldort nicht nur die Ruhe, ſondern auch den Fürſten-Hut fande. Dieſem ſetze ich bey: daß mehr als 30. Ruhmwürdigſte Vorſteher dieſes Reichs Gotts-Hauß von den vornehmſten, und älteſten Häuſern abſtammeten.

Endlich ſahe auch die fürſichtige Güte GOttes dieſem Reichs Gotts-Hauß vor mit klugen, und gelehrten Männern unter denen nicht die geringſte Nicolaus Elenbogius, Albertus Keuſlin, Franciſcus, und Benedictus Schmier, und ohnzahlbar andere, welches alles auß dem, was ich ſchon angeführt, ſich leichtlich ſchlieſſen läßt. Zum Überfluß ſage ich nur, das zwey Univerſitäten ihren Urſprung Ottobeyren zu zuſchreiben haben; dann auf Saltzburg gabe ſelbes die erſte Lehrer, Dillingen aber nahme ſeinen Anfang durch die Schulen, welche zu Ottobeyren von ſechs vereinigten Aebbten ſind errichtet, in Kriegs-Zei-

---

(y) Luc. 10. v. 20. (z) Joan. 5. 32. (aa) ad Cor. 15. 41. (bb) Math. 5.

Zeiten aber erstlich nacher Elchingen, nachmal aber nach Dillingen sind übersetzet worden. Wenn aber dieses alles nit wäre, so wurden jene schöne Bücher, und gelehrte Werck, so die unterschiedene Liebhaber hiesiger Stifts-Genossen zum Druck befördert hat, sattsam darthun, daß Ottobeyren eben so wenigen Mangel an kunstreichen Männern, als der Berg Libanus an Ceder-Bäumen gehabt habe.

Obwohlen nun die gütige Vorsichtigkeit, und vorsichtige Güte deß Allerhöchsten allezeit dieses Reichs Gottes-Hauß auf besagte Weise erhalten, ja auch durch jene weiseste, und gnädigste Verfügung befestiget; daß fast von allen Päbsten, und Kaysern, so durch diese tausend Jahr geherrschet, die Befreyungen, Freyheiten, und Vorzüge sind bestättiget worden: nichts destoweniger hat der Allmächtige dennoch seine Diener auf den Probier-Stein wahrer Frömmigkeit gesetzet, und ihre Tugenden durch verschiedene Unglücks-Fälle, Trangsalen, und Widerwärtigkeiten, wie das Gold in dem Ofen, (cc) geprüfet. Ich geschweige hier, das dieses Gottes-Hauß zu zweymahlen hat müssen von Grund auf Baufälligkeit halber neu erbauet werden: Ich übergehe, daß die Mauern desselben, als sie sich kaum auß dem Schutt erhebten, durch unglückliche Feuers-Brunst in die Aschen gelegt, zweymahlen die Hände der Arbeiter zu ihrer Errichtung gefordert haben: Ich melde nit, das Ottobeyren dieses traurige Schicksaal noch öffters wurde betroffen haben, wenn nit die gütige Hand Gottes zu verschiedenen mahlen das auß Boßheit gelegte Feuer durch seine Allmacht gelöschet, und also die Weissagung Isaiae erfüllet hätte: Et flamma non ardebit in te, und die Flamme wird in dir nicht brennen. (dd) Grosser GOtt! wie muß es dazumahlen außgesehen haben in diesem Gottes-Hauß, als die aufrührische Bauern alle Ordens-Geistliche vertrieben, das Kloster geplündert, und außgeraubt, ja sich so gar einer auß denselben erfrechet hat, die Kloster-Schlüssel anzuhängen, und sich zum Ober-Herrn aufzuwerffen, da ihme doch die Geburt allein zu gehorchen bestimmet hatte? wie betrübt müssen jene Zeiten deß fünffzehenden Jahrhundert gewesen seyn, da durch zwey, und dreyßig Jahre kein hiesiger Profeß den Hirten-Stab geführet, sondern lauter Frembdling, oder besser zu sagen, Miedling, theils eingedrungen, theils mißhelliger Weise erwählet worden? was grosses Unheyl werden endlichen diesem Gottes-Hauß die verschiedene schwere Kriege nit zugezohen haben?

Wahr ist es demnach, daß der Allerhöchste dieses unschuldige Gottes-Hauße habe drucken, niemahlen aber unterdrucken lassen, sondern durch seine vorsichtige Güte durch gantze tausend Jahr gütigist erhalten, uns zur heylsamen Lehre, das, gleichwie jener nach Außspruch deß Propheten verfluchet ist, so sich auf einen Menschen verläßt, und beßwegen von GOtt abweichet; also hingegen jener, welcher sein gantzes Vertrauen auf GOtt den HErrn setzet, mit häuffigen Seegen werde begnadet, und gleich einem über den Wasser-Strömen gepflantzten Baum, auch zur Zeit der Hitze, und Trockne grünen, und immerbar Frucht bringen werde. (ee) Und ersehen wir nit einen augenscheinlichen Beweiß dieser Wahrheit, da sich Ottobeyren jetzt durch die danckbare Beförderung der Ehre GOttes prächtig, herrlich, und neu erbauet für Augen stellet: wie wir vernehmen werden in dem

N Zwey-

(cc) Sap. 3. v. 6. (dd) C. 43. v. 2. (ee) Jer. 17. v. 5. & seqq.

Zweyten Theil.

Noch einmahl muß ich die Wahrheit der Wort deß Königlichen Prophe-ten anrühmen: daß nemlich tausend Jahr vor den Augen GOttes seyen, wie der gestern verflossene Tag. Diesem unterschreibet annoch der Fürst der Aposteln, da er in seinem zweyten Sendschreiben meldet: Unus Dies apud Dominum, sicut mille anni, & mille anni sicut dies unus. Ein Tag ist bey dem HErrn wie tausend Jahr; und tausend Jahr, wie ein Tag. (ff) Denn der Allerhöchste hat dieses preiß-würdigste Reichs Gotts-Hauß Ottobeyren durch seine vorsichtige Güte (wie der erste Theil belehret) tausend gantzer Jahr erhalten; und dennoch ist selbes durch den Eifer, mit welchem es jederzeit die Ehre GOttes zu befördern sich bestrebet hat, neu erbauet, ja, wie wir mit Erstaunung sehen, auf das prächtigste vollendet, und außgeziert unter Löblich-ster Regierung deß jetzigen Hochwürdigen Edelgebohrnen HErrn HErrn ANSELM, dessen Verdienste, und Tugend der Allerhöchste mit einem zweyfa-chen Jubel-Jahr deß Heiligen Ordens, und deß Königlichen Priesterthums bekrönet hat. Wir sehen, sage ich, ein neues Ottobeyren, welches alle hohe Anwesende in Verwunderung setzet.

Es haben die Altgläubige den prächtigen, und Welt berühmten Tempel Salomons unter die Welt-Wunder gezählet. Wenn ich nun selben betrachte, wie ihne die Göttliche Feder abgeschildert hat: so muß ich gestehen, daß bey selbem so wohl die Kunst, als die Natur alle ihre Kräfften angespannet. Die-se hat die schönste, und dauerhaffteste Stein dargelehnet; jene hat selbe in vier Eck gehauen, und zierlichst außgearbeitet. Diese muste gedüfftes Holtz, be-sonders eine unglaubliche menge Ceder-Bäumer herschaffen; jene bereitete, und machte selbe durch ihre Werck-Zeuge zum verschiedenen Gebrauch taug-lich. Diese endlichen leerete ihre Schatz-Kästen fast gäntzlich auß, und reichte unermessenes Gold dar; jene überzoge mit selbem schier den gantzen Tempel, und wuste es so wohl anzubringen, daß die Göttliche Schrifft selbsten anmer-cket: Nihilque erat in templo, quod auro non tegeretur. Es ware nichts in dem Tempel, so nit mit Gold bedecket ware. (gg)

Ersehen wir aber nit alles dieses in gegenwärtiger Ottobeyrischen Stiffts-Kirche? Fürwahr die Natur, und Kunst stritten in Selber um den Vorrang. Denn ich sehe Stein, Holtz, und Gold, und auß diesen zur allgemeinen Verwun-derung verfertigte Kunst-Stücke: mit einem Wort; ich sehe alles, was die Ehre GOttes vermehren, und befördern kan.

Allein wir wollen genauer untersuchen, und aufmercksam betrachten, was in dem Jerosolimitanischen Tempel sehens-würdig, und was der weise König zur Beförderung der Ehre GOttes habe verfertigen lassen. Ich ersehe zu erst allorten den Altar der Brand-Opfer, auf welchem verschiedene Thier ge-schlachtet wurden. Allein wie gählings verschwindet dessen Herrlichkeit, wenn ich selbem die Heiligkeit deß hiesigen Opfer-Tisches entgegen halte? Hier in die-sem herrlichen Tempel werden der Ehre GOttes nit unvernünfftige Thier, al-
deren

(ff) 6. 3. v. 8. (gg) 3. Reg. 6. v. 22.

deren Blut, und Fleisch der Allerhöchste ohnehin geringes Belieben trägiget, (hh) sondern vernünfftige Menschen geschlachtet; ich will sagen: die durch ein Jahr geprüfte Ordens-Neulinge opfferen sich gäntzlich dem drey-einigen GOtt auf, und schlachten sich durch die feyerliche Gelübde, welche Sie nach der Regel unseres Heiligsten Vatters Benedicti ablegen. Sie geben GOtt nit allein das Hertz, so er so sehnlich verlanget, (ii) sondern alles, was sie haben, wie der Heilige Kirchen-Lehrer Hieronymus, dessen glorreiches Fest wir anheut begehen, geschrieben: Totum Deo dedit, qui seipsum obtulit. Alles giebet jener, der sich GOtt gantz opffert. (kk)

Weiters ersehe ich in dem Salomonischen Tempel einen zweyten Altar, auf welchem das wohlriechende Rauch-Werck GOtt angezündet wurde. Dieses bestunde auß kostbaren Spezereyen, die klein zerstossen, und alsdenn verbrennt werden musten. (ll) In diesem Ottobeyrischen Tempel aber sehe ich ein weit angenehmeres Rauch-Werck zu GOtt aufsteigen, nämlich das eifer-volle Gebeth, und Gesang so vieler frommen Ordens-Männern, welches, laut dem Außspruch deß gekrönten Propheten, zu GOtt gerichtet wird, wie ein Rauch-Werck in dessen Angesicht. (mm) Ja der Göttliche Heyland erwiese selbsten, wie angenehm solches dem Englischen gantz ähnliche Lob-Gesang dem Himmel wäre, da er seinem geliebten Jünger in der Entzuckung gezeiget, daß dem Engel viel Rauch-Werck gegeben worden, damit er von dem Gebeth aller Heiligen auf den Altar, so vor dem Thron GOttes stehet, geben soll. (nn)

Es stellet sich ebenfalls meinen Augen dar der goldene Tisch, auf welchem die Schau-Brod allezeit vor dem Angesicht GOttes liegen müsten, (oo) welche niemahlen vermoderten, oder verdorben, wie einige Schrifft-Außleger behaupten. Auch hier in gegenwärtigem Gottes-Hauß sehe ich solchen goldenen Tisch, das ist, den von der Kunst neu verfertigten, köstbar vergoldten Tabernackel: allein das Schau-Brod, welches darauf gestellet ist, darff ich nicht mit jenem deß alten Testaments vergleichen; denn dieses ist der eingefleischte Sohne GOttes selbsten, welcher sich in den weissen Brods-Gestalten, so in einer so genannten Monstrantz eingeschlossen, zur Schau, und Anbethung außsetzen läßt, sagende: Hoc est Corpus meum, das ist mein Leib. (pp)

Endlich darff ich von weitem besichtigen das Heiligthum; aber hineinzugehen wird mir nit vergönnet: denn dieses ist nur dem Höchsten Priester, und zwar nur deß Jahrs einmahl erlaubet. Vielleicht ist jemand auß meinen Hochansehnlichsten Zuhörern, welcher bey sich gedencket: Nein! was wäre denn so heiliges in diesem innersten Gemach deß Salomonischen Tempels aufbhalten, und verwahret? Um diese Frage zu beantworten, sage ich, in dem Heiligthum seye die Arche deß Bunds, und in dieser die steinerne Tafeln deß Gesetzes, die Ruthen Mosis, und das Manna, oder Himmel-Brod aufbehalten worden. Diese waren in Wahrheit, wie es niemand verneinen wird, verehrens-würdige Sachen. Allein, Hochansehnlichste! Wenn das Judenthum die blosse, und eitle Figur, oder Bedeutniß so hoch geschätzet, und geehret; was sollen wir unserem Heiligthum vor Ehrerbietigkeit erweisen, welches doch der Gegenstand deß Geheimniß selbsten, welches das wahre Heiligthum, welches Christus JEsus der eingebohrne Sohn GOttes ist? und dannoch hat GOtt nit nur dem

N 2   höch-

(hh) Ps. 49. (ii) Prov. 23. v. 26. (kk) Ep. 1. (ll) Exod. 39. (mm) Ps. 140. 2. (nn) Apoc. 8. v. 3. (oo) Exod. 23. v. 30. (pp) Math. 26. v. 26.

höchsten, sondern allen Priestern, nit nur beß Jahrs einmahl, sondern alle Tag sich diesem Heiligthum hinzuzunahen erlaubet; wie denn Selber nit allein mit besonderem Gehorsam die Verwandelungs-Wort, als die Sonne den Befehl Josue befolgende (qq) unter den Zufallenheiten deß Weins, und Brods seine Majestät verhüllet, und mit gesalbten Händen sich berühren läßt, der doch vormahlen einem Israelitischen Führer zu dem brennenden Dornbusch mit bedeckten Füssen hinzuzutretten verbothen hatte: (rr) sondern alle Christgläubige ohne allen zu dem Genuß dieses Gnaden-vollen Geheimniß einladet: Comedite, sagende, hoc est Corpus meum. Esset; dann dieses ist mein Leib; (ss.) ja darzu ein geschärfftes Geboth verbündet, wie solches der geliebte Jünger mit folgenden Worten erkläret: Nisi manducaveritis carnem Filij hominis, & biberitis ejus sanguinem, non habebitis vitam in vobis. Wenn ihr das Fleisch deß Menschen Sohnes nit esset, noch dessen Blut trincket, werdet ihr das Leben nit euch nit haben. (tt) O! lasset mich denn auftruffen: O erstaunens-würdige Güte GOttes! aber O noch weit grössere Frech- und Boßheit deß Christen-thumb, O leyder! was für Unehre, was für ärgerliche Außgelassenheit, was für unglaubliche Gottlosigkeit wird nicht manchmahlen in den geheiligtesten Häusern verübet? die Haare sollten einem gen Berg stehen und das innerste der Hertzens ein gerechter schauder erschütten, wenn man siehet, was in der Kirch einem Herrn, einem Frauen-Zimmer für tieffe Neigungen gemacht werden, da vor dem Höchsten GOtt, vor dem Beherrscher dieser Allheit, vor dem König aller Königen nit einmahl der Fuß gezucket; will nicht sagen, die Knie gebeugt werden. Wie? wird nit einstens diese halb-Christen das Judenthum, ja die blinde Heyden beschämen? Eben diese Erinnerung, und Erwegung giebet mir Gelegenheit jenen unverschamten, und der Ehre GOttes mißgünstigen Sitten-Richtern, welche diesen Ottobeyrischen Tempel als zu kostbar, zu herrlich, ja zu übertrieben beschnarchen, zu antworten. David jener Mann nach dem Hertze GOttes, (uu) obwohlen selbem das gerechte Schicksaal das Glück, dem Allerhöchsten einen Tempel zu erbauen, mißgönnet, und seinem Sohn vorbehalten hatte: (xx) sammelte doch die Schätze, so viel jhme möglich, um dem Salomon, seinem rechtmäßigen Thron-Folger, und von dem Himmel bestimmten Bau-Meister deß Tempels das nothwendige zu hinterlassen, und gabe selbsten die Ursach: Neque enim homini præparatur habitatio, sed Deo. Denn es wird nicht einem Menschen, sondern GOtt eine Wohnung zubereitet. (yy) Allein habe ich nit mehrere Ursachen dieses von gegenwärtigem neu-erbauten Ottobeyrischen Tempel zu sagen, indeme alles, was in jenem durch Vorbedeutungen angezeiget worden, in diesem in der That erfüllet zu sehen, und dieses Reichs-Stifft nit einem sterblichen Menschen, sondern dem unsterblichen König der Zeiten, nit einem jrrdischen Monarchen, sondern dem Beherrscher der Heerscharen einen Wohnsitz erbauet, folglich alles zur grösseren Beförderung der Ehre GOttes angesehen, und angeordnet hat.

Ich kan also mit dem Patriarchen Jacob billich auffschreyen: Non est hic aliud, nisi domus Dei, & porta Cæli. Es ist hier nichts anderes, als ein Hauß Gottes, und Porten deß Himmels. (zz) Das erste haben wir bißhero vernohmen: das zweyte zu erproben, ist allein vonnöthen, daß wir jenes betrachten, was den frommen Ertz-Vatter also aufzuruffen bewogen Jacob, zeu-

(qq) Jos. 10. v. 13. (rr) Exod. 3. v. 5. (ss) Matth. 26: v. 26. (tt) Jo. 6. v. 54.
(uu) 1. Reg. 13. 14. (xx) 2. Reg. 7. & 3. Reg. 8. v. 19. (yy) 1. Paral. 29. (zz)
Gen. 28. v. 17.

zeuget der Göttliche Text, sahe eine auf der Erde stehende Leiter, deren Gipfel den Himmel berührte: er sahe die Engel durch selbe auf, und absteigen. Viditque in somnis scalam stantem super terram, & cacumen illius tangens velum; Angelos quoque Dei ascendentes, & descendentes per eam. (aaa.) Auch ich ersehe hier eine solche Himmels-Leiter, nämlich die Regel deß grossen Heiligen Patriarchen, Benedicti, auf welcher die Engel deß HErrn, das ist, die fromme Ordens-Männer, auf und absteigen. Ich kan ja mit allem Recht sagen, daß diejenige biß in Himmel wenigstens mit dem Gemüth sich erheben, deren Wandel, wie der Heil. Apostel Paulus redet, in dem Himmel ist, (bbb) nämlich durch das äusserlich, und innerliche Gebeth, durch immerwährende Betrachtungen, und Bethen, oder singen. Wie offt wird solcher Männern Hertze nicht entzündet, wenn GOtt in einer Betrachtung mit ihnen redet, wie dort die zween Jünger in Emaus erfahren? (ccc) wie offt werden sie mit dem grossen Lehrer der Völckern gleichsam biß in den dritten Himmel entzucket werden, (ddd) wenn sie das Lob GOttes, besonders jene Wort: Die Ehre sey GOtt dem Vatter, Sohn, und heiligen Geist, mit einer fast übermenschlichen Innbrunst absingen? wie offt werden Sie brennen vor Liebes-Flammen, und heiligen Begirden, gleich denen Seraphim, wenn sie die Leben der Heiligen durchblätteren? Kurtz: durch die Ubungen deß beschaulichen Leben schwingen sich diese fromme Ordens-Genossen über die Wolcken, und habe ich dahero ursach zu sagen: Vidi Angelos ascendentes, daß ich allhier auffsteigende Engel gesehen.

Noch nit genug: diese irrdische Engel steigen auch herab: Vidi descendentes. Die Liebe GOttes ziehet selbe herab, und machet sie unermüdet in Erklärung der Christlichen Wahrheiten, und außspendung der heiligsten Geheimnissen. Sie verlassen ihre süsse Ruhe, und suchen in den geheiligten Richterstühlen die irrende Schäflein auf, um diese durch heylsame Lehren, sanfftmüthigen Zuspruch, und geistreiche Ermahnungen auf ihren Schultern dem Fürsten der Hirten Christo JEsu wieder zuzuführen. Wie viel tausend derley irrende Schaaf, oder besser zu reden, reissende Wölf haben nicht schon die Ottobeyrische Söhne Benedicti in allhiesiger Mutter-Kirche, und in dem vom Jahr 1466. biß auf unsere Zeiten blühenden Gnaden-Ort Elderen zuruckgeführet? wie viel tausend werden sie noch zuruckführen in diesem zur Beförderung der Ehre GOttes so hertzlich erbauten Tempel? Vidi descendentes, diese Geist-Männer steigen herab mit der Stimme, indeme sie von den Cantzeln durch eiferige Predigten, durch bewegliche reden, durch einbringende Ermahnungen die Hertzen der Sünder, den Weeg deß HErrn zu wandelen bereiten, nachdeme Sie vor dessen Angesicht, und der gantzen Welt mit gutem Beyspiel vorauß gegangen. (eee) Vidi descendentes, Sie steigen endlich herab durch Außspendung anderer Heiligsten Sacramenten, und Außübung übriger zur Seel-Sorg gehörigen Beschäfftigungen. Denn wahre Söhne Benedicti begnügen sich nicht, daß sie vor sich selbsten mit Riesen-Schritten auf dem Weege der Vollkommenheit voreilen; sondern wenn es ihnen der heilige Gehorsam erlaubet, oder wohl gar zu Zeiten gebietet, so bearbeiten sie sich auf alle Weiß, und Art, die Süßigkeit deß Geistes, welchem ihr heiliger, und glorreicher Vatter gedienet, und von dem sie auch begeistert sind, auch anderen mitzutheilen, und zu verkosten zu geben; und ergehet es ihnen, wie den alten Vögelin, welche nit nur sich, sondern auch ihre junge erndhren. Derohalben hielte der heilige Kir-

chen

(aaa) l. cit. v. 12. (bbb) ad Philipp. 3. v. 20. (ccc) Luc. 24. v. 32. (ddd) 2. Cor. 12. (eee) Luc. 1.

chen-Lehrer Augustinus darvon, daß die Vereinbahrung deß Klösterlichen Leben mit der Seel-Sorge fast unumgänglich nöthig seye, und wollte jenen auß dem Register der Geistlichen außlöschen, der nicht mit ihme einen Klösterlichen Wandel führte: Delebo eum, sind desselben Wort, de numero Clericorum: Ich werde seinen Namen von der Zahl der Geistlichen außstreichen. (ff) Eben dieses sahe auch der Kirchen-Rath von Trient gar wohl ein, und führte ein gantz andere Sprach, als die heutige, aller Geistlichkeit so überdrüssige Welt: Es ist, also reden die in dem Heil. Geist versammelte Vätter, der Heil. Versammlung nur gar zu wohl bekannt, welch grosser Glantz, und Nutzen von den Klöstern der Kirche GOttes zufliesse. (ggg) Wo hingegen jene mißgünstige, und ehrvergessene Mäuler einiger unverschamten halb-Christen die Ordens-Leuth, als Faulentzer, als Leuth, die das Brod umsonst geniessen, die dem gemeinen Weesen zur Last gereichen, ja als höchst schädlich außschreyen. Auß diesem schönen Gesang kan den der rare Vogel gar leicht erkennet werden; und dencken, oder sprechen wohl gar derley Frey-Geister von dem Glauben eben so schön, als von der Geistlichkeit.

Es bleibet nichts bestoweniger wahr, und unlaugbar: diese irrdische Engel, allhiesige Stiffts-Genossen steigen auf und ab, so wie ich jetzt erwiesen habe, in diesem herrlichen GOttes-Hauß, welches ihre Danckbarkeit zu keinem anderen Ziel, und Ende, als allein die Ehre GOttes mehr, und mehr zu befördern erbauet hat. Ich habe also billiche Ursachen gehabt, mit Jacob auszuruffen: Hier ist nichts anderes, als das Hauß GOttes, und die Porten deß Himmels. (hhh)

Eines mangelte annoch zur vollkommenen Gleichheit zwischen jenem beglückten Ruhe-Ort, und diesem prächtigen GOttes-Hauß. Als Jacob von dem Schlaf erwachet, begosse er den Stein, so er seinem Haupt unterlegt hatte, mit Oel, sagende: dieser Stein solle das Hauß GOttes gennennet werden. (iii) Auch dieses mußte denn durch feyerliche Einweyhung der Kirche, und Opfer-Steinen erfüllet werden. Und was neues, was seltenes, ja fast unerhörtes sehen wir hierbey? der Hochwürdigste, und Durchleuchtigste Ober-Hirt JOSEPHUS würdigster Bischoff zu Augsburg deß hohen Alters, und geschwächten Leibs-Kräfften ungeachtet wollte diese mühe-volle Verrichtung selbsten in höchster Persohn vornehmen, die Kirch-Mauern heiligen, und den Haupt, oder Chor-Altar mit Oel begiessen, und einweyhen. Diese besondere Gnade zu vergrösseren, verordnete die weiseste Fürsichtigkeit GOttes, das, gleichwie vor 562. Jahre Otto ein verdienst-voller Bischoff zu Freisingen allhier die erste Stiffts-Kirche, von welcher die Jahr-Bücher uns das Angedencken übergeben; also Ihro Königliche Hoheit, der Hochwürdigste, und Durchleuchtigste Fürst CLEMENS würcklicher Bischoff zu Freisingen, und Regensburg die Altäre in der zweyten einseegnete.

Nun, Hochansehnlichste AA. gedunckt es euch nit, daß ihr die Wort der heimlichen Offenbahrung erfüllet sehet: Ecce! nova facio omnia. Siehe! ich mache alles neu. (kkk) Ja die Danckbarkeit allhiesiger Ordens-Genossen wollte dem allgütigen GOtt ein Denckmale seiner unzahlbaren Gnaden errichten; der Himmel genehmigte dieses heilige Absehen, und stellte ein gantz neues, und

---

(ff) Serm. 2. de communi vita Cleric. (ggg) Sess. 25. de reform. (hhh) loc. cit. (iii) Gen. c. 28. v. 18. & seq. (kkk) Apoc. c. 21. v. 5.

und prächtigst aufgebautes, eingeweyhtes, und vollkommenes Gottes-Hauß her. Allein was lesen wir auf den Wänden dieser neuen Kirche? Wo ich mich immer hinwende, kommen mir zu Gemüthe jene Wort deß Apostels: Reformamini in novitate sensus vestri. – Veränderet euch durch Erneuerung eures Sinnes. (lll) Neu ist diese herrliche Kirche: neu sollen auch seyn euere Hertze, Wort, und Werck.

Beschluß.

Ich schreitte nun zum Beschluß meiner Lob- und Ehren-Rede, indeme ich glaube, was ich mir vorgenohmen, mit bündigsichen Proben erwiesen, und zu genügen erkläret zu haben. Denn ich habe erprobet: wie dieses Reichs-Gotts-Hauß Ottobeyren durch die vorsichtige Güte GOttes durch tausend Jahre in gröstem Flor seye erhalten worden, folglich alt seye; daß der Allerhöchste selbes mit geistlich, und weltlichen Gütern bereichert, mit heiligen, und verdienst-vollen Einwohnern beglücket, mit adelichen, und gelehrten Männern bevölckeret habe. Ich habe erkläret, wie Selbes durch danckbareste Beförderung der Ehre GOttes gantz neu erbauet zu sehen seye: wie also GOtt etwas tausend-jähriges uns als neu vor Augen stelle, und uns deßjenigen überzeuge, was der gekrönte Prophet gesprochen: das tausend Jahre vor dessen Augen seyen, wie der Tag, so gestern vorbeygangen ist. (mmm). Nun ist mir nichts mehr übrig, als daß ich den freuden-vollen Einwohnern dieses Gotts-Hauses Glück wünsche, weilen Sie, wie der hochfliegende Adler in seiner Göttlichen Offenbahrung redet, regnaverunt cum Christo mille annis, tausend Jahre mit Christo geherrschet haben (nnn) unter einem Glauben, unter einer heiligen Regel, und Orden, an dem nemlichen Ort, allhier zu Ottobeyren.

Nun vergönnet, und erlaubet mir, eine Frag zu stellen, was nämlichen unsere Herrn Glaubens-Gegner von dieser tausend-jährigen Feyerlichkeit gedencken, wenn sie zu Gemüth führen: schon tausend Jahre erhaltet GOtt dieses Reichs-Gotts-Hauß in dem unveränderten Glauben, in eben selbem heiligen Orden: schon tausend Jahre wird das heiligste Meß-Opffer, so Sie, als eine Abgötterey außschreyen, allhier verrichtet: schon tausend Jahre werden die Heil. Gebein, und Reliquien (denn die mildeste Stifter selbst den Leib deß Heil. Alexandri, als einen Schatz, diesem Gottes-Hauß eingehändiget) geziemend verehret: schon tausend Jahre werden so viele Lehr-Sätze, in denen sie erst vor etwas mehr, als 200. Jahre von uns abgewichen, erkläret, behauptet, und geglaubet. Rühret sich nit in ihren Adern das alt Catholische Geblüt, von dem sie herstammen? Kommet ihnen nicht ein gerechter Zweifel, ob nit ihre Vor-Eltern seyen hintergangen worden, oder sich selbst auß zeitlichen Absichten betrogen haben?

Allein seye diesem, wie es wolle: mir erkläret, daß ich mit allem Fug wiederhollen, und bekräfftigen kan, daß die würdige Söhne unsers grossen heiligen Ertz-Vatters Benedicti schon tausend Jahr hier in Ottobeyren mit Christo herrschen. Ich wünsche diesem ruhm-würdigsten Reichs-Stift, was die Brüder der Rebecca bey dero Abschied gewunschen: Crescas in mille millia. Du sollst wachsen in tausendmahl Tausend. (ooo) Und darff ich mir billich schmeicheln, daß dieser auffrichtige Wunsch von dem Himmel werde erhöret werden

mas-

(lll) Rom. 12. v. 2. (mmm) loc. cit. (nnn) Apoc. 20. (ooo) Gen. 24. v. 60.

maſſen ja bekannt iſt, daß der Allerhöchſte unſerem heiligſten Ordens-Stifter verheiſſen, daß ſein Orden biß an das Ende der Welt blühen werde. Blühe denn, beglücktes tauſend-jähriges Ottobeyren! und pflanze fort den geſegneten Saamen Benedicti biß zum Ende der Welt. Der Geber alles Guten ſpreche hierzu ſein gnädigſtes Fiat: ich aber Amen.

Der zweyte für uns höchſt erfreuliche Gnaden-Blick ware, daß gleich nach geendigter Predigt Jhro Hochfürſtliche Gnaden, der Hochwürdigſte Fürſt, und Herr, Herr HONORIUS deß Heil. Röm. Reichs Fürſt, und Abbt deß Hochfürſtlich, Hochadelichen Stiffts Kempten, Jhro Majeſtät der Römiſchen Kayſerin Ertz-Marſchall ꝛc. ꝛc. dieſen Tag durch Abhaltung deß feyerlichen Hoch-Amts zu verherrlichen gnädigſt geruheten. Und damit der Würde dieſes hohen Prieſters jene der Miniſtern übereinſtimmete, als haben Höchſtdieſelbe Jhro Hochwürden, und Gnaden den Freyherrn von Hornſtein in Göſſingen Vice-Dechanten zum Aſſiſtenten erwählet. Zu gleichem Ziel begleiteten Se. Hochfürſtliche Gnaden anhero Jhro Hochwürden, und Gnaden Herr Baron von Berndorff deß Hochadelichen Stiffts Capitular, und Jhro Hochwürden, und Gnaden Freyherr von Buſeck Cammer-Präſident. So waren auch auß eben dieſer Urſach angelanget Jhro Hochwürden und Gnaden Herr Baron von Hornſtein in Grieningen, Probſt in Grönenbach, und Jhro Hochwürden, und Gnaden Freyherr von Speth Capitular deß Hochfürſtlichen Stiffts. Die übrige Dienſte bey dem Altar verrichteten, wie die vorhergehende zwey Täge, die Wohl-Ehrwürdige Herrn Pfarr-Vicarij unſeres Gebiets.

Was groſſe Jnnbrunſt, Eifer, Majeſtät, und andere erhabenſte Tugenden an dieſem Tage wiederum zu bemerken geweſen; wünſcheten wir, daß ein goldene Feder beſchriebete, indeme die unſere allzu ſchwach, und unvermögend iſt, als daß ſie nur einen geringen Schatten entwerffen könnte. Die der Rede-Kunſt angebohrne Freyheit, die Gegenſtände über die Gränze der Wahrheit zu erheben, vermeinte mehrmahlen dieſe acht-tägige Jährlichkeit hindurch, eine Aehnlichkeit zwiſchen unſerer neu-erbauten Kirche, und dem prächtigen Tempel Jeruſalems entdecket zu haben. Wir ſind der Schwachheit unſerer Kräfften allzuſehr überzeuget, als daß wir ein ſolches Wunder auf unſerem Boden ſuchen ſollten; beſonders da uns noch der Berg Libanus ſeine Ceder-Bäume, noch Ophir ſein Gold, und Koſtbarkeiten dargelieſten hatte. Wenn dahero dieſe Gleichniß einige Wahrſcheinlichkeit enthält; iſt ſie ſelbe allein der unerhörten Gnade dreyer Höchſten Fürſten ſchuldig. Zwey derſelben hatten bereits die zwey vorhergehende Täge durch Biſchöfliche Einſegnung, und Abſtattung deß unblutigen Opfers die Kirche geheiliget: der Dritte zeigte ſich heute an dem Opfer-Tiſch, ſeegnete, als ein neuer Salomon, das ganze anweſende Ottobeyren, und geruhete, um das maſſe dieſes Namens zu erfüllen, daß dem Allerhöchſten aller angenehmſte Friedens-Opfer, mit ſo unbeſchreiblicher Andacht zu entrichten, daß wir billich die inbrünſtigſte Wünſche, und entflammte Gebetth, von welchen der Königen Chronick in dem dritten Buch 8. Cap. redet, erneuert zu ſehen glaubten, und alles häuffig verſammelte Volck in einer ſüſſen Entzuckung, gleich den Jſraeliten, unbeweglich da ſtunde.

Die hierbey aufgeführte Muſik, ſo wiederum ein fürtrefliches Werck deß Herrn Krauß ware, wurde immer durch die frohe Löſung deß Geſchützes begleitet. So hatten ſich auch, wie bißhero, die Compagnien auf ihren beſtimmten Poſten eingefunden.

Wie

Wie die Sonne mit ihren Strahlen, also haben Se. Hochfürstliche Gnaden die übrige Minuten dieses erfreulichsten Tages mit außnehmenden Merckmalen der Höchsten theils angebohrnen Milde, theils von dero grossen Vorfahren ererbten Gnädigsten Neigung gegen Ottobeyren bezeichnet. Höchstdieselben beliebten so wohl zu Mittag, als Abends offentlich zu speisen, und, obschon unsere Kräfften bey weitem nit hinlänglich waren, der höchsten Würde mit der Bedienung gleich zukommen, ein vollkommenes Vergnügen mit den gnädigsten außdrücken zu bezeugen.

Ubrigens wellen Ihro Excellenz, der Hochwürdige und Gnädige HEr Reichs-Prälat von Salem durch ein besonderes Schreiben zur Abhaltung deß Hoch-Amts auf folgenden Tage erbethen worden, als wurden wir durch Hochderoselben erwünschte Ankunfft heute Nachmittag erfreuet.

Vierter Tag.

Kaum als die auffsteigende Morgenröthe den Anbruch deß heutigen Tages, und nahe Ankunfft der Sonne verkündet hatte, entfernete sich von unserem Gesichts-Kreise eine andere Sonne, indeme Ihro Hochfürstliche Gnaden wieder die Ruck-reiße nacher Kempten unter Erthönung der Glocken sowohl, als deß Geschützes, geleit einiger Reuttern, und tausend Seegens wünschen antratten.

Hingegen traffen in einer auferbäulichen Pilgerfart allhier ein die löbl. Pfarreyen Erdheim, Ungerhausen, Sontheim, und Athenhausen. Die Stelle aber eines Lob-Redners vertrate mit allgemeinem Beyfall der Hochwürdige, und Hochgelehrte Herr ISO Walser der beeden Rechten Doctor, deß Hochfürstlichen Stiffts St. Gallen deß Ordens deß Heil. Vatters Benedicti Capitular, auch Sr. Hochfürstlichen Gnaden Officialis in Spiritualibus Generalis: und erhielte also Ottobeyren, welches vormahlen in dem Heil. Widgario der Schweitz einen eifer-vollen Apostel gegeben, eben daher einen mit Apostolischen Eifer, Geist, und Wissenschafft beseelten Prediger. Der außerlesenen, gelehrt, und geistreichen Rede ware folgender

Innhalt.
Das
Von GOtt außerwählte, gesegnete, und geliebte
Ohnmittelbare Freye Reichs-Stifft, und
GOttes-Hauß.
Ottobeyren;
oder
Der allzeit herrliche Namen GOttes,
Das allzeit wachende Aug GOttes,
Das allzeit liebende Hertz GOttes
in dem
GOtts-Hauß
Ottobeyren.

Vorspruch.

Elegi & sanctificavi locum istum, ut sit Nomen meum ibi in sempiternum, & permaneant Oculi, & Cor meum ibi cunctis diebus.
2. Paral. 7. v. 16.

Ich hab dieß Ort erwählet, und geheiliget, daß mein Name allda ewiglich seyn soll, daß auch meine Augen, und mein Hertz allzeit daselbst bleiben sollen.

Eingang.

ES ware nichts, als billich und recht, da Hiram der König zu Tyrus das grosse Vorhaben deß Königs Salomon in Erbauung deß Tempels zu Jerusalem, und seines Königlichen Hofs belobet, und den GOtt Israel hochgepriesen hat. (a) Beyde Werck Salomons waren herrlich, und ein Wunder; der Tempel aber übertraffe all menschliches Lob, domus magna nimis & inclyta. (b) Die Schrifft redet von selbigem fast so viele Wunder, als Wort. (c) Das Göttliche Ansehen der Schrifft allein kan den Glauben von uns bewürcken. Wann wir aber unter so unzähligen Wundern in diesem Tempel das herrlichste suchen, welches ist es? jenes, was Salomon durch die Arbeit so vieler Jahren, durch Aufwendung so grösser Außgaben, endlich durch sein eifriges Gebeth verdienet hat: Majestas Domini implevit Domum. (d) das GOtt mit seiner Majestät und Herrlichkeit das Hauß erfüllet hat. Gleichwie Moyses das Volck Jsrael auß Egypten geführet durch Anleitung einer Wolcken-Saul deß Tags, und einer Feuer-Saul Nachts, columna nubis per diem, columna ignis per noctem: (e) also hat Salomon beyde diese Zeichen zu vollkommner Verherrlichung seines Tempels erhalten, ita ut impleretur Domus Dei nube, (f) das Hauß GOttes ist mit einer Wolcken angefüllet worden; ignis descendit de cælo, das Feuer fiel vom Himmel herab. (g) Unter diesen zwey sichtbaren Zeichen deß Feuers, und der Wolcken hat die Herrlichkeit und Majestät deß HErrn das Hauß GOttes angefüllet; also, daß diese Außerwählung und Heiligung durch die hohe Gegenwart der Göttlichen Majestät dem Tempel Salomons grössere Herrlichkeit gebracht, als alles Gold und Silber.

Hochansehnliche! wenn wir heut an diesem Ort die Augen eröffnen, was Wunder-Ding stellen sich vor uns? Domus magna nimis & inclyta! Ein Hauß nach menschlichen Kräfften für einen GOtt würdig vorbereitet, Domus Dei: ein Gottes-Hauß für die vertrauliste Freund und Diener GOttes würdig eingerichtet, Domus Regis. Solle ich nicht mit Hiram meine Stimm erheben, und den vorsichtigen GOtt preisen, der so kluge, so erhabene, so weise Urheber dieser Wercken erwecket hat! Wahrlich dilexit Dominus populum suum, idcircò te regnare fecit super eum. (h) GOtt hat dieß sein Volck geliebet, und eben darum solche zu herrschen verordnet, welche mit großmüthigen Hertzen an so herrliche Werck gegangen. Indessen was alle Augen bewunderen, soll meine Zung schweigen. Gleichwie in Salomons Tempel, also auch hier

---

(a) 2. Paral. 2. 11. (b) Ibid v. 9. (c) 3. Reg. c. 5. & seqq. 2. Paral. c. 2. & seqq.
(d) Paral. 7. v. 1. (e) Exod. 13. (f) 2. Paral. 5. (g) 2. Paral. 7. (h) 2. Paral. 2.

hier wende ich meine Gedancken auf das herrlichste: Majestas Domini implevit Domum, die Majestät deß HErren hat dieß Hauß erfüllet. (i) Solches zu erkennen, müssen wir in das verflossene Alter zurückkehren. Dörffte ich wünschen, daß, wie dem grossen Ertz-Vatter Benedicto die Welt in einem Sonnen-Strahl versammlet, (k) also uns das gantze Alterthum deß tausend-jährigen Gotts-Hauses Ottobeyren in einem vollkommen Begriff vorgestellet wurde! oder das tausend Jahr auch vor unsern Augen, wie der gestrige Tag, scheinten! mille anni ante oculos tuos tanquam dies hesterna, quæ præteriit! (l) Doch ich gehe zu den Urzeiten dieses tausend-jährigen Gotts-Hauses, da ich denn gleich als in einem Spiegel die Majestät GOttes, in, und über dieses Ort sehe: alle zehen Jahrhundert zeigen mir, daß GOtt dieses Ort außerwählet, gesegnet, und geliebet habe, elegi & sanctificavi locum istum.

Außtheilung.

Enn ich sehe den allhier allzeit herrlichen Namen GOttes; ich bewundere das hierüber allzeit wachende Aug GOttes; ich erkenne das allzeit liebende Hertz GOttes. Die Herrlichkeit deß Namens ist das Ziel der Außerwählung: das Aug ertheilet den Segen: das Hertz beweißt die Liebe, und gibt die Vollkommenheit. O beglücktes Reichs-Stifft Ottobeyren, wie kan ich dich anderst ansehen, dann als ein von GOtt außerwähltes, gesegnetes, und zärtiglich geliebtes Hauß GOttes! Denn

   I. Dich hat GOtt außerwählet zu seinem allzeit herrlichen Namen.
  II. Dich hat GOtt gesegnet mit seinem allzeit wachenden Aug.
 III. Dich hat GOtt geliebet durch sein allzeit liebendes Hertz.

Hochansehnliche! ich halte mich an der Lehr deß Heil. Ertz-Engels Raphael: Opera Dei revelare & confiteri honorificum est; GOttes Werck offenbaren und bekennen ist löblich, (m) ja auch höchst ersprießlich: denn es müste kein Christen-Hertz seyn, in welchem die Herrlichkeit deß Göttlichen Namens nicht die tieffste Anbettung; die Wachsamkeit deß Göttlichen Augs nichts ein zuversichtiges Vertrauen; die Liebe deß Göttlichen Hertzens nicht ein volle Danckbarkeit erwecken, oder vermehren wurde. Ich wende mich derohalben zur Beschauung deß von GOtt außerwählten, gesegneten, und geliebten Gottes-Hauß und Reichs-Stiffts Ottobeyren. Hochansehnliche! gönnen sie einem unerfahrnen Redner ein gnädig, und gedultiges Gehör.

Erster Theil.
GOtt hat diesen Ort außerwählet zu seinem allzeit herrlichen Namen.

En Salomonischen Tempel hat GOtt außerkohren, daß sein Namen alldá ewiglich seyn solle. Ut sit nomen meum ibi. Grosse Herrlichkeit für ein irrdisches Hauß, daß einen Göttlichen Namen enthaltet; eben darum,

weil

(l) 2. Paral. 7. (k) S. Greg. l. 2. Dial. (l) Psal. 89. 4. (m) Tob. 12. v. 7.

weilen es von GOtt außerwählet worden! eine grosse Gnad, die alle sorgfaltigen Salomons über die Verdienste belohnet! Elegi, ich hab es außerwählt! ut sit nomen meum ibi, mein Namen will ich da haben in Ewigkeit. Hochansehnliche! diese außdrücke sind wundersam; sie machen uns still stehn, wenn es heißt: der Namen GOttes ist in dem Tempel zu Jerusalem. Paulus jener neue Jünger Christi, jenes frisch-gereinigte Gefäß der Außerwählung bekommet die Pflicht, den Namen GOttes in die Welt hinauß vor den Heyden zu tragen, ut portet nomen meum coram gentibus. (n) Hier zu Jerusalem in dem neuen Hauß, das Salomon erbauet, soll der Namen GOttes allzeit bleiben, ut sit nomen meum ibi. (o) Recht! Saulum hat GOtt erwählet, seinen Namen weiter zu tragen, Vas electionis, damit er von denen Unwissenden erkennet werde: Salomons Hauß zu Jerusalem hat GOtt erwählet, elegi, seinen Namen zu behalten, ut sit ibi, damit er von dem schon erleuchten Volck Israel allda angebettet, und verherrlichet werde. Dort zu Athen hat Paulus einen Altar angetroffen mit der Beyschrifft: Ignoto Deo, dem unbekannten GOtt: (p) hier zu Jerusalem tragt der neue Tempel den Titul, so ihme Salomon setzet: Nomini Domini Dei Israel, (q) weilen er jhre deß Namen deß HErren GOttes Israels gewiedmet hat: damit durch das Brand- und andere Opfer, durch das viele Lob-Gesang der Leviten, durch das Gebeth Israels GOtt geehret, und sein Name herrlich gemachet werde. Elegi! beglückte Außerwählung! die ein so hohes Ziel hat: herrlicher Tempel, der einen so grossen Namen tragt!

Nun laßt uns von dem Schatten in das Licht gehen. In diesem ersehe ich, daß der allgütige GOtt nicht weniger diesen Ort, das freye Reichs-Stift Ottobeyren, in der Wahrheit außerwählet habe, damit allda sein Namen allzeit herrlich seye; Elegi locum istum, ut sit nomen meum ibi in sempiternum. Hochansehnliche! es ist in der That kein gählinger Zufall; es ist kein pur menschliches Vorhaben, daß an diesem Ort ein so preißwürdiges Gottes-Hauß entstanden: es ist ein ewiger Rathschluß der Göttlichen Weißheit; es ist, wie Paulus redet, propositum voluntatis in laudem gloriæ gratiæ suæ, ein Vorsatz deß Göttlichen Willens zum Lob seiner herrlichen Gnad; (r) es ist eine Bestimmung der Vorsichtigkeit GOttes, durch welche er diesen Ort außerwählet hat, allda seinen Namen zu verherrlichen durch eine prächtige Kirche, und heiliges Ordens-Closter. Elegi, ja GOtt hat sich diesen Ort außerkiesen, nicht die Menschen. Wahr ist es, wir wissen die erste Gottselige Stiffter: der Gottsfürchtige Sylachus Statthalter in Alemannien, und Graf von Ilergau, mit seiner würdigsten Gemahlin Ermiswind, und denen zwey Söhnen Sozbert, und Toto haben dieses Gotts-Hauß erstens von Grund erbauet, gestifftet, und begabet: doch sie waren nur Werck-Zeuge deß allmächtigen, und vorsichtigen Urhebers alles Guten: GOttes Eingebung hat ihren Willen dahin bewegt; das Licht kam oben herab, descendens a Patre luminum; wie sie selbst bekennen in dem Stifftungs-Brieff, in Dei Nomine construimus, atque fundamus, (s) In dem Namen GOttes, nicht nur zur Ehre deß Göttlichen Namens, sondern auch anstatt und auß heimlicher Anordnung GOttes stifften, und erbauen wir dieses Kloster. Wenn schon Sylachus nicht durch einen Propheten, wie Zorobabel durch den Aggäus, (t) oder durch eine Erscheinung, wie der Römische Geschlechter Johannes mit seiner Ehe-Gemahlin, (t) zur Stifftung

---

(n) Act. 9. 15. (o) 2. Paral. 7. (p) Act. 17. (q) 2. Paral. 6. (r) ad Ephes. 1. (s) lit. Fundat. de A. 764. (t) Aggæ. 1. (u) Off. Eccl. 5. Aug.

tung, und Erbauung dieses Gottes-Hauß ermahnet worden, woher hat doch solch Gottseliges Vorhaben kommen können, als von verborgenen Triebe GOttes?

Lasset uns den Hergang, und die Gelegenheit tieffer einsehen; und die Außerwählung GOttes wird Sonnen-klar erscheinen. Es war jene Gnaden-Zeit ankommen, in welcher die Göttliche Barmherzigkeit das liebe Teutschland auß denen Finsternissen der Abgötterey in das helle Licht deß Glaubens übersetzen wolte, eripuit nos de potestate tenebrarum, & transtulit in regnum Filij dilectionis suæ. (x) Die Teutsche hatten zwar schon in ersten Zeiten deß Christenthums Apostolische Männer empfangen, welche das Evangelium verkündigten: die Geschicht-Schreiber zeugen, daß der Heil. Crescens ein Jünger deß Apostel-Fürstens Petri das Bißthum Maynz, der Heil. Eucharius jenes zu Trier, der Heil. Maternus ein anderes zu Cöln, schon in dem ersten Jahrhundert gestifftet, und errichtet haben. Im sibenden Jahrhundert hat der Heil. Rupertus Bojarien zum Christenthum gebracht, den Herzog Theodo III. getauffet, und die Bißthümer zu Saltzburg und Laureac angefangen: doch ist Teutschland entweder auß blinder Hartnäckigkeit, oder auß Unbeständigkeit mehrentheils in denen Finsternissen deß Heydenthums begraben gewesen, biß im achten Jahrhundert jener grosse Apostel Teutschlands der Heil. Bonifacius von den Römischen Päbsten Gregorius II. und Zacharias gesandt, den Christlichen Glauben allenthalben außgebreitet, und zu dessen Bevestigung viele Bißthümer aufgerichtet hat, als zu Regenspurg, Eichstett, Freisingen, Würtzburg, mit Beyhilff jener heiligen Männer, Corbinianus in Oberen-Teutschland, Willibrordus, und Humbertus in Unter-Teutschland, Ludgerus in Westphalen, Burckardus in Franckenland. Gleichwie nun zu dieser Zeit unter dem Schutz der grossen Fürsten Pipinus, Carolus Martellus, Carolomannus, und besonders deß grossen Kaysers Carolus die Evangelische Lehr anderer Orten immer mehr anwachsete, also wolte GOtt auch in dieser Gegend wahre Anbether haben. Die heilige Sturmius, und Bonifacius hatten im Jahr 744. die Abbtey Fulden zu einer Sitten- und Glaubens-Schul eingerichtet, und Sylach war von GOtt auferweckt um das Jahr 764. zu Ottobeyren das neu-eingeführte Evangelium durch Erbauung eines Ordens-Closters zubevestigen. Pipinus der Francken König regierte damahl, und Carolus der Grosse ist ihme A. 768. auf dem Thron gefolget, der im Jahr 769. die Stifftung deß neuen Klosters Ottobeyren bestättiget, und in seinen Schutz genommen. Hochansehnliche! scheinet nicht auß diesen allen hervor die Erwählung GOttes, elegi locum istum? Ottobeyren muste auch in die Zahl jener glückseligen Oerter kommen, die GOtt außerkiesen, als besondere Grund-Vesten deß Christenthums in Teutschland. Kan ich da nicht brauchen jene Trost-Wort deß Heil. Petrus: Vos genus electum, regale Sacerdotium, gens sancta, populus acquisitionis, ut virtutes annuntietis ejus, qui de tenebris vos vocavit in admirabile lumen suum? Ihr seyet daß außerwählte Geschlecht, das Königliche Priesterthum, das heilige Volck, das erworbene Volck, auf daß ihr die Großthaten deß jenigen verkündigen sollet, der euch auß den Finsternissen in sein wunderbarliches Licht beruffen hat. (y)

Auß diesen erkennen wir auch das Ziel und End der Außerwählung GOttes, ut sit nomen meum ibi in sempiternum, nämlich die immer fort dauren-

(x) ad Coloss. 1. (y) 1. Petr. 2. v. 9.

de Herzlichkeit deß Göttlichen Namens. Ju GOtt hat sein Ziel, und Ahsehen erreichet. Der grosse Kirchen-Rath von Trient bekennet, daß die Kirche GOttes von denen wohlgeordneten Klöstern vielen Glantz und Nutzen empfange, non ignorat sancta Synodus, quantum ex Monasterijs pie institutis, & recte administratis in Ecclesia Dei splendoris atque utilitatis oriatur. (z) Obwohlen zu unseren Zeiten nicht wenige Beneider frembden Glücks, und Wohlstands mit schmähen und Lästeren die Gottgeheiligte Oerter, in welchen doch auch Menschen, die auß der Welt kommen, zum Dienst GOttes, deß Nächsten, und der Kirche untterhalten werden, anfallen, und zu Boden getissen wissen wolten. Doch, wer siehet es nicht? das Urtheil und Zeugniß der Kirchen überweget, und giltet mehr, als ohngegründte Schmähungen passionierter Frey-Dencker. Quantum splendoris, atque utilitatis! eben wegen Beförderung der Göttlichen Ehre, wegen Erhaltung deß Catholischen Glaubens, wegen ordentlich- und höchst-auferbaulichem Gottes-Dienst, wegen Beeiferung für das Heyl der Seelen durch Apostolische Arbeiten, bringen die Klöster der Kirche GOttes viele Herzlichkeit und Nutzen; absonderlich in unserem lieben Teutschland, und in diesem Gottseelig gestiffteten wohlgeordneten Gotts-Hauß Ottobeyren. Ist nicht durch diese veste Vor-Maur wieder den Unglauben die wahre Religion, der ächte GOttes-Dienst in diesen Landen fortgepflantzet, und vermehret worden? ut sit nomen meum ibi. Mit was grossen Eifer haben sich allhier durch zehen Jahrhundert viele heilige grosse Aebte beflissen, den Namen GOttes zu heiligen? Ich wurde zu weit außlauffen müssen, wenn ich die Großthaten deß seeligen Toto ersten Abbts durch drey und fünfftzig, und seines würdigen Nachfolgers Milo durch sieben und viertzig Jahr der Regierung anziehen wolte. (aa) Die wegen Beständigkeit deß Gebeths außgehölte Kinnrbeiner deß Heil. Abbts, und hernach Bischofen Neobegarius beweisen dessen Eifer für die wahre Anbethung deß höchsten GOttes. (bb) An dem heiligen Abbten, und zumahl Bischofen Widgarius haben wir ein unumstößliches Beweißthum, was in Ottobeyren für eine Gottseeligkeit, und Sorgfalt für die Ehre GOttes geherrschet. Das Feuer lasset sich nicht einschliessen, und der Apostolische Eifer ware in dem Widgarius so groß, daß er sich mit dem Bißthum Augspurg, und der Abbtey Ottobeyren nicht begnügte, sondern so gar denen annoch heydnischen Schweitzeren, und Graubündtern das Evangelium prebigte, und den glorreichen Namen eines Apostels selbiger Völcker verdienet hatte. (cc) Also muste die Herzlichkeit deß Namen GOttes in Ottobeyren seine Strahlen auch in entlegene Länder außbreiten: ut sit nomen meum ibi. Ich schweige von Abalbero, von dem Heil. Udalricus dessen GOttes-Eifer jederman bekannt: der seelige Abbt Rupertus von dem Jahr 1104. an hat so vieles zu GOttes Ehre und dem Nutzen deß Gotts-Hauses gewürcket, (dd) daß ich ihme beylegen kan jenes Lob, welches die Schrifft dem hohen Priester Simon einem Sohn deß Onias gibt, Sacerdos magnus, qui in vita sua suffulsit domum, & in diebus suis corroboravit templum; - - qui curavit gentem suam, - - quasi ignis effulgens, & thus ardens in igne; dieser grosse Priester hat in seinem Leben das Hauß unterstützet, und in seinen Tagen den Tempel gestärcket, er hat für sein Volck gesorget; in seiner Gottseeligkeit ware er ein helles Feur zu Erleuchtung anderer; (ee) gegen GOtt, und für die Ehre GOttes hat er sich aufgezehret biß in sein hohes 131. jähriges Alter, wie der Weyhrauch, der auf dem Feuer angezündet wird. Isingrinus jener grosse

Abbt,

(z) Sess. 25. c. 1. de Regul. (aa) Chron. Ottob. p. 2. §. 1. 2. (bb) Chron. Ottob. p. 2. §. 3. (cc) Chron. Ottob. p. 2. §. 4. (dd) Chron. cit. p. 12. §. 17. (ee) Eccl. 50.

65

Abbt, der nach dem seeligen Rupertus auf das Jahr 1145. die Regierung angetreten, (ff) hat die Ehre deß Göttlichen Namens in Ottobeyren nach dem Beyspiel seines heiligen Vorfahrers in grosses Wachsthum gebracht. Die Kirche hat er mit kostbaren Geschirr, Kleider, und Glocken bereichert, einen grossen Schatz vieler heiligen Leiber, und ansehnlichster Reliquien gesammlet, solche freylichist in die Ottobeyrische Kirchen eingeführet, und hernach in die umliegende Pfarr-Kirchen vertheilet; Kurtz: in omni opere dedit confessionem Sancto & excelso in verbo gloriæ. In allen seinen Wercken hat er dem Heiligen, und Allerhöchsten mit hertzlichen Worten die Ehre gegeben. (gg) Also fort hat in diesem Ort biß auf gegenwärtige Zeiten GOttes Ehre geglantzet, daß viele auß der Zahl der Heiligen, und unvergleichlichen Ottobeyrischen Männern theils zu Bischöfflichen Würden, theils zu Verwaltung frembder Abbteyen sind beruffen worden, als tauglichiste Werck-Zeug, den Namen GOttes auch anderstwo zu verherrlichen, ut sic nomen meum ibi.

Vielleicht aber hat diese Sonne eine Finsternuß gelitten in jenen betrübten Zeiten, da in dem sechzehenden Jahrhundert die leidige Religions-Enderung außgebrochen? Es hat diese, Leyder! in hiesigem Gotts-Hauß, wie allenthalben, grosse Verwirrung erwecket, und begunnte dessen Untergang anzubrohen: der Schimmer der Evangelischen Freyheit hat die Unterthanen wieder die Geistliche und Oberen aufgebracht. So weit ist es kommen, daß anfänglich im Jahr 1525. (hh) der Abbt wegen allgemeiner Empörung nach Ulm sich flüchten, und endlich auch das Convent die Sicherheit anderstwo suchen müste. Das Kloster, und die Kirchen wurden geplündert, die Gebäude verwüstet, und zerrissen; die Brieffschafften, Bücher, und Schrifften verbrennet. Im Jahr 1546. hat jener saubere Krieg neues Unheyl gebracht, und würde das alte Ubel erneueret; der vortreffliche Abbt Leonardus muste wieder fliehen; endlich das drittemahl im Jahr 1551. (ii) haben die Schmalkaldische Unruhen den neuen Abbt Caspar in die Flucht getrieben; doch sind die Geistliche nicht gewichen, obwohlen mit äusserster Gefahr deß Göttlichen Namens. GOtt aber hatte diesen Ort außerwählet, elegi, und weder die Witz, weder die Wuth der Menschen hat den Rathschluß der allweisen Allmacht GOttes umstossen können. Ottobeyren ist auch in dieser dreyfachen Zerstörung ein dem Namen GOttes gewiedmetes Hauß geblieben. Jene zwey unsterblichen Ruhms-würdige Helden Abbt Leonard, und Abbt Caspar waren mit solcher Klugheit und Standhafftigkeit von GOtt begabet, daß zwar dessen Namen in seinem Eigenthum verfolget, aber nicht außgetilget worden. Daß dreymahl an dieses Heiligthum angelegte Feuer ist durch die Vorsichtigkeit GOttes, wie jenes in dem Ofen zu Babylon, allzeit entkräfftet worden, und erlosche von sich selbst. Die ungeladene Gäste musten weichen, Sanctum & terribile nomen ejus, weilen der heiligiste und schröckbare Namen GOttes sie neben sich nicht leyden könnte. (kk) Der fromme Abbt Leonard hat die Kirchen und Gottes-Hauß wider hergestellet, (ll) ut sic nomen meum ibi, den Catholischen GOttes-Dienst fortgesetzet, und vermehret. Man wolte zwar unter Abbt Caspar denen geistlichen Brüdern die Bibel deß Luthers, und andere verführerische Bücher, das Funckel-neue Evangelium aufdringen, den Gebrauch der Heil. Meß, das Chor-Gesang, und Gebeth, die Todten-Vigil untersagen; aber sehet! der Namen GOttes weichet nicht von Ottobeyren! was offentlich eine kleine Zeit nicht geschahe, daß würde dannoch

D 3

in

(ff) Chron. cit. p. 2. §. 18. (gg) Eccl. 47. v. 9. (hh) Chron. cit. p. 2. §. 44. (ii) Chron. cit. p. 2. §. 43. (kk) Chron. cit. p. 2. §. 42. (ll) Chron. cit.

in der Stille in denen Grufften bey geschlossenen Fensteren, und ohne Glocken-Klang von Pfingsten an biß auf das Fest der Heil. Afra gehalten, (mm) und der Namen GOttes durch das heiligiste Meß-Opfer, und übrigen GOttes-Dienst gepriesen. Die Großmuth, und der wahre Religions-Eifer Abbts Caspar, und der Ottobeyrischen Glaubens-Lehrer hat das Evangelium Christi nimmer verlassen, sondern die Abtrünnige zuruckgeführet; ja von dieser Zeit an ist die Herzlichkeit diser Grund-Veste deß Glaubens immer gewachsen. Giebt dessen nicht ohnstreittige Zeugniß das jenige, was wir mit Augen sehen, an diesem prächtigen Tempel GOttes, was wir mit Ohren hören in dem beständig-fürtrefflichen GOttes-Dienst? Der fromme Stiffter Sylach hat in seiner ersten Stifftung nur auf 12. Geistliche, als so viele Apostel, das Absehen gehabt; aber immer ist die Zahl der Apostolischen Eiferer für den Namen GOttes vermehret worden. Schon tausend Jahr erschallet durch diese das Lob GOttes; schon zehen Jahrhundert wird immer fortgesetzet, und der Göttlichen Majestät entrichtet das heiligiste Opfer, offertur Nomini meo oblatio munda. Es ware nämlich schon so viele Jahr dieses uralte Gottes-Hauß eine Wohnstatt so vieler tausend Heiligen, und allein zum Dienste GOttes, und deß Menschen Heyl, zur Ehre deß Göttlichen Namens gewiedmeten Männern, deren Tugend, und Frömmigkeit nicht allein den Ort geheiliget, sondern auch GOttes Namen in einen vollen Glantz gesetzet hat. Multam gloriam fecit Dominus magnificentiæ suæ a sæculo. (nn) Von Anfang dieser Stifftung à Sæculo biß anjetzo hat sich GOtt durch seine grosse Weißheit und Allmacht in diesen Heiligen viele Ehr und Herzlichkeit verschaffet. Multam gloriam, er hat seinen Namen verherrlichet, a Sæculo, kein Jahrhundert ist außgenommen. GOtt wolte an diesem Ort, als die höchste Majestät, angebethet, und in diesem Heiligthum immer gelobt werden. Es ist erfüllet worden durch die grosse Anzahl der Diener GOttes, durch unzählige Englische Hertzen, und Stimmen von zehen Jahrhundert her, von welchen wahr ist jenes in peritia sua requirentes modos musicos, & narrantes carmina scripturarum; sie haben mit ihrem Verstand der lieblichen Music nachgetrachtet, und die Gesänger der Schrifft vorgebracht: (oo) so wohl die Kunst- oder gezierte Music, als das Gregorianische- oder Chor-Gesang, modos musicos, carmina scripturarum, hat GOtt das Lob gesprochen. GOtt wolte das Evangelium, die wahre Religion, die heilige Sitten-Lehr zu seiner Ehr hier verkündiget haben: multam gloriam, o grosse Herzlichkeit! a Sæculo. Ottobeyren, und benachbahrte Ort, was habt ihr von den gelehrten und eifrigen Prediger für ein andere Lehr gehöret, als die uralte Catholische, die nichts als Heiliges in sich enthielte? nuntiantes virtute prudentiæ populis sanctissima verba. Sie haben in Krafft ihrer Weißheit denen Völckeren die heiligiste Wort verkündet. GOtt wollte seine Gnaden-Wasser auß denen Brünnen deß Heylands hier fliessen lassen, und durch die heiligiste Geheimnissen deß neuen Gesetzes in seinem Volck seine Ehre, und Liebe vermehren: multam gloriam. Haben dieß nicht bewürcket so viele Ehrwürdige Priester in Ertheilung der heiligen Sacramenten? in tempore iracundiæ factus est reconciliatio. (pp)

Wer ist nun auß uns, der in diesem Tempel, in diesem uralten tausend-jährigen Stifft nicht erkennet, und bekennen muß die allenthalben hervor leuchtende Majestät und Herzlichkeit deß Göttlichen Namens? Dieß ware das Absehen, Ziel und End, daß der vorsichtige GOtt gehabt in Bestimmung, und
Auß-

(mm) Chron. cit. p. 2. §. 43. (nn) Eccl. 44. (oo) Eccl. 44. (pp) Eccl. 44.

Außerwählung dieses Orts, ut sit nomen meum ibi in sempiternum. GOtt hat erreichet, was er gesucht; Sein Namen ist herrlich worden in dem GOttes-Hauß Ottobeyren.

Hochansehnliche! welche Gesinnungen erheben sich in unsern Gemüthern? Salomon in feyerlicher Einweyhung seines Tempels hat GOtt angeruffen, und eingeladen? Nunc igitur consurge Domine Deus in requiem tuam, tu & arca fortitudinis tuæ; (qq) mache dich auf, O HErr GOtt, zu deiner Ruhe, du und deine mächtige Arche. Lasset uns auch dieses Hauß GOttes nicht anderst ansehen, als wie die Ruhestatt GOttes, als wie das Heiligthum seines Göttlichen Namen. GOtt hat Salomons Gebeth erhöret, und nach selbem ist das Feuer von Himmel gefallen, ignis descendit de cælo, (rr) zum Zeichen deß Wohlgefallens, und der Gegenwart GOttes: welches dann in dem Volck Israel ein solche Ehrfurcht erwecket, daß sie auf ihre Angesichter zur Erden gefallen, GOtt angebethet, gelobet, und die Schlacht-Opfer verrichtet, adoraverunt, & laudaverunt. Hochansehnliche! was fodert von uns die Majestät GOttes, so diesen Tempel dieß außerwählte Hauß Ottobeyren erfüllet, und darinn seinen Namen glorreich gemacht? adoraverunt, lasset uns anbethen, Lob- und Danck-Opfer erstatten dem allhier allzeit herrlichen Namen GOttes. Lasset uns anbethen in tieffer Ehrfurcht jenen Göttlichen Rathschluß, durch den dieser Ort von Ewigkeit außgesehen worden, als ein anderes Sion, in welchem sich die Völcker versammlen werden, den Namen GOttes zu erheben. Lasset uns anbethen jene unüberwindliche Macht, so die Feinde deß Namen GOttes entwaffnet, und eben auf den angesonnenen Schutt ein noch ansehnlicheres Gebäude, und Schutz-Hauß der Catholischen Religion errichtet hat. Als GOtt auf dem Berg Horeb dem Moyses erschienen, in flamma ignis de medio rubi, in einer Feuer-Flammen mitten auß einem Busch der da brännte, und doch nit verbrannt wurde, verhüllete Moyses sein Angesicht, abscondit faciem suam, (ss) diese Ehrerbietigkeit ware Moyses schuldig dem grossen GOtt; also hat er dieses Wunder-Gesicht beehret, und angebethet. Hochansehnliche! sehet rubum incombustum, einen zwar brinnenden, aber allzeit unverzehrten Busch! in welchem GOtt seinen Namen glorreich erzeiget. Er war angezündt, doch bleibt er gantz; GOtt war in ihme, und sein Namen, nomen meum ibi, was konnte ihm schaden? lasset uns mit Moyses diesen Wunder-Busch bewundern, und die Vorsichtigkeit GOttes in ihme anbethen, und preisen. Aber wie? Jacob, da er dorten in Haran jene Leiter gesehen, auf welcher die Engel auf- und abstiegen, und den Ort als ein Hauß GOttes und Pfort deß Himmels erkennet, erexit lapidem in titulum, hat er einen Stein zu einem Denck-Zeichen errichtet, mit Oel begossen, und mit einem Gelübd sich verbunden, daß jener Ort allzeit sollte das Hauß GOttes genennet werden. (tt) Hochansehnliche! hier in diesem Ort, den sich GOtt erwählet, ist der Denck- und Danck-Stein schon errichtet, er ist mit dem heiligen Oel zum Altar eingeweihen; das unendlich-werthe unblutige Opfer ist die kostbariste Anbethung deß allzeit herrlichen Namens deß Allerhöchsten; O von diesem Denck- und Danck-Stein weichen wir nimmer ab! Du aber von GOtt außerwähltes Ottobeyren was hast zu thun? gedencke an jene 24. Alte, welche da sie das Lob-Gesang, so die vier Wunder-Thier GOtt gegeben, vernommen, von ihren Sitzen aufgestanden, sich vor dem Thron GOttes niedergeworffen, und jenen, der von Ewigkeit zu Ewigkeit lebet, angebethet, ihre Cronen aber vor den Thron abgelegt haben, mittebant coro-

nas

(qq) 2. Paral. 6. (rr) 2. Paral. 7. (ss) Exod. 3. (tt) Gen. 28.

nas suas ante thronum. (uu) Auch du stehe auf, erkenne, und bethe an senen, der dich außerwählet, und gecrönet hat; lege deine Cron vor den Thron,
und giebe GOtt die Ehr, ruffe mit jenen alten: Dignus es Domine Deus noster accipere gloriam, & honorem, & virtutem, quia tu creasti omnia, & propter voluntatem tuam erant, & creata sunt; HErr du bist würdig Preiß, Ehr,
und Macht zu empfangen, deinem heiligsten Namen gebühret die Herrlichkeit in
diesem Ort, denn du hast ihne außerwählet, und erschaffen, und mit deiner Majestät erfüllet. (xx)

Zweyter Theil.
GOtt hat dieses Ort geseegnet mit seinem allzeit wachenden Aug.

Jn nicht nur mit seiner Majestät, sondern auch mit seinem Göttlichen Seegen hat GOtt diesen Ort erfüllet. Dich, O außerwähltes Reichs-Stift
Ottobeyren, hat er mit seinem allzeit wachenden Aug geseegnet, elegi, ut
permaneant oculi mei ibi cunctis diebus. Welche völle deß Seegens, deß
Glücks, der Gnaden, und himmlischen Reichthums, mit welchen Ottobeyren
von seinem Anfang biß auf diese Zeit durch tausend Jahr überschüttet worden! daß allzeit wachende Aug GOttes hat diß gewürcket. Hochansehnliche! betrachtet nun mit mir dieses wachende Aug der Vorsichtigkeit GOttes!
O was grosse Krafft hat das wachende Aug deß Allmächtigen! Erinneret ihr
Euch nicht, was der Prophet Jeremias gesehen? Factum est verbum Domini ad me dicens: quid tu vides Jeremia? der HErr redete zu Jeremias,
und sprach: was sihest du Jeremias? Virgam vigilantem ego video, eine
wachende Ruth, baculum wie die 70. Dollmetscher lesen, ein wachenden Stab
oder Scepter sihe ich. (yy) Dieser ist jener mächtige Scepter, von welchem
der König David in seinem Psalmen sagt: Virgam virtutis tuæ emittet Dominus ex Sion. (zz) Hochansehnliche haben sie niemahl die Vorsichtigkeit GOttes entworffen gesehen in dem Sinn-Bild eines Scepters mit ob-gesetzten Aug
GOttes? Virgam vigilantem, der Scepter bedeutet die Macht, das Aug die
wachende Vorsichtigkeit. Auß der Allmacht, und Vorsichtigkeit folget der
Göttliche Seegen. Das ist, was GOtt dem Jeremias versprochen: bene vi-
disti, du hast recht gesehen, quia vigilabo ego super verbo meo, ut faciam illud.
Ich wird über mein Wort wachen; daß ich es in das Werck richte. (aaa) GOtt
hatte beschlossen, seinen Namen in dem außerwählten Ottobeyren herrlich zu machen, vigilabo super verbo meo, dießhalben hat er sein wachendes Aug von
Ottobeyren nicht abgewendet, faciam illud, sondern durch die Krafft seiner
Vorsichtigkeit, virgam virtutis, solches wunderbarlich geseegnet. Die Schrifft
zeigt in vielen Stellen, wie grossen Seegen das wachende Aug GOttes mitzutheilen pflege. Dort auf dem Berg Dominus videt, der HErr siehet, genannt,
wachete das Aug GOttes über den Abraham, und seinen Gehorsam; der Seegen bleibt nicht auß: benedicam tibi. (bbb) In Haran wachete das Aug
GOttes über den schlaffenden Jacob, da der HErr sich auf jene Himmels-
Leiter lehnete; ist nicht die Völle deß Seegens erfolget? terram, in qua dormis, tibi dabo, - - benedicentur in te cunctæ tribus terræ. (ccc) Nicht
nur

(uu) Apoc. 4. (xx) Apoc. 4. (yy) Jerem. 1. (zz) Psal. 109. (aaa) Jerem. 1.
(bbb) Gen. 22. (ccc) Gen. 28.

nur selbiges Land, sondern auch einen allgemeinen Seegen verheisset der vorsichtige GOtt dem Jacob. In Aegypten sitzte der unschuldige Joseph in dem Kercker: das Aug GOttes wachete über ihne: die Menschen hatten seiner vergessen, aber nicht GOtt. Fuit Dominus cum Joseph, Er ware mit dem Joseph, misertus illius, und erbarmete sich seiner, omnia opera ejus dirigebat, er leitete alle seine Werck. (ddd) Sehet das wachende Aug GOttes über den Joseph in der Gefängniß! wo ist der Seegen? der Propheten-Geist in Außlegung und Erklärung der Träumen, die erfolgte Gnad bey dem König Pharao, die Würde eines Unter-Königs sind dessen Beweißthümer. Das Volck Israel wurde hart gedrucket in Aegypten; das wachende Aug GOttes hat dessen Betrangniß gesehen, vidi afflictionem populi mei. (eee) Der Seegen hat sich erzeiget, da GOtt durch den Moyses die Israeliten erlöset, da sie in ein Land, so von Milch und Honig flieffete, übersetzet worden, terram fluentem lacte & melle; da er ihnen das Himmel-Brod gesandt: Visitans visitavi vos. Der fromme alte Tobias ist in die Blindheit, und grosse Betrübniß gefallen: das wachende Aug GOttes hat es wohl gesehen. Das demüthige Gebeth deß Tobias ist erhöret worden in conspectu gloriæ summi Dei; der Seegen GOttes hat ihm das Gesicht wieder hergestellet; wie wunderbarlich hat das vorsichtige Aug GOttes mit dem Tobias gewürcket! (fff) Daniel in der Löwen-Grueb hungerte, und war beraubet aller Nahrung: das wachende Aug GOttes hat es gesehen, und durch den Propheten Habacuc ihme durch die Lufft den Seegen, das ist, ein Mittag-Mahl zugesandt. (ggg) Elias ohnweit von dem Bach Carith hat Abgang der leiblichen Speiß; das wachende Aug GOttes hat ihme Vorsehung gethan, und die Raaben mit dem Brod zugeschickt; corvis præcepi, ut pascant te. (hhh) So reichen Seegen bringt das wachende Aug GOttes.

Wie Glückseelig und geseegnet wird dann Ottobeyren durch zehen Jahrhundert gewesen seyn, wenn das Aug GOttes allzeit über solches gewachet! Sint oculi mei ibi cunctis diebus. Laßt uns dessen die Prob einsehen. Wenn GOtt seinen Namen für ewig auf Ottobeyren bestimmet, und gleichsam dahin verlegt hat, solten nicht auch seine Augen immer auf selbes gewendet seyn? Salomon hat dieses erbethen können für seinen Tempel; Ottobeyren dieses außerwählte Hauß GOttes weichet in diesem Gnaden-Aug gar nicht dem Tempel zu Jerusalem! GOtt hat allzeit ein wachsames Aug auf seinen heiligen Namen. Wenn er seine Augen immer auf die Arch deß alten Bunds, und auf den Ort, wo sie ware, gerichtet hatte, auch deßwegen das Hauß Obededom geseegnet, benedixit domui Obededom; (iii) Wie? solte er seine Augen, ja seinen Seegen abwenden von jenem Hauß, in welchem er seinen Namen berühlich zu machen vorgesetzet? O unendlich weise, und zugleich milde Vorsichtigkeit GOttes, welche attingit a fine usque ad finem fortiter, & disponit omnia suaviter, alles mit Gewalt durchbringet von einem End biß zum anderen, und alles liebreich anordnet. (kkk) O dieses Göttliche Aug der starcken und liebreichen Vorsichtigkeit hat a fine usque ad finem von dem Ursprung biß jetzo über Ottobeyren immer gewachet. Es ware nicht ohnkräftig, sondern würcksam; das Uebel abzuwenden, und das Gute mitzutheilen. Von diesem vorsichtigen Aug ist zuverstehn, was der weise Syrach sagt: benedictio illius quasi fluvius inundavit; sein Seegen fliesset überflüßig wie ein Wasser-Strohm; (lll)

dann

(ddd) Gen. 39. (eee) Exod. 3. (fff) Tob. 2. & 3. (ggg) Daniel 14. (hhh) 3. Reg. 17. (iii) 2. Reg. 6. (kkk) Sap. 8. v. 1. (lll) Eccl. 39. v. 27.

dann kurtz zuvor heisset es : a Sæculo usque in sæculum respicit, es siehet von einem Jahrhundert in das andere. (mmm) Hochansehnliche! zehen Jahrhundert zehlen wir von dem Anfang dieses Ottobeyrischen außerwählten Gottes-Hauses; sehen wir eines nach dem anderen ein, so finden wir allenthalben das wachende Aug GOttes, a Sæculo usque in sæculum respicit, in allen sehen wir den Göttlichen Seegen wie einen Wasser-Strohm über Ottobyren herabfliessen. Sie sind begierig dieß zu vernemmen, und ich gehe zur Quell oder Ursprung dieses Seegens, und Gnaden-Strohms. Wo und welche ist diese Quell. Villeicht verstehe ich den Gottseeligen Graf von Jlergew, den ersten Stiffter Sylach? GOtt hat diesen gebraucht als einen Werck-Zeug seiner Auserwählung: wo ist aber hernach der Seegen-Strohm hergeflossen über das gestifftete Ottobeyren? Ezechiel der Prophet führet mich zu dem Ursprung. Er erzehlet die grosse Verheissungen GOttes über das Volck Israel, daß er es reichlich seegnen wolle: pluviæ benedictionis erunt. (nnn) Woher aber solle dieser Seegen entspringen? Ezechiel sagt es auß dem Mund GOttes: suscitabo super eas pastorem unum, qui pascat eas, - - ego autem Dominus ero eis in Deum; ich will ihnen einen Hirten erwecken, der sie weyde, ich aber der HErr will ihr GOtt seyn. Von der Sorgfalt dieses guten Hirten solle durch mich der reiche Seegen herkommen, ponam eos in circuitu collis mei benedictionem; ich will sie rings um meinen Bühel herum, wo sie weyden, seegnen. (ooo) Also ein guter Hirt ist die Quell deß Seegens: suscitabo pastorem, pluviæ benedictionis erunt. Die häuffige Regen deß Seegens GOttes werden einen gantzen Wasser-Strohm außmachen. Wenn wir die zehen Jahrhundert dieses Reichs-Stiffts genau betrachten, so werden wir antreffen den Anfang deß Göttlichen Seegens in denen guten Hirten, oder Prälaten, so GOtt diesem geliebten GOtts-Hauß gegeben. Suscitabo pastorem unum, qui pascat. Es ist eine grosse Straff GOttes über ein Volck, wenn ihme GOtt einen schlimmen Fürsten, oder regierenden HErrn zulasset; wie es heißt bey dem weisen Mann: Væ tibi terra, cujus Rex puer est, wehe dir, O Landschafft, dero König ein Kind ist: (ppp) und wie Isaias Jerusalem alles Unheyl vorsagt, weilen GOtt beschlossen, dabo pueros principes eorum, & effeminati dominabuntur eis; ich will ihnen Kinder zu Fürsten geben, und die weibisch sind, werden über sie herrschen. (qqq) Entgegen ist es eine grosse Gnad und Glück für ein Volck, wenn ihme GOtt einen guten, weisen König oder Hirten verordnet; dieß ist der Ursprung und Anfang deß Göttlichen Seegens. Und du, O liebes Ottobeyren, hast es GOtt zu dancken, und diesem dein Glück und Seegen zu zuschreiben? baß du immer in allen zehen Jahrhundert mit fürtrefflichen, weisen Gottseeligen und sorgfältigen Vorsteher, Abbten, oder Prälaten versehen gewesen bist: lese deine Jahr-Bücher, und du sollest antreffen, was Uberfluß deß Seegens GOttes dir deine weise Regenten gebracht. Ich mache nur einen kleinen Anzug, weilen die Zeit vieles nicht erlaubet.

Hast du nicht im I. Jahrhundert deinen Wohlstand anzuerkennen der weisen Vorsicht und Liebe deines ersten heiligen Abbts Toto, der in seiner 53. jährigen Regierung nicht allein dir all sein zeitliches Vermögen geschencket, sondern auch die ansehnlichste Freyheiten zu wegen gebracht, und als ein getreuer Verwalter das GOtts-Hauß in den glückseeligsten Stand gesetzet? Mlo der zweyte Abbt hat 47. Jahr die Regierung, und das Glück seines Vorfahrers fortgese-

---

(mmm) Ibid. v. 25. (nnn) Ezech. 34. v. 26. (ooo) Ezech. 34. v. 23. & seqq. (ppp) Eccl. 10. v. 16. (qqq) Isai. 3. v. 4.

gesetzet, folglich beyde zusammen ein gantzes Sæculum oder Jahrhundert mit dem Göttlichen Seegen erfüllet. Im II. Jahrhundert konnte Ottobeyren nicht anderst als gesegnet seyn wegen der heilig- und vorsichtigen Regierung der seel. Neodegarius, und Widgarius jenes Schweitzer-Apostels, Byrtilo, und Walbero unter Anleitung seines Vetters deß Heil. Udalricus. Ottobeyren blühete in Klösterlicher Zucht, und wachsete in zeitlichen Güteren. Im III. Jahrhundert waren dem Gotts-Hauß vorgesetzt der Heil. Bischoff Udalricus, und nach dessen Willen Rudungus, und Eberhardus, drey fürtreffliche Männer. Ottobeyren hat GOttes Seegen empfunden in Erhaltung deß Rechts der freyen Wahl eines Abbts, und noch mehr durch Ruhm der Heiligkeit seiner Innwohner. Dem IV. Jahrhundert kan ich wohl zum Titul setzen jenes auß dem Buch deß Sirach: Timor Domini sicut paradisus benedictionis; die Forcht deß HErren ist gleich einem geseegneten Lust-Garten. (rrr) Ottobeyren wird diese Zeit nimmer vergessen können wegen der Völle deß Göttlichen Seegens unter der heiligen, und höchst-beglückten Regierung deß seeligen Wunders-Manns Rupertus, welchem GOtt zum Trost deß Gotts-Hauses 121. Jahr deß Alters geschencket; und seines fuertrefflichen Nachfolgers Johannes Isingrinus. Rupertus hat 40. Isingrinus über 30. Jahr Ottobeyren regieret, oder besser zu reden, höchst beglückt gemacht: jener hat das Kloster wieder gebauen, die Klösterliche Zucht in schönste Blüthe gebracht, mit vielen Gottseligen Männern erfüllet, die zeitliche Güter vermehret, viele Wunder gewürcket, und die alte Recht deß Gotts-Hauses durch Bestättigung deß Kaysers Lotharius bevestiget: Isingrinus hat von Rom einen Päbstlichen, von Kaiser Friderich I. einen Kaiserlichen Schutz-Brief, von Cöln viele kostbare Heil. Reliquien, vom Himmel häuffigen Seegen empfangen. Im V. Jahrhundert was hat nicht gewürcket die sorgfältige Regierung Abbtens Bernoldus, der zwey seeligen Aebten Conradus und Bertholdus? Das Gotts-Hauß ware, wie es in menschlichen Dingen ergehet, einige mahl in grosse Noth zerfallen; das Closter-Gebäude ware schadhafft; Bernoldus hat es wieder hergestellet. Conradus Zeiten hatten einen grossen Gelt-Mangel, da das Gotts-Hauß von denen Vögten starck gedruckt wurde; und obschon erst vor 13. Jahren widerum erbauet, ist es durch eine gählinge Brunst eingeäscheret worden: doch in diesen Zufällen hat GOtt sein wachsames Aug nicht abgezogen, sondern durch die großmüthige, und kluge Männer das Kloster aufrecht erhalten. Auch im VI. Jahrhundert waren betrübte Zeiten: GOtt hat sie gemilderet durch die Löbl. Regierung der Aebten Henrich deß dritten, vierten, und fünfften. Das VII. Jahrhundert rühmet den unüberwindlichen Verfechter Eggo, der nicht das Gotts-Hauß, wohl aber sein eigenes Leben für selbs verlassen; es rühmet die grosse Thaten Johannes Scheblers, und Abbten Jodocus. In das VIII. Jahrhundert ist zwar die schon gemeldte Religions-Enderung, und mit ihr vieles Ubel über das Gotts-Hauß eingefallen. Doch hat GOtt gezeiget, daß sein vorsichtiges Aug über Ottobeyren verbleibe: ut permanerent oculi mei ibi. Jene zwey starcke Prälaten Leonard und Caspar haben das Gotts-Hauß, als wie zwey veste Säulen, unterstützet; dergestalten, daß endlich nach langer Betrübniß wieder die Völle deß Göttlichen Seegens sich gezeiget, welcher biß auf gegenwärtige Zeiten immer sich vermehret hat. Wer hätte nicht vermeinet, Ottobeyren müsste unterliegen in so starcken Verfolgungen, in so harten und theuren Zeiten, in mehrmahligem Brand, und Verwüstung? Nein, Hochansehnliche, GOtt hat sein Aug nicht abgewendet, vidi afflictionem populi mei; (sss) gute Hirten haben

den

(rrr) Eccl. 40. 28. (sss) Exod. 3.

den Seegen noch erhalten; die Göttliche Vorsichtigkeit hat zwar eine Zeit trübe Wolcken über diesen Ort zugelassen, aber nur darum, damit nach selben die Glücks-Sonne allda heller glantzete: tua Pater providentia gubernat. (ttt) Das Aug GOttes hat gewachet, war nit geschlossen: der Seegen GOttes war in etwas zuruck gehalten, damit er sich sammlete, und hernach völler fliessete. Wenn GOttes-Aug nicht gewachet hätte, wurde Ottobeyren nicht mehr seyn. Der gegenwärtige Glücks-Stand Ottobeyrens ist das überzeugende Beweißthum deß allzeit wachenden Aug GOttes. Wissen wir nicht, was dem Job begegnet? Er hat seine Kinder, all sein Hab, und Gut verlohren; das Hauß ist zusammen gefallen; Job wurd arm, kranck, verlassen, verstossen, gespottet. (uuu) Hat denn GOtt von seinem getreuen Diener Job sein Aug abgewendet? gantz und gar nicht. Er hat jhne nit auß seinen Augen gelassen. Er war geprüffet, nicht vergessen; Er war wie das Gold auf den Tiegel gesetzet, damit er mehr glantzete. Hat nicht GOtt jhme nach der Prüffung einen doppleten Seegen mitgetheilet? hat er nicht alles jhme zweyfach ersetzet? addidit Dominus omnia quæcunque, fuerant Job, duplicia. - - benedixit novissimis Job magis, quam principio ejus. (xxx) Also ware Ottobeyren betrübet, nicht verlassen; gedrucket, nit unterdruckt. Viele Unglücks-Fälle, der neidige und lieblose Gelt-Geitz, der unchristliche und zügel-lose Menschen-Wuth drobeten öfters Ottobeyren den Untergang; die von dem vorsichtigen GOtt gesetzte Muth-und Eiffer-volle Prälaten Conrad, Berthold, Eggo, Leonard, und Caspar haben mit GOttes Seegen es erhalten, beschützet, erhoben, verbesseret, und empor gehebt: also hat die unerforschliche, doch vätterliche Vorsichtigkeit gewaltet über dieses Gotts-Hauß, das GOtt erwählet hatte. Es ist nämlich die Zeit der Betrangniß wie ein raucher Winter, in welchem die Bäume und Pflantzen nicht blühen, keine Früchten tragen, auf daß sie nach wieder-ersetzten Lebens-Safft in dem Frühling, und Sommer in der Blüthe, und Früchten desto herrlicher werden. Hochansehnliche! dencken sie nicht von Ottobeyren, daß es jemahl von seiner Stifftung an auß den Augen GOttes kommen; sondern bewunderen sie viel mehr die weise Obsorg deß Göttlichen Augs, den erwünschten Glücks-Stand nach so verschiednen Glücks-Wechsel. Hat wohl GOtt von seiner lieben Kirchen in den ersten drey Jahrhundert seine Augen abgezogen, oder gegen jhr das Vatter-Hertz abgelegt, da Er zugelassen jene grausame Verfolgungen der Christen-Feinden, wo gantze Ströhm deß Marter-Bluts geflossen. Vielmehr hat sich in Wahrheit gezeiget die Außsag deß alten Tertullians: Sanguis Martyrum Semen Christiancrum; das Blut der Martyrer ware ein Saamen der Christen; die Kirch hat nur desto mehr sich außgebrettet, und in aller Gottseeligkeit zugenommen, wie hefftiger der Haß, und Wuth der Heyden, und Wüterich angewachsen ist. Fast gleiches zeigt sich an Ottobeyren, durch das immer wachende Aug GOttes, durch dessen Gnaden-Seegen.

Ich habe deßhalben Ursach genug, dem außerwählten, und gesegneten Ottobeyren jenes zu zuruffen, was der alte Tobias von Jerusalem vorgesagt: Jerusalem civitas Dei, castigavit te Dominus: geliebtes Ottobeyren! GOtt hat dich eine Zeitlang geprüffet; doch seinen Seegen von dir nicht entzogen; confitere Domino in bonis tuis, & benedic Deum sæculorum, lobe den HErrn um den Seegen, den Er dir verliehen hat, und preise GOtt, der in allen Jahrhunderten sein wachsames Aug über dich gehabt. Luce splendida fulgebis; du leuchtest nun mit einen glantzenden Licht, & omnes fines terræ adora-

(ttt) Sap. 14. (uuu) Job. 1. & 2. (xxx) Job. 42.

adorabunt te, und wer ist, der nicht ehret deine Herrlichkeit von allen Enden her? denn dich hat GOtt außerwählet zu seinem allzeit herrlichen Namen, der anjetzo mehr als jemahl in dir gepriesen wird : Nomen magnum invocabunt in te ; erfreue dich nun in deinen Söhnen, denn sie sind von GOtt geseegnet, und werden den Seegen nimmer verliehren, lætaberis in filijs tuis, quoniam omnes benedicentur. So lobe und preise GOtt in dieser hohen Feyer deß tausend-jährigen Jubel-Fests ; du hast Ursach, wenn dich erinnerest, daß kein Jahrhundert ohne Göttlichen Seegen verflossen, benedic Deum sæculorum. (yyy)

 Bekräfftiget nicht meine Wort der gegenwärtige Glücks-Stand dieses uralten Reichs-Stifft, den wir mit Augen sehen? Ein reichlich von GOtt geseegnetes Gottes-Hauß unter einer so glorreich, als hochweisen Regierung der mahligen Hochwürdig-Gnädigen HErrn Reichs-Prälaten ANSELMUS, der in seinem hohen kostbaren Alter von GOtt die Gnad erhalten, die dem König David nicht vergönnet worden: Non poteris ædificare domum nomini meo; es hiesse, du sollest und wirst meinem Namen kein Hauß, den Tempel nicht erbauen, den du gedenckest : (zzz) dem Salomon ist diese Ehr, Glück, und Freud vorbehalten. Wahrlich ein anderer weiser Salomon, den der vorsichtige GOtt erkiesen hat zu einem so grossen herrlichen Werck, dessen Regierung die hohe Verdienste mit der Völle deß Göttlichen Seegens überschüttet haben; dessen Namen und Großthaten die spate Nachwelt nicht wird können in Vergessenheit stellen. Non recedet memoria ejus. Doch was ist sich dessen zu verwunderen? David sagt ja : ecce sic benedicetur homo; qui timet Dominum. Also wird geseegnet der Mensch, der GOtt förchtet. ANSELMUS, dieser von dem vorsichtigen GOtt erweckte Hirt, suscitabo Pastorem unum, hat es gemacht, wie Salomon ; nach Zeugniß der Königen-Chronick hatte er vor der Einweyhung deß Tempels in conspectu altaris Domini utrumque genu in terram fixerat, & manus expanderat in cælum, vor dem Altar deß HErrn beyde Knye auf die Erden gebeuget, und die Hände gen Himmel außgestrecket : (aaaa) die Gottseligkeit seines demüthigen Gebeths hat den Himmel eröffnet, und den reichen Seegen über das Hauß, und über das Reich herabgezogen. Audivi orationem tuam, & elegi locum istum. (bbbb) Anselmus hat mit GOtt und wegen GOtt sich an dieses grosse Werck gesetzet, und durch seine preißwürdigste Frömmigkeit, durch seine tieffste Demuth, durch den vollen Eifer seiner Andacht zeit seiner glorreichen Regierung den Überfluß himmlischen Seegens verdienet. Ecce sic benedicetur homo. Also also wird geseegnet die Klugheit und GOttes Furcht ! Sic, mit erwünschten Wohlstand zeitlicher Gütern; sic, mit Ehre, und Ansehen vor der Welt; sic, mit Gunst, und Gnad bey den Grossen dieser Erden; sic, mit Liebe, und Gehorsame der Untergebnen; sic, mit Fried, und Einigkeit der In- und Beywohnern; sic, mit Huld und Schutz der Höheren ; sic, mit Flor, und Aufnahm in Klösterlicher Zucht ; sic, mit Herzlichkeit, und ausserbäulicher Andacht im GOttes-Dienst ; sic, mit hell-leuchtenden Glantz der Heiligkeit ; sic, mit grosser Anzahl Weiß- und gelehrter Männer ; sic, mit langer Dauer höchst beglückter Regierung ; sic, mit vielen Jahren eines Ehrwürdigen hohen Alters. Ecce sic benedicetur ! Ist nicht also von GOtt geseegnet dieß hoch-berühmte Freye Reichs-Stifft

G 2   Otto-

(yyy) Tob. 13. v. 11. & seqq.   (zzz) 1. Paral. 22.   (aaaa) 3. Reg. 8.   (bbbb) 2. Paral. 7.   (cccc) 3. Reg. 10.

Ottobeyren? Magnificatus est Rex Salomon. Groß und herrlich ist gemacht durch GOttes Seegen, und wer foderist, als der König? (cccc)

Du aber unendlich vorsichtiger GOtt, Deus saeculorum, (dddd) du hast mein Hertz verwundet mit einem deiner Augen, vulnerasti cor meum in uno oculorum tuorum; (eeee) mit jenem Aug, ach, mit jenem vorsichtigen, und seegenreichen Aug, mit welchem du über Ottobeyren gewachet hast durch so viele Jahrhundert. Wird ich wohl meine Augen in Zukunfft von diesem Aug abwenden können? Nein! Hochansehnliche! überlassen wir uns mit gantzem Vertrauen der weisen Allmacht, und Güte GOttes. GOtt herrschet; sein Rath ist mächtig wieder seinen Schluß; nichts ist ihme verborgen, Dem saeculorum; Er weißt das Gute auß dem Schlimmen zu ziehen: setzet ihme die Zeit der Erbarmung, wie die verzagte Bethulier, sondern mit der Judith expectemus humiles consolationem ejus, erwartet in Demuth seinen Trost, seinen Seegen; (ffff) dann er hat seine Urtheil durch seine Fürsichtigkeit angeordnet, tua judicia in tua providentia posuisti. (gggg) und verlasset nicht jene, die in dem Schooß seiner fürsichtigen Liebe ruhen.

Dritter Theil.
GOtt hat diesen Ort geliebet durch sein allzeit liebendes Hertz.

Drey Stück hat GOtt dem Salomon laut meines Vorspruchs für das Tempel zu Jerusalem versprochen, den Namen, das Aug, und endlich das Hertz, Sanctificavi locum istum, ut sit nomen meum ibi in sempiternum, & permaneant oculi mei, & cor meum ibi cunctis diebus. (hhhh) Den Namen haben wir darin gefunden, das Aug ober dem selben; wo ist nun das Hertz? Cor meum ibi. GOtt hat es versprochen, es muß gehalten seyn. Laßt uns in das Heiligthum eingehen, vielleicht finden wir da das Hertz GOttes. Wo der Schatz ist, wird das Hertz seyn; in der Bunds-Lade unter denen Flügeln der Cherubim, sagt der Heil. Text, waren allein die zwey Taflen deß Moses, in welchen das Gesetz GOttes geschrieben gewesen. (iiii) Bey diesem heiligsten Gesetz, das GOtt über alles liebte, ware das Hertz GOttes, so lang die Israeliten bey dem Gesetz geblieben; si dereliqueritis justitias meas-, domum hanc quam sanctificavi nomini meo, projiciam a facie mea, & tradam eam in parabolam; werdet ihr meine Gerechtigkeiten verlassen, so will ich dieß Hauß, welches ich meinem Namen geheiliget hab, von meinem Angesicht verwerffen, und zum Spott und Schau-Spiel allen Völckeren setzen. (kkkk) Weilen die Hebräer GOtt, und sein Gesetz auf die Seiten gethan, haben sie das Hertz GOttes, den Tempel und das Reich verlohren, und sind nun allenthalben zerstreuet, sine templo, sine regno. Es ware also das Hertz GOttes im Tempel zu Jerusalem, weilen GOtt denselben geliebet hat. Der Namen hat die Herrlichkeit, das Aug die Vorsichtigkeit, das Hertz die Liebe mitgetheilet. Die Herrlichkeit gründete sich auf die Erwählung; die Vorsichtigkeit würckte den Seegen; die Liebe brachte die Vollkommenheit.

O wie

(dddd) Tob. 13. (eeee) Cant. 4. 8. (ffff) Judith. 8. v. 20. (gggg) Judith. 9. v. 5. (hhhh) L cit. (iiii) 2. Paral. 5. (kkkk) 2. Paral. 7.

O wie kostbar bist dann du Ottobeyren in denen Augen GOttes gewesen! Er hat dir gegeben den Namen, und das Auß, die Herzlichkeit und den Seegen. Aber noch nicht genug: auch das Herz GOttes muste in, und bey dir seyn, weilen er dich geliebt hat. Es ist erfüllet jenes bey dem Sirach: Cor suum dedit in consummationem operum, & vigilia sua ornabit in perfectionem. Zu Vollbringung seiner Wercke wird er noch sein Herz geben, und mit seiner Wachbarkeit zur Vollkommenheit außzieren. (llll) Ottobeyren! mercke es wohl, und fasse mich! GOtt hat dich geliebet! Er hat dir sein Herz geschencket! was hat er mehr thun können? Er wolte dich auf den höchsten Stuffen der Vollkommenheit setzen, weilen er dich liebte; und darum hat er dich geheiliget. Zweiflest du an dieser Liebe? beweisen nit solche die wunderbare Außerwählung, der häuffige Seegen? die Liebs-Triebe waren die Ursach deiner Herzlichkeit, und seiner Wachbarkeit über dich. GOtt hat den Jacob geliebet: Esau aber gehasset, Jacob dilexi, Esau autem odio habui; (mmmm) wie hat er die Liebe gegen dem Jacob erwiesen? Major serviet minori. (nnnn) Der Seegen deß erstgebohrnen durch den alten Vatter Isaac, das Versprechen in Haran, da Jacob schlaffte, haben die Liebe GOttes gegen dem Jacob an Tag gelegt: Terram, in qua dormis, tibi dabo. Und dich geliebtes Ottobeyren, welches einen so reichen Seegen von GOtt empfangen hast, solle GOtt nicht geliebet haben? hat Er nicht allzeit ein Vatter-Herz gegen dir erzeiget? sind nicht an dir erwahret jene Freud- und Trost-Wort deß Isaacs von seinem lieben Jacob? Ecce odor filij mei, sicut odor agri pleni, cui benedixit Dominus: det tibi Deus de rore cæli, & de pinguedine terræ. Siehe! der Geruch meines Sohns ist, wie der Geruch eines vollen Ackers, den der HErr gesegnet hat: GOtt gebe dir von dem Thau deß Himmels, und von der Fettigkeit der Erde. (oooo) Jener süsse Geruch deiner herzlichen Blüthe, und der schönsten Früchten, der Uberfluß von dem Himmels-Thau im geistlichen und zeitlichen Güteren zeigen nicht allein die Völle deß Göttlichen Seegens, sondern auch die Liebe deines GOttes gegen dir. Du ruhest nun in jenem Land, welches dir der HErr gegeben hat, tibi Dabo, in mitte deiner getreuen, lieben Unterthanen; und zweiflest an der Liebe deß Göttlichen Herzen?

Recht und wohl sagt der grosse Pabst Gregorius: Probatio Dilectionis exhibitio est operis; das Werck muß die Liebe beweisen; (pppp) und der Heil. Johannes will gleichsahls eine thätige Liebe haben: non diligamus verbo, sed opere. (qqqq) Also hat die allerheiligiste Dreyfaltigkeit die Liebe gegen dem Menschen in dem Werck dargethan. Die grosse Werck der Erschaffung, der Erlösung, und der Heiligmachung sind unlaugbare Beweißthümer der Liebe deß Drey-einigen GOttes. Der Vatter hat den Menschen geliebet, weil er ihne gemacht, und erschaffen nach seinem Urbild: der Sohn hat den Menschen geliebet, weil er ihne erlöset mit seinem Blut, und Tod; der Heil. Geist hat den Menschen geliebet, weil er ihne geheiliget durch seine Gnad, und Gegenwart. Ich getraue mich eben dergleichen Liebs-Wercke GOttes gegen Ottobeyren zu behaubten. Hat es nicht der Vatter auß dem Nichts hervorgezogen, und geschaffet, das Ottobeyren seye? hat es nicht der Sohn von so vielen Ublen, von dem Untergang erlöset? hat es nicht endlich der Göttliche Geist der Liebe geheiliget? Was Paulus den Corintheren gewunschen, daß ist

(llll) Eccl. 38. v. 31. (mmmm) Malach. 1. (nnnn) ad Rom. 9. (oooo) Gen. 27. (pppp) Lib. 2. Hom. 30. in Evang. (qqqq) 1. Joan. 3.

in Ottobeyren erfüllet : Deus dilectionis erit vobiscum. (rrrr) GOtt der Liebe, daß allzeit liebende Hertz GOttes, ist in und mit Ottobeyren ; Deus dilectionis, jener Liebs-GOtt, jenes liebende Hertz, das Ottobeyren erwählet, erhalten, beschützet, gesegnet, und geheiliget hat. Woher sind geflossen die Liebe deß Vatters, die Gnad deß Sohns, die Mittheilung deß heiligen Geists, als auß dem liebenden Hertz GOttes? Gratia Domini nostri Jesu Christi, & charitas Dei, & communicatio sancti Spiritus. (ssss)

Ich weiche noch nicht von der Liebe deß Drey-einigen GOttes : Hochansehnliche! erlauben sie, daß ich drey besondere Liebs-Wercke beybringe, durch welche GOtt seine Liebe gegen Ottobeyren, die Gegenwart seines allzeit liebenden Hertzens, an Tag gelegt. Christus selbst preiset die Liebe deß himmlischen Vatters, welche so groß gewesen, das Er der Welt seinen eigenen eingebohrnen Sohn geschencket : sic Deus dilexit mundum, ut filium suam unigenitum daret. (tttt) Gleicher massen kan ich sagen: also hat GOtt der Vatter Ottobeyren geliebet, das Er selbem seinen eigenen Sohn gegeben ; das ist, die heilige Wunderthätige Bildniß deß gecreutzigten JEsu, welche wir da gegenwärtig mit Andachts-vollen Augen ansehen, und mit Ehrfurcht-vollen Hertzen verehren ; jenes Gnaden-Creutz, daß schon viele Jahrhundert durch besondere Gutthaten, durch Eingiessung innerlichen Trosts, durch Mittheilung übernatürlicher Gnaden-Stärcke, durch Zuwendung deß Angesichts bewiesen hat, (uuuu) das JEsus ein GOtt der Liebe seye, ja daß an dieser Heil. Bildniß erwahret werden die Wort deß Hauptmanns bey Matthæo : Vere filius Dei erat iste. Wahrlich dieser ist der Sohn GOttes, (xxxx) welchen der Vatter zum Zeichen seiner Liebe Ottobeyren geschencket hat ; damit auß dessen verwundten Liebs-Hertz über Ottobeyren immer fliesse Blut, und Wasser, continuo exivit sanguis & aqua, (yyyy) das ist, das Heyl, Gnad, Trost, und Heiligkeit, Sanguis, Glück, Fried, und Einigkeit; Aqua. O wohl Vätterliches Hertz, daß die Liebe mit einer so vortreflichen Gab bekrässtiget hat. Auch der Sohn GOttes wolte seine Liebe gegen Ottobeyren mit einer außerordentlichen Schanckung der Welt kund machen. Gewiß ist auß dem Evangelium, das Christus seinen Jünger Johannes absonderlich geliebet habe : Er hatte die Gnad, so gar auf der Brust deß Heylands zu ruhen ; und die Schrifft nennet ihne den geliebten Jünger, quem diligebat Jesus, (zzzz) Wie hat nun Christus diese seine Liebe gegen dem Johannes erwiesen? durch eine Liebs-Schanckung : daß allerliebste, seine eigene Mutter hat Er ihme gegeben ; an dem Creutz, vor dem Tode hat Er sie ihme übergeben : Ecce Mater tua ! mercket die Wort der Schrifft : Cum vidisset ergo Jesus Matrem, & Discipulum stantem, quem diligebat, dicit Matri suæ: Mulier, ecce filius tuus. Deinde dicit Discipulo: Ecce Mater tua. JEsus siehet seinen geliebten Jünger, quem diligebat, er sagt seiner Mutter : siehe dein Sohn : er sagt dem Jünger : siehe deine Mutter. O lieb-volle Schanckung ! Johannes hat sie billich gleich von Stund angenommen, ex illa hora accepit eam. (aaaaa) Und du Ottobeyren sollest nicht erkennen die Liebe deß Sohns GOttes, da er doch auch dir wie dem Johannes das allerliebste, das ist, seine Mutter geschencket : Ecce Mater tua! die Wunderthätige Gnaden-Mutter in Elderen ist diese Liebs-Gab, die du von Christo als ein Pfand seines Liebs-Hertz empfangen hast : dir hat er sie anvertrauet, dir hat Er sie zur Verwahrung, zur Verehrung, ja zur Liebe wunderbarlich, da

du

(rrrr) 2. Cor. 13. (ssss) 2. Cor. 13. (tttt) Joan. 3. 16. (uuuu) Chron. Ottob. p. 2. §. 20. (xxxx) Matth. 27. (yyyy) Joan. 19. (zzzz) Joan. 13. (aaaaa) Joan. 19.

du nicht daran wie Johannes gedachtest, gegeben. Ist dieß nicht ein außnehmendes Liebs-Stuck? doch du weißt schon, was ich sage, wenn ich nenne die Mutter der schönen Liebe in Eldern. Lasset uns noch sehen, wie der heilige Geist seine Liebe gegen Ottobeyren erkläret habe. Daß dieser Göttliche Geist die von dem Sohn GOttes gestifftete Kirche geliebt habe, und annoch liebe, wer weißt es nicht? Er ist der versprochene Tröster, und Lehr-Meister, der die Kirche niemahl verlassen wird. Wie hat Er seine Liebe gezeiget? was für eine Liebs-Gab hat die Kirche von ihme empfangen? Gedult! die Kirche hatte sich versammlet am Pfingst-Tag zu Jerusalem. Da hat der Geist der Liebe durch feuerige Liebs-Zungen offentliche Zeugniß seiner Liebe geredet. Er hat der Kirche die Apostel mit seiner Weißheit, mit seiner Heiligkeit erfüllet, und beschencket; Er hat sie durch innerliche Triebe in alle Welt außgeschickt, dieselbe zu vermehren, und hertzlich zu machen. Ein Liebs-Wunder, darob sich alle Welt erstaunet. Wie die Kirche, also hat der Göttliche Geist Ottobeyren geliebt. Die grosse Anzahl heiliger Apostolischer Männer, mit welchen Ottobeyren durch zehen Jahrhundert versehen gewesen, ware eine Würckung deß liebenden Geist GOttes. Die Gaben deß heiligen Geistß waren alle versammlet in diesen außerwählten Geschirren, welche nicht nur an Gelehrsamkeit, sondern auch an Tugend, und Heiligkeit fürtrefflich, zeigten den Meister, der sie gemacht, und außgezieret hatte.

Indessen ist vor den Augen GOttes nichts kostbarers, als was heilig ist. Die Heiligkeit hat den Werth über alles Gold, und Silber, wie der H. Geist bezeuget: Melior est omni auro, & argento; (bbbbb) wie Christus vor seinem Leyden den Jüngeren die Gnad der Heiligkeit von dem himmlischen Vatter begehret hat, Sanctifica illos in veritate. Hat GOtt Ottobeyren geliebet, so hat Er es auch geheiliget; ornabit in perfectionem; die Liebe macht vollkommen, und giebt die Vollkommenheit, welche in der Heiligkeit bestehet. Das Hertz GOttes die Urquell aller Seeligkeit, brachte Ottobeyren, was heilig ist. Das Ziel, und End, welches sich der erste Stiffter Sylach in Errichtung dieses Klosters vorgesetzt, ware kein anders, als daß in selbem heilige Diener GOttes den Allmächtigen zu ewigen Zeiten immer lobeten, und durch ihre Heiligkeit jenes erfüllten, was wir alle GOtt schuldig sind, nämlich die Pflichten der Anbethung in dem Geist, und in der Wahrheit, der Gehorsame nach seinem heiligsten Willen, und der Liebe. Die Wort auß dem Stifftungs-Brief zeigen es: Fratribus summo & vero Regi Deo inibi militantibus perpetualiter deserviant; seine Stifftungen sollen den Brüderen, die allda dem höchsten und wahren König GOtt dienen, ewiglich eigen seyn. Sylach! deine Begierd und Absehen ist erfüllet; zu allen Zeiten haben die heiligste Männer mit ihrer Tugend und Gottseeligkeit dieses von dir gestiffte Gotts-Hauß, und Wohnung der Diener GOttes erleuchtet. Es ware nur eine Würckung der Demuth, als Abbt Gallus im Jahr 1587. in dem erneuerten Capitel-Hauß in der Auffschrifft an der Wand, die Wort eingerucket hat: Sciendum, in hac qualicumque Ottoburensi domo multos præclaros viros & Sanguinis nobilitate, & vitæ sanctimonia claruisse; zu wissen, daß in diesem geringen Gotts-Hauß Ottobeyren viele so wohl an Heiligkeit deß Lebens, als hohen Adel vortrefliche Männer geleuchtet haben. (ccccc) Nicht multos viele, sondern plurimos, sehr viele, ja unzahlbare hätte man schreiben sollen. Sifridus Bischoff von Augspurg giebt der Heiligkeit Ottobeyrens Zeugniß nicht allein in einem noch gegenwärtigen Di-

diploma,

(bbbbb) Eccl. 30. v. 15. (ccccc) Chron. cit.

ploma, oder Gnaden-Brief, sondern auch in einem Brief, den Er an den Pabst Honorius III. geschrieben: Idem Monasterium, sagt er in dem ersten, hactenus religione & honestate præclarum, und in dem anderen, loci semper religione ac cæteris virtutibus admodum reflorentis; dieses Kloster ware allzeit fürtreflich, und blühete in der Gottseeligkeit, und anderen Tugenden. All dieses hat der heilige Geist in Ottobeyren gewürcket theils durch die heiligiste Satzungen, und Regul deß Heil. Patriarchen Benedictus, theils durch Anleitung der Geistreichen Vorsteher und Prälaten.

Es wird in wohl geordneten Klöstern erfüllet, was Paulus zu den Colossern schreibt: Mortui estis, & vita vestra abscondita est cum Christo in Deo. Die Ordens-Leuth sind der Welt abgestorben, und ihr Leben ist verborgen mit Christo in GOtt. (ddddd) Die verborgene Heiligkeit ist vor GOtt nur desto grösser, wie weniger sie von dem Welt-Staub, von der Eitelkeit, von dem menschlichen Ansehen an sich ziehet. Wenn schon nicht allzeit die Strahlen in die Welt hinauß schlagen, folget nicht, daß kein verborgenes Licht das Hauß erleuchte. Genug ist, wenn jenes erwahret wird, was GOtt bey Jeremias sagt: Dabo legem meam in visceribus eorum, & in corde eorum scribam eam; & ero eis in Deum, & ipsi erunt mihi in populum. Ich will ihnen mein Gesetz tieff in ihr Gemüth eindrucken, in ihr Hertz will ich es schreiben: ich wird ihr GOtt, und sie mein Volck seyn. (eeeee) Also sind die Ordens-Leuth, die in der Einsammkeit GOttes Furcht, und Liebe im Hertzen tragen, Tag und Nacht dem Lob GOttes, dem innerlichen Gebeth obliegen, in Gedult, und Verlangnung ihrer selbsten die Stund der Auflösung, und Vereinigung mit dem höchsten Gut erwarten. Aber was rede ich von der verborgenen Heiligkeit zu Ottobeyren? da sie so offenbar ist, und so klar in die Augen fallet? Toto, Neodgarius, Widgarius, Udalrich, Hatto, Bernold, Bruno, Rupert, Conrad, Berthold, und andere mehr sind lauter mit dem Titul eines Heiligen, oder Seeligen beehrte Männer, die in dem Ottobeyrischen Heiligthum die Heiligkeit immer fortgesetzet haben. GOtt der Liebe ware dessen der Urheber, welcher Ottobeyren wolte vollkommen haben. Wie hätte GOtt Ottobeyren geliebet, wenn er es nicht geheiliget hätte? soll das Hertz GOttes an einem unheiligen Ort seyn können? Sanctificavi locum istum, ut permaneat cor meum ibi.

Hochansehnliche! ich mache eine Anmerckung von der schon angezogenen beiligisten Gnaden-Mutter Maria. Es braucht nicht so viele Schritt, so kan man an den Wunder-Ort in Elderen sehen, was für einen Wohn-Sitz Maria in einem unbekannten Gnaden-Bild außerkiesen habe. Sie hat sich niedergelassen ohnweit Ottobeyren, damit sie gleichsam eine Vor-Mauer, eine mächtige Beschützerin in senen verwirrten Zeiten um das Jahr 1456. und nachfolgenden wäre. Sie hat die Geistliche auß diesem Gottes-Hauß als ihre Verwalter erwählet, weilen sie heilige Diener haben wolte. Sie hat diesen Ort außerkiesen, weilen sie vorsahe jene grosse Andacht, Eifer, und Gottseeligkeit, mit welchen diese berühmte Wallfahrt in Aufnahm gebracht worden. Sie hat vorgesehen jenes ihr erstes Kirchlein, das Abbt Nicolaus 1487. erbauet; die Errichtung deß Marianischen Kloster-Gebäudes, so Abbt Benedict 1685. vorgenommen. Sie erwartete einen neuen Ehren-Tempel, den Abbt Gordian 1709. vollendet. Sie erwartete von Weyland Abbt Rupert Hochseel. Gedächtnuß die feyerliche Einweyhung ihres neuen Elderischen GOtts-Hauß 1710. Sie erwartete endlich

(ddddd) ad Coloss. 3. (eeeee) Jerem. 31.

lich von jetzt glorreich-regierenden Hochwürdig, Gnädigen HErrn Reichs-Prälaten ANSELMUS jenes sehr kostbare Geschmuck, und neue Kleid. Kurtz: Maria liebet die Heiligkeit, und wolte darum in Ottobeyren unter der Bedienung der Ottobeyrischen Priestern wohnen, und durch ihre Gegenwart und Gnaden solche Heiligkeit immer vermehren, damit das Göttliche Hertz allda, als in einem Heiligthum, ewiglich verbleibete. O dann geliebtes Ottobeyren! können und sollen wir dir Glück wünschen, weilen dir GOtt so gar sein Liebs-Hertz geschencket hat. Empfindest du nicht die Triebe der zärtisten Liebe und Dancksagung? wir aber Hochansehnliche wollen mit Paulus von dem innersten unserer Hertzen sagen; Gratias ago Deo meo semper pro vobis in gratia Dei- quod in omnibus divites facti estis · ita ut nihil vobis desit in ulla gratia. GOtt seye ewiges Lob, und unsterblicher Danck für alle Gnaden und himmlischen Reichthum, mit welchen er dieses außerwählte, und geseegnete Ottobeyren erfüllet hat; Danck für seine Vätterliche Liebe, für das Göttliche Liebs-Hertz selbsten, welches er Ottobeyren mitzutheilen sich gewürdiget hat. (ffff)

Beschluß.

ELegi locum istum, ut sit nomen meum ibi in sempiternum; & permaneant oculi mei & cor meum ibi cunctis diebus. Hochansehnliche! in dieser hohen Feyer diß tausend-jährigen Jubel-Fests was könnte ich besser thun, als durch eine stille Betrachtung in daß weite Alter deß Ottobeyrischen Reichs-Stiffts hineinsehen, und allda beschauen die Herrlichkeit deß Göttlichen Namens, die beständige Wachsamkeit deß Göttlichen Augs, die volle Liebe deß Göttlichen Hertzens. Doch meine Augen sind zu schwach, das Licht dieser Geheimnissen zu fassen; meine Zunge allzu unberedt, solche zu erklären. Es ist nur meinem Unvermögen beyzumessen, was ich von diesem uralten Gottes-Hauß zu wenig beygebracht. Es tröstet mich, daß sie ohnedem überzeuget sind, daß der vorsichtige GOtt diesen Ort wahrlich außerwählet habe zur Ehre seines Namens, daß er solchen geseegnet mit seinem Gnadenreichen Aug, daß er ihne geliebet durch sein allzeit Liebs-volles Hertz. Wohlan denn, wenn ich diß alles in einem Begriff mir vorstelle, die Außerwählung, den Seegen, die Liebe GOttes gegen Ottobeyren, wie hertzlich, wie glückseelig, wie liebenswürdig ist es nicht vor meinen Gemüths-Augen! was Zärtigkeit, und Liebs-Triebe fühle ich nicht in meinem Hertz? Kaum enthalte ich mich, daß ich nit wie eine H. M. Magdalena de Pazzis die Mauern dieses außerwählten, geseegneten, und geliebten Gottes-Hauß küsse und umfange. Was könnte dieses tausend-jährige Gotts-Hauß zu seiner Vollkommenheit mehr foderen? der Namen, das Aug, das Hertz GOttes hat ihme alles gegeben. Mit frohen Hertzen lasset uns gegenwärtiges Jubel-Fest begehen; und Ottobeyren so vil Glück wünschen, als es in seinen tausend Jahren Täg und Stunden zählet. Ach grosser GOtt! erhalte dieß dein außerwähltes, geseegnetes, und geliebtes Ottobeyren noch viele tausend Jahr, ja biß zu End der Zeiten in solchem beglückten Wohlstand und Herrlichkeit, zur Ehre deines heiligsten Namens, zum Schutz und Zierde deiner heiligen Kirchen, zum Nutzen deß heiligen Ordens, zum Trost der Untergebenen, zur Freud deß gantzen Augspurgischen Bißthums!

Du aber glückseeliges Ottobeyren lobe und preise GOtt mit dem weisen Sirach: Confitebor tibi Domine Rex, & collaudabo te Deum salvatorem meum;

(ffff) 1. Cor. 1. v. 4. 5. 7.

meum : all dein Glück und Heyl bekenne, und schreibe GOtt zu, dann er ist der Urheber, er ist dein Heyland : Confitebor nomini tuo, quoniam adjutor, & protector factus es mihi. ‒ ‒ Heilige seinen Namen, und mache ihne herrlich in dir, dann zu diesem Ende hat er dich erwählet, seine Hilff und Schutz dir ertheilet. Memoratus sum misericordiæ tuæ Domine, & operationis tuæ, quæ a Sæculo sunt. Vergesse niemahl seiner Güte, seines Seegens, seiner Liebe, mit welcher er a Sæculo durch zehen Jahrhundert in die Wunder der Gnaden gewürcket hat. (ggggg) Und endlich eines lasse nicht ausser acht, was in den hohen Liedern Salomons geschrieben ist : Egredimini, & videte filiæ Sion Regem Salomonem in diademate, quo coronavit illum Mater sua in die desponsationis illius, & in die lætitiæ cordis ejus. (hhhhh) Gehet hervor ihr Töchter Sions, alles was Ottobeyren liebet, kommet, und sehet einen anderen Salomon, welcher diesen herrlichen Tempel erbauet hat, sehet ihne in seiner Cron, mit welcher ihne seine Mutter, die heilige Religion, von der Er auferzohen und ernähret worden, an dem Tag seiner Vermählung, den 23. Nov. 1740. mit diesem Gotts-Hauß durch die beglückte Erwählung, und an dem Tag der Freud seines Hertzens gecrönet und gezieret hat. Ist nicht diese herzliche Kirchen gleichsam eine Cron, corona aurea super caput ejus, welche das Hochwürdige Haupt unsers neuen Salomons, seine übrige hohe Verdiensten crönet, und ewig verherzlichet ? In die Desponsationis, an dem Tag der Vermählung, gleich nach der Erwählung zur Abbtey, hat er angefangen an dieser Cron zu arbeiten ; in die lætitiæ cordis ejus, an dem Tag der Freuden der heiligen Einweyhung ist diese Cron vollendet worden. O ein Freuden-Tag! wer kan daran zweiflen ? Sehet denn, und bewunderet ihne in dieser Cron! lasset uns ihme mit einer Stimm Glück wünschen, und dem Allerhöchsten preisen mit den Worten der Königin Saba : Sit Dominus Deus tuus benedictus, cui complacuisti, & posuit te super thronum ! (iiiii) Gelobt und gebenedeyet seye der vorsichtige GOtt, der Ottobeyren einen so Weisen und Glück-vollen Prälaten gegeben, und auf den Thron gesetzet hat ! Ach das GOtt nach diesem Freuden-Tag seine glorreichiste Regierung noch in viele Jahr verlängeren. Amen.

Auf diese Lob, und Ehren-Rede folgte das Hoh-Amt, welches Ihro Excellenz, der Hochwürdige HErr ANSELMUS, Abbt deß Heil. Röm Reichs Stiffts, und GOtts-Hauses Sallmansweyler, Ihro Röm. Kaiserl. und Kaiserl. Königl. Apostolischen Majestät, Majest. würcklich geheimer Rath, dann deß Löbl. Reichs Prälaten Collegij in Schwaben Con-Director &c. mit besonderer Andacht absunge.

Damit wir nit gezwungen werden, unserem Leser durch Wiederhollung deß alten beschwerlich zu fallen : so bemercken wir, daß so wohl heute, als in nachfolgenden Tägen dieser Feyerlichkeit, die frohe Abfeuerung unserer Pölleren, und Paradierung der montierten Burgerschafft allzeit die Abhaltung deß Hoh-Amts begleitet habe.

Die besondere Umstände, so diesen Tage merckwürdig in unseren Jahr-Büchern machen, können wir nit mit stillschweigen umgehen. Der erste wäre, daß wir heute Se. Excellenz Hochwürden und Gnaden von Salem bey dem Altar, und einen Hochwürdigen Capitularen deß Hochfürstlichen Stiffts St. Gal

(ggggg) Eccl. 51. (hhhhh) Cant. 3. v. 11. (iiiii) 3. Reg. 10.

St. Gallen auf der Cantzel ersahen. Wir glauben, daß dieses nit ohne sonderbare Anordnung der Göttlichen Vorsichtigkeit geschehen, damit nämlichen diese beede Stiffter an unserer Freude theil hätten, deren preißwürdigste Vorsteher schon unter der unglücklichen Regierung Wilhelmi von Lustnau, wie unsere kurtze Beschreibung, oder Chronick auf der 53sten Seite beweiset, so sehr den elenden Zustande unsers Gotts-Hauses bedauert, und selbem mit vereinigten Kräfften abzuhelffen gesuchet haben.

Diese Freude vermehrte die für uns sehr beglückte Ankunfft deß Hochwürdig, und Gnädigen HErrn Reichs Prälaten von St. Ulrich, und Afra in Augspurg. Wir wissen, und erkennen, was wir diesem löblichen Reichs Gottes-Hauß schuldig sind. Der grosse, und heilige Udalricus, von deme selbes den Namen ererbet, erwiese sich eben so sorgfältig in Beförderung unserer Freyheit, als vorsichtig er sich in Legung deß Grunds zu diesem Reichs Stifft erzeiget. Wir verdancken demselben den grossen, und wegen Ruff der Heiligkeit in unseren Jahr-Geschichten berühmten Joannem Isingrinum; und Joannem Rüssinger, welcher die Bischöffliche Ehren-Zeichen von hier in seine Mutter-Schooß zuruck gebracht. Wir erinneren uns der engesten, und genauesten Verbündniß, und Verbrüderung; wie auch jener kostbaren Gastfreygebigkeit, durch welche dieses Reichs Stifft uns alle bey Empfahung der heiligen Weyhen sich ewig verpflichtet gemachet hat. Und eben dieser Ursachen wegen kunte uns dieser sehnlich erwünschte Augenblick, nit anderst, als erfreulichist seyn. Obwohlen auch dieses Vergnügen nit vollkommen ware, indeme Se. Hochwürden, und Gnaden HErr Reichs Prälat von Roggenburg fast eben um selbe Zeit von hier abreiseten.

Fünffter Tag.

BEy Anbruch dieses Tages erschiene allhier mit Creutz, und Fahnen die Pfarrey unter, und ober Westerheim, welcher mit gleichem Eifer die weiter entlegene Oerter Engetried, ober- und unter Egg, zwey an Mindelheim angräntzende Dörffer folgten.

Den Lobredner sendete uns das Hochlöbliche Reichs Gottes-Hauß Ochsenhausen; und bestiege dahero unseren Predigt-Stuhl der Hochwürdige, und Hochgelehrte Herr P. CONRADUS Speichenhauer Hochbemeldten Reichs-Stiffts Capitular, und damahliger Heiligen-Pfleger in Simmertingen. Wir mittheilen, desselben fürtrefliche Rede.

Honor Principalis
pro
Spiritu Principali.
oder
Tausend-Jährige
Fürsten-Ehre
gegen
Tausend-Jährigen
Fürsten-Geist.

Vorspruch.

Reges videbunt, & consurgent Principes, & adorabunt propter Dominum, qui elegit tc. *Isaiæ* 49. v. 7.

Die König werden sehen, und die Fürsten werden sich zu dir erheben, und dich Ehren wegen dem HErrn, der dich außerwählt.

Eingang.

Freylich kan es niemand seyn, als Jener, bey bem tausend Jahr, und der gestrige Tag im gleichen Umfluß sind. (a) Niemand vermag es zu verschaffen, als jener, dem es gleich ist, ob Er mit zehen oder mit tausend zu Werck gehe. Keiner entschlüsse sich so übermäßig, als Jener, bessen Huld ihren Maaß=Stab von Jahrhundert zu Jahrhundert hernehmet, Regi Sæculorum immortali gloria. (b) Der König und HErr der hundert Jahren hat es gethan: nur dessen Werck ist es, Hochwürdig und tausend=jähriges Ottobeyren! ich mag deine Zeit=länge, deine Grösse, oder deine Herrlichkeit in das Aug fassen.

Wie schwär sind jene Blätter deines Zeit=Buchs, worinn tausend Jahr mit tausend Wichtigkeiten zusammen gebunden; man durchgehet sie in Außfindung einer Ehren=Rede, und man schauderet in Abfassung eines gewiesen Redens=Satzes: denn es häuffen sich, und stöhren die Erwegungs=Krafften die erstaunliche Verfügungen deß Himmels, welche von deiner Ankunfft an biß jetzo unter entsetzlichen Schickfaalen an dir ein Meister=Stuck seiner Vorsicht der Welt aufgestellet.

Es verwirren die Uberlegung jene verderbliche Zeit=Läufften, welche dich nit nur ein=sonderen vielmahl zum Umsturz hätten bringen sollen, unter welchen du aber jedannoch jenes geworden, was man jetzt mit Ehrfurcht an dir zubewunderen hat. Allen Menschen Sinn übersteiget deine Verhaltung, da du unter stürmenden Unzeiten, in der Trangsaal die Heiligkeit, unter dem Schutt den Großmuth, und unter dem Verderben deine Herzlichkeit erhalten hast. Wäre also ein gar zu blödes Unternemmen, wenn ich auf alle Seltenheiten deiner tausend Jahren das Augen=Merck richten wolte, Ich, der ich mich ohnehin schon genugsam beschwärt befinde in Erwägung jenes einzigen Umstands, welcher von deiner Ankunfft an, durch den gantzen Fortgang, biß zu jetzigem herzlichsten Weesen glorreich und besonders allzeit vorgewaltet; und jener ist (daß ich von grossen Dingen nur glatthin rede) daß dich der Himmel von deinem weitsichtigen Anfang in deiner tausend=jährigen Erhaltung biß zu jetzigem Jubel allzeit Königlich, und Fürstlich gehalten habe. Königlich und Fürstlich, sage ich: denn in Ablesung deß Außzugs deiner Jahrhunderten hat man nur immer zuthun mit Kaiser, König und mächtigen Fürsten, welche sich gegen dir allzeit so aufgeführet, als wenn sie nur für dich bestellte Stiffter, verpflichtete Erhalter, und geflissneste Verehrer wären. Bey Einsicht deines tausend

(a) Ps. 89. (b) Tim. 1. v. 17.

send, jährigen Zeit-Buchs klingte mir immer in denen Ohren jenes Ehren-Wort, welches der Allerhöchste einstens durch seinen Propheten Isaias dem so glorreichen Volck Israel verkünden lassen: Reges, videbunt, & consurgent Principes, & adorabunt propter Dominum, qui elegit te. (c) Die König werden auf dich sehen, und die Fürsten werden sich zu dir erheben, und werden dich ehren wegen dem HErrn, der dich außerwählt. Ja ich glaubte gar nit anderst, als alle diese Wort seyen von dir, und zu dir geredt, weil ich sie von Buchstab zu Buchstab an dir erfüllet sehe: und billich: denn da ich noch weiter forschete, da ich nachsuchte, warum der Himmel einen Königlich und Fürstlichen Umbgang mit dir gepflogen, fande ich, daß auch du dich in der That immer mit Fürstlichen Geist gegen Ihme verhalten habest: worauf

Vortrag und Abtheilung

auch Er dir in allem Fürstlich begegnet. Denn

I. Lauter König und König-mäßige Fürsten mußten dich in deinem Anfang gleichsam gestalten.
II. Lauter mächtige Fürsten mußten dich im Fortgang aufrecht erhalten. Und
III. Lauter Fürsten sind es, welche dich noch heut zu Tag in der Ehr und Glory behalten.

Und dieses darum, weilen du von deinem Anbeginn gegen GOtt allzeit seinen Geist gepflogen, um welchen ein Königlicher Geist-Mann schon lang gebetten allborten, wo er gesprochen: Spiritu Principali confirma me. (d) Stärcke mich mit einem Fürsten Geist.

Hast du dieses verstanden Hochwürdiges Reichs-Stifft! so hast du zugleich vernommen einen Begriff deines Fürstlichen Weesens, und den gantzen Innhalt meiner heutigen Ehren-Rede, in welcher nichts klein, nichts unfürstlich seyn wird, als allein meine schwache Anführung, zumahlen all das übrige mir deine dem allgemeinem Wissen heraußgegebene Zeit-Blätter in den Mund legen. Ich bin anheut nur ein geringer Kurtz-Fasser deiner Herrlichkeit, welche in deinen Urkunden verlängeret ist, und bette jenen zum Zeugen und Gehülffen meiner Unvermögenheit, welcher dich durch tausend Jahr so herzlich, und sich in dir so preißwürdig gemacht, deme auch endlich alle Ehr als Ihrem eigentlichen Zweck zukomme. Regi Sæculorum immortali Gloria.

Erster Theil.

Reges videbunt.
Die König werden auf dich sehen.

ES hat es der Allerhöchste von Anbeginn dieses Welt-Weesens mehrmahlen gezeiget, das Er jenes, so Er herzlich vor der Menschen Augen haben wolte, durch König und Monarchen, als seiner Hochheit anständigsten Werck-Zeug zu stand zubringen verlange; besonders aber jene Ding, welche

ohn-

(c) Isaiæ 49. v. 7. (d) Psal. 50. v. 14.

ohnmittelbar seinen Dienst und Verehrung zu ihrem eigentlichen Gegenstand hatten.

Ein Großmächtig, und im Purpur gebohrner Salomon mußte das erste Wohn-Hauß GOttes erbauen: und ein von der Schaaf-Heerd hergenommener David konte diese Ehre nicht haben.

Eben dieser von Salomon erbaute, hernach aber zerstöhrte GOttes-Tempel konte durch keinen anderen, als dortmahlen so grossen König Cyrus wiederum hergestellt werden, als wozu er den außdrücklichen Befehl des Himmels erhalten, wie die Königs Chronik im II. Buch, §. Capitl anführet.

Die Herrlichkeit unserer jetztmahligen Römischen Kirchen wen hatte sie zu ihrem ersten Werck-Meister? keinen anderen, als den grossen Constantinum Römischen Kaiser? ja es ist gar nit vonnöthen, sich lang aufzuhalten, vom Ursprung an unseres Christenthums allen grossen Unternemmungen für den Dienst und Ehr GOttes, und seiner Kirchen ihre Kaiser und König anzuweisen, durch welche so grosse Ding müssen hergeschafft, und gleichsam gestaltet werden; sondern um dieses vor Augen zulegen, wende ich mich nur zu die herzliches Ottobeyren!

Mache ich den ersten Schritt in beine tausend Jahr hinein, so finde ich zwar wohl, daß dein Erstlings-Stifftung von dem mächtigen Graffen im Jllergäu Splachus mit Namen herrühre, und A. 764. den Anfang genommen: Es stunde aber kaum vier Jahr an, daß Carl, so in der gantzen Welt der Grosse genennt wurde, und auch in der That wäre, von der Sach Wissenschafft bekame: legte also gleich der grosse Kaiser selbst Hand an, und gabe nicht nur diesem deinem Anfang die rechte Gestalt, da er die Stifftung Splachi bekrafftigte: die Sicherheit dieses Wercks durch herausgegebenen Macht-Brief in seinen allerhöchsten Schutz aufnahme: mit nachgesetzten Schirm-Vögten versahe: eine freye Abbts-Wahl vest setzte: von allen Foderungen und Dienstbarkeiten frey sprache: allen befahrenden Beldstigungen seine schwere Kaiserliche Ungnad andrauete (wie der Bestättigungs-Brief dieses sehr geraum auswiset) sondern der mildthätigste Monarch, als wolte Er dem Hochgrdäflichen Stiffter diese Ehr gleichsam benemmen, oder wenigst mit Ihme theilen, hat samt seiner Kaiserin Hildegard, dich angehendes Ottobeyren noch mit Güter und Unterthanen blücknlich vermehret. Wie der Außzug Chronici fol. 7. anzeiget. Reges videbunt. Also huldreich hat auf dich gesehen dieser großmächtige Kaiser.

Es schiene aber in nachkommender Zeit, als wolte Carl der Grosse auch nach seinem Todt von beiner Verherrlichung nicht ablässen: massen seine Königliche Abstämmling sich eben so Scharffsichtig, als Er zu beiner Aufnahm verwenden mußten; zumahlen jene mächtige Fürsten Quelphones, welche nach Anführung beiner älteren Urkunden, in allem sich Königlich zeigten, und sich nur Unbeschwärlichkeit halber der Römischen Reichs-Regierung entschlugen, sich beeifferten beinem ohnehin schon ansehnlichen Wesen immer mehr und mehr zulegen, dergestalten, daß man dich dortnahl schon unter die so außdrücklich genannte Ecclesias Regales, oder Königliche Stiffter zehlte, laut der Urkund der Königliche Stiffter und GOttes-Häuser, als Constantz, Augspurg, Freisingen, Cur, Kempten, Ottobeyren. Reges videbunt.

Es mehrte sich denn bein beträchtliches Vermögen nach Königlicher Maaß: das Vermehrte aber solte wiederum weit herabgesetzt werden durch die Raub-

Ver

hier deiner bestellten Schirm-Vögten, als welche auf das äusserste deinem Wohlstand zusetzten, und selben bald gar verschlungen hätten, wenn nicht wiederum ein Römischer Kaiser nämlich Fridericus I. seine grosse Obsicht entgegen gesetzt, und in so weit nach die umgesehen hätte, daß er ehender selbst dein Schutz-Herr seyn, und diese Ehr an sich ziehen, als mit etwelcher Gefahr je einem anderen überlassen wollen: worauf dann auf viele Jahr deinem gesegneten Wohlstand bestens gesteuret wäre. Reges videbunt.

Also haben Kaiser und König biß zu deiner vollkommenen Aufrichtung auf dich gesehen, und durch ihre Aufsicht dich vor der Welt also verherrlichet, daß auch der hohe Adel insgemein dich Fürstlich angesehen, und deine Aebte mit dem Fürsten Titl beehret hat, wie es Abbt Joannes II. erfahren. Ja Carolus IV. selbsten hat schon vor mehr als dreyhundert Jahren deinen dortmahligen Vorsteher in seinem Kaiserlichen Schreiben einen Fürsten genennt. Daß ist ja ein unverwerfliches Zeugniß, daß Kaiser und König immer auf dich gesehen, daß der Himmel mit dir immerdar einen Königlich- und Fürstlichen Umgang gepflogen. Was hat Ihne aber darzu bewogen?

So augenscheinlich die Erörterung dieser Frag, so wenig beschwärlich fallet mir ihre Beantwortung. Der liebreichste GOtt hat bißhero allzeit diese Maaß gegen uns Menschen gebraucht, daß er mit uns umgehe so, wie wir uns gegen Ihme verhalten. Will ich dann eigentlich wissen, warum er mit diesem Reichs-Stifft so Königlich und Fürstlich verfüget, so hab ich genug, wenn ich in denen Jahr-Bücheren finde, daß es sich auch Fürstlich gegen den Himmel gezeigt habe. Der Himmel stifftete und seegnete Ottobeyren mit grossen Königen und Fürsten: und Ottobeyren begegnete mit einem Fürstlichen Geist, Spiritu Principali. Und wenn David selbst von GOtt gebetten, den Fürsten-Geist in Ihme zu stärcken, so hatte er keine andere Ursach, als diese, weil Ihn GOtt vom Hirten-Stand zum Thron befördert. Wer ist nun aber dieser Fürsten-Geist gegen GOtt? befrag ich mich bey denen Schrifft-kündigen, so antworten sie: der Fürsten-Geist seye so viel, als ein Heroischer oder Helden-Geist, er seye ein grösser Geist gegen GOtt. Wenn nun deme also, wenn der Heroische oder Helden-Geist den Davidischen Fürsten-Geist ausmachet, so zähle mir, Gott-geliebtes Ottobeyren, von Anfang deiner Stifftung nicht nur deine Vorsteher, sondern auch deine Untergebene; wie viel wirst du darunter finden, welche nit mit heldenmüthigen Tugenden gekrönt gewesen? wie viel wirst du zählen, welche in erhabnesten Stuffen deß Geists ihre Tugend nicht getrieben haben, soweit es erfoderet wird zu einer wohluntersuchten Heiligkeit?

Innerhalb deinen ersten dreyhundert Jahren finde ich IX. Prälaten, so im Ruff der Heiligkeit gelebt, und gestorben; von denen einige nach ihrem Tödt erhebt, deren Gebeiner wie anderer Heiligen geehret worden: einige, welche mit vielen Wunder-Zeichen geleuchtet haben. Wer wird alsdenn alle Brüder unter so vielen heiligen Prälaten zusamen bringen, welche ohnmöglich anderst leben könten, als ihre genau aufsichtige heilige Vätter gelebet hätten. Spiritu Principali?

Kaiser, König und Fürsten ehrten und vermehrten dein angefangenes Weesen. Deine Prälaten aber, und deren Söhn, als wenn sie dieses nichts angienge, trachteten unterdessen je mehr und mehr im Geist auf das Höchste zu kommen, daß es recht schwär zuentscheiden, ob deine Tugends-Verfechter gewußt,

daß

daß die Verwendung gecrönter Häupter und Fürsten auf dein Wohlseyn angesehen, oder ob sie es für eine Pflicht-beutende Vorschrifft gehalten, im höchsten Grad der Tugend den Himmel zu ehren, gleichwie es ihnen von höchsten Ehren-Stånd dieser Welt gewiesen wurde; denn alle Tugenden hatten allda ihre Wohnung, und alle hier wohnhaffte Tugenden wurden nicht nur auf die Helden-Stuffen hinauf getrieben, sondern auch unter so vielen auf ein anderfolgende Zuchten der Brüder außgetheilet, so, daß sich endlich die Völle deß Geists nit mehr von denen Kloster-Maueren einschlüssen liesse, sondern in die Welt sich außbreiten muste.

Oder warum sind einige deiner Aebbten auf den Bischöfflichen Thron, um als Geistliche Fürsten der Völcker (wie sie Gregorius nennet) vorzustehen beruffen? warum viele in andere Abbteyen als geistreicheste Regenten erbetten? warum nicht wenige als nachgesetzte Geist-Männer, oder Priores, andere als Zucht-Meister der angehenden Pflantzen im gantzen Land hin und her getragen worden? in keiner anderen Absicht, als von dem Ottobeyrischen Geist entweder vollkommen erfüllet zu werden, oder wenigstens davon grossen Theil zu nemmen.

Ja wäre dieses alles nicht; hätten alle deine Urkunden zu Grund gehen müssen, so wäre dein Geist genug der Welt offenbar durch den grossen Bischoff Udalricus: Es weißt ja die gantze Welt, was für ein Fürst und Meister deß Geists dieser grosse Lands-Patron gewesen. Wie konte Er denn so grosses beliebig tragen, einen guten Theil seines Lebens biß zu dessen End als Bischoff zu Augspurg und Abbt zu Ottobeyren zu zubringen? können denn Hochheilige Männer auch alldort wohnen, wo nicht die außgemachte Tugend auf allen Seiten in das Aug fallet? Nein: der höchste Grad deiner Tugend, der oberste Gipfel deines Geist-Wesens zoge Ihn dorthin, wo sein Fürstlicher Vorzug der Heiligkeit sich ähnliche Geist-Vätter, und Söhne fande.

Und dieser ist jener Geist, mein altes Ottobeyren! der im sittlichen Wesen den Fürsten und Helden-Rang besitzet. Spiritus Principalis. Und dieser Fürsten Geist hat dir vom Himmel erworben, daß du durch grosse Kaiser, König, und König-mässige Fürsten deine erste Gestalt bekommen. Reges videbunt.

Zweyter Theil.

Et consurgent Principes.
Und die Fürsten werden sich zu dir erheben.

NUn stehet das grosse Ottobeyren im schönsten Flor, gleich jenem Garten, wo einstens Assuerus der grosse Meder-Monarch allen seinen Reichs-Fürsten ein so berühmtes Lust-Mahl zubereitet; (e) von welchem Garten gemeldt wird, daß er Regio cultu & manu, auf Königlichen Pracht und von Königlicher Hand gepflantzt gewesen: Es stehet jenes grosse Geist-Hauß, worinn man nur Geist-Helden zu erziehen pfleget: man lasse aber sehen, wie denn diese Helden in die schwäriste Kämpf beruffen worden.

(e) Esther 1.

So grosse Zunahm dir, Königliches Gebäude! deine erste Jahrhundert in sich brachten, so viele Umstürtz, und gäntzliche Zernichtung führten gleichsam in ihrem Mund die darauf folgende: ziehen wir aber in bedacht, das, was dir wiederum mächtig helffen mußte, und jenes, was dir aller Gewalt der Höllen und der Welt hat beybringen können; so kommt herauß, daß es der Himmel nur deßwegen gestattet, um sein altes Vornemmen niemahl zu unterbrechen, sondern dir allzeit die richtige Gelegenheit zu verschaffen, in welcher sich dein Geist groß und unüberwindlich zeigen konte.

Kurtz: Es mußte Gelegenheit geben, das grosse Fürsten sich erhebten, dich zuerhalten, du aber dich zeigen kontest, daß du deinen Helden-Geist weit länger, als nur durch die erste dreyhundert Jahr zu behalten wußtest. Es mußte Gelegenheit geben, an Tag zuthun, daß die Prob deines erhabenen Kloster-Geists in denen ersten Zeit-Läufften von dem Himmel erworben, noch eine besondere Anstalt für dich zu machen: diese nemlich, daß du von grossen Fürsten aufrecht erhalten, und deine Tugends-Prob auf denen schärffesten Waagschalen der äusserste Gefahren als unverbesserlich der Welt vor Augen gelegt wurde.

Ich nemme denn die folgende fünffhundert Jahr, und was noch darüber, deiner Schicksaalen: da mußten als schon zu deiner Ehr und Sieg bestimmte Sturm-Feind auftretten, erstlich die wiederhollte Raubsuchten deiner schönen Schirm-Vögten, auch anderer Gönner der Klösterlichen Herrlichkeit, jener nemlich, welchen nichts weniger einzuleuchten pflegte, als daß die zum Dienst deß Allerhöchsten gewiedmete von dieser zeitlichen Wohlfahrt, und Welt-Burgerlichen Gerechtsame auch einen Theil zu nutzen befugt wären; Es mußten auftretten jene, welche einen ansehnlichen Theil ihrer Bravours bey jenen zaumlosen Zeiten darauß machten, wenn sie dem Pfaffen-Werck ein Ohr abtreben, oder gar den Hals brechen konten; allwo es denn mit Ottobeyren so weit gekommen, daß die Königlich angeschaffte Renten nicht so vielen Brüderen mehr erklecketn, als nur zu Abhaltung eines gemeinen GOttes-Dienst vonnöthen waren.

Dem von der Raub-Sucht und Mißgunst angestiffte Elend halffen noch mit erbärmlichen Vorschub, die widerhollte, und unter Zwey nicht lang auf ein ander folgenden Prälaten erlittene Feuers-Brunsten, welche die gäntzliche Verherung deß GOtts-Hauß samt dessen heiligen und kostbaren Geräth nach sich gezogen; wodurch denn jeder Boßheit offner Weeg gebahnet ware, dem ohnhin schon betrübten Zustand noch mehr betrübtes beyzufügen, und dem wehrlosen und unmächtigen Stifft auf allen Seiten und Enden bey zukommen.

O! was solte dorten ein unbefangen- und recht liebendes Aug in Ansehung solcher Verstaltung für eine Schilderung abfassen? was für ein hilffreiches Mittel an Hand geben, wo die zeitliche Unterhaltung unter dem Raub verschwunden, die hinlängliche Wohnung zerstöhret, der Dienst und Lob GOttes erstummet, das himmlische Leben der Betrachtung, und innerlichen Beschauung in das Elend verwiesen ware? denn die Mit-Brüder selbsten mußten auf gutwillige Unterhaltung in frembbe Ort zerstreuet werden. Altes Jerusalem, du Stadt der vollkommnen Zierd! da hattest du einen Abriß deiner einstweiligen Verstaltung.

Von dem in nachkünfftigen Zeiten jämmerlichen Religions-Krieg und allgemeiner Reichs-Glieder Spaltung, welche ein fast allgemeines Übel ware, will ich gar nichts erwehnen: obwohlen es Ottobeyren auf die vorige Wunden gleichsam die tödliche gewesen; sondern übergehe nun mit mehrerer Gemüths Lebhafftigkeit zu denen herrlichen Vorsichten deß Himmels, und den unüberwindlichen Geist der betrangten Ottobeyrischen Groß-Männer.

Siehe denn Hochansehnliches Reichs-Stifft! ob du den Schluß nit machen sollest, daß all dein Schicksaal mittleren Zeiten nur darum vom Himmel verfüget worden, damit dein endlicher Umsturz zwar anschiene, durch höheren Glanz aber grosser Fürsten, so dich mächtig Hand hielten, leicht wiederum abgewendet wurde? Es hat dir ja der Himmel geholffen, und zwar geholffen durch lauter Fürsten; weil du biß daher mit dem Fürsten und Helden-Geist gegen solches richtig erworben hast. Denn ob du schon vieles zu leyden gehabt, so kontest doch nit lang die Vergewaltigung deiner Ruhe-Stöhrer und Raub-Feind empfinden; zumahlen alsobald durch zwey Hochwürdigst und großmögende Fürsten von Reichenau und St. Gallen, als Päbstliche Abgesandten, mächtig zu deiner Rettung geschritten, und nach der Sachen Erkanntniß wieder diese Hornausen deß Geistlichen Hönigs durch einen Hochwürdigst- und Hochmögenden Fürsten von Kempten die würckliche Vollziehung der Päbstlichen Willens-Meinung, und deiner Sicherstellung vorgenommen worden.

Kanst du noch seufftzen über die auffressende Feuers-Verwüstungen, welche dir mit deinem Hauß-Vermögen (so du zwar deinem Geist nach wenig achtetest) aber auch die Unterhaltung wahrer und grosser Diener GOttes hinweg nahme, und jenen Benedictinischen Liebs-Character der Gab-Gebung zu einer oben Brand-Statt gemacht, kanst oder sollest du diese noch bedauren? Nein, du hast nit Ursach; massen eben dorten dir also gleich drey Hochwürdigst-Gnädigste Augspurgische Fürsten und Bischöff entgegen gekommen, so in mildester Bedaurung deines Leyd-Weesens dir mit vollen Händen nach Hochfürstlicher Maaß und Gewicht ewig außgebende Zehenden in deinen Hauß-Kasten wiederum eingelegt haben: denn Eberhardus Bischoff gabe dir jenen in Ottobeyren, Petrus und Joannes aber andere zwey Hochwürdigste Fürsten und Bischöff begnadigten dich mit dem Zehenden von Günz und Ungerhausen.

Von diesen Unfällen an gienge erst der rechte Fürsten-Weeg Ottobeyren zu, und durch diese Fürsten neue Fürstliche Gnaden und Unterstützung. Denn für was solte Maximilian der Römische Kaiser biß in Frechenrieden, ja gar biß Ottobeyren, dir nachgezogen seyn? (f) in einer anderen Absicht, als dich wie die Sonne deß Reichs und der Gnaden vollkommen zu überstrahlen?

Warum mußte der Hochwürdigst und vorleuchtende Cardinal und Bischoff Otto Truchseß bey deiner neu hergestellten Kirchen-Einweyhung in eigner Person erscheinen? (g)

Warum wollte Er Caspar deinen dortmahligen Hochwürdigen Abbten zu seinen Weyh-Bischoff haben? (i)

Warum gaben dir ein Hochwürdigster Bischoff und Capitl von Augspurg in deine eigene Händ das bißhero bey dem Hoh-Stifft harrende Vogt-Recht? gebe mir antwort, oder lasse es bey dem vorigen Gunst deß Himmels bewenden,

---

(f) Chronic. fol. 55. (g) Chronic. fol. 62. (h) Ibidem fol. 63.

ben, welcher gleichwie er dich von Anfang durch grosse König und Fürsten gebauet, weiters auch durch solche erhalten wolte: & consurgent Principes.

Wem aber haft du dieses nach dem Himmel zuzuschreiben? Sind dieses nicht die fortdaurende Früchten deines gegen Himmel gepflogenen Fürsten-Geists, Spiritus Principalis, welcher auch in all diesen vorgetragenen Unzeiten dir eigen geblieben?

So gemein und allbewußt es ist von dem alten Gedult-Fürsten Job, daß er unter anderen Vollmächten deß Unheyls auch die rasende Feuers-Wuth gezählet, und nach Erkanntniß abgebrandter Wohn-Städten vor aller übriger Erwegung, sorg, und bedaur, nur das Lob GOttes: Der Namen deß HErrn seye gebenedeyt, im Sinn und Mund geführt habe: so gewiß und unlaugbar ist, daß dergleichen Tugends-Höhe nicht mit Job in das Grab versencket, sonderen nur in Ottobeyren seye hinterlegt worden: denn durchgehen wir die Ottobeyrische Brand-Jahr: so lesen wir von dem Hochseeligen Ottobeyrischen Abbten Conrad, was wir an Job bewunderen, nemlich: daß nach zweymahl abgebrandten, und kaum zur Nothdurfft wiederum aufgebauten Kloster, dieses Abbten erst angelegneste Sorg gewesen, nicht die von der Noth gemachte Schulden zu tilgen, oder anderwertig obwaltenden Wiederwärtigkeiten zu steuren: nicht die abgärgige Irrthniß herzuschaffen, oder ein ergibig Unterhaltung deren seinigen einzurichten; sondern sein erster Sinn und Bewürckung ware das Lob GOttes, der Hohe-Dienst deß Allerhöchsten: unter Entblößung und allseitigen Mängel schwange sich der Geist hin wie her in die Höhe zu GOtt, und die großmüthige Unvermögenheit glaubte gar nichts verlohren zu haben, wenn nur der höchste GOtt wiederum geehret und gepriesen wurde. Billich ziehen die Jahrs-Geschichten an, dieser Abbt seye für Heilig gehalten worden: denn hätte er sonst keine Tugend im höchsten Grad gehabt, so wäre Ihm doch so wohl als einem gedults Fürsten Job, Spiritus Principalis, eine Helden-Gedult zuzuschreiben. Mit gleicher Unbeweglichkeit stäuben in allen Stürmen der Mühe und Unseeligkeiten die übrige Vorsteher samt ihren Geist-Söhnen: denn je mehr sie an dem Zeitlichen entblößt waren, desto mehr haben sie sich in dem Geist eingerichtet, daß also zu genügsamen Wunder (so in der gleichen Schicksaalen mit dem Geist- und Kloster-Zucht selten zugesehen pflegt) weder von dem strengen Chor-Gesang, weder von möglichster Gast-Freyheit, viel weniger von hinlänglicher Pflegung der angehörigen Seel-Sorg etwas hätte ermanglen sollen. So tief sahen alles übriges ein deine dortmalige Geist-Brüder, und so hoch ware ihr Geist darüber erhoben, Spiritus Principalis.

Dritter Theil.

Et adorabunt propter Dominum, qui elegit te.

Und die Fürsten werden dich ehren wegen dem HErrn, der dich außerwählt.

Also stehet daß durch tausend Jahr so mächtig beruffne Ottobeyren annoch? ja es stehet, und stehet das viertemahl, und stehet eben darum anjetzo noch so viel Königlich und Fürstlicher, je mehr sich durch so viele Zeit-läufft Königlich- und Fürstliche Händ daran gelegt haben. Denn in Verfolg

abgehandleter der Sachen Umwechslung, finde ich, daß einmahl Kaiser und
König, zweymahl König und Fürsten dich empor gebracht, Fürstliches Denckmahl! wer hat aber daß viertemahl gebauet? daß viertemahl bauete niemand
anderer als dein eigener einheimischer Fürsten-Geist, Spiritus Principalis.

  Erlaube es mir, Hochansehnliches Stifft! was ich gedencke zu sagen:
der großmüthige Geist deiner Hochwürdigen letzteren Regenten und Reichs
Prälaten konte es sich in letzteren Zeiten ohnmöglich anderst beykommen lassen,
als, dieweil die großthätige Vorsicht deß Allmächtigen durch so viele Jahrhundert, durch so viele fast unüberwindliche Verwirrungen und Anstöß, mit so un-
unterbrochner Groß-maaß seiner unermessnen Freygebigkeit allzeit durch grosse
Fürstliche Macht und Huld dich erhalten und Hand gehabt: daß sie zum ewig
schuldigen Denckmahl ihrem Wohnsitz bey Annahung deß tausenden Jahrs ein
Königliches Ansehen geben solten, damit ein jeder, der von deinen tausend
Jahr zuruck auch nichts weißt, iedannoch unwissend deinem GOttes-Hauß
gleichsam von weitem schon ein Königliches Wesen ansehe.

  Es ist jener Salomonische Gedancken: dem ich bauen will, ist ein grosser
HErr; (k) also muß sein Hauß auch groß seyn. Dieser grosse HErr hat uns
allbereit durch tausend Jahr Königlich erhalten; so wollen wir ihm auch ein Königliches Hauß zurichten: grosse König und Fürsten haben dieses durch tausend Jahr huldreichest bewürcket; so wollen wir diesen Gottseeligen Großthä-
teren an unseren Mauren gleichsam ein ewiges Gedächtniß anschreiben, und sie
auch Fürstlich einrichten, damit, wenn auf allen Fall (wie denn der Himmel uns
von grossen Fürsten ja nit lassen wird) Printzen und Fürsten unsere Dächer begnadigen wolten, Sie darunter nach schuldigen Ehren Fürstlich konten bewür-
thet werden: jener Gedancken, sage ich, ist der Gedancken der letzteren Infulierten Werck-Meisteren deß jetzigen Ottobeyrens gewesen, welchen die Sinn
eines jetzig Hochwürdig und Gnadigen Reichs Prälaten nicht nur genehm hielten; sondern gäntzlich crönten und außführten. Denn jene haben Fürstlich zu-
gericht: Hoch-dieser bettete Durchlauchtigste Printzen und höchste Fürsten zu
sich: die Durchläuchtigste und höchste Fürsten sagen gnädigst zu, alles stimmet über eins: der Himmel verordnet es schon von tausend Jahr her; solte er
bey der Cron deß Wercks nachlassen? Nein: die Gedancken der regierenden
Hauß-HErrn fallen auf einen Puret: Durchläuchtigst- und Gnädigste Fürsten
würdigen sich ohne Anstand, dich Ottobeyren, oder viel mehr deinen tausend
Jahr König in dir zu ehren, und anzubetten. Et adorabunt propter Dominum.
Denn durch Fürstliche Händ wurden deine Kirch-Maueren geheiliget, durch
Fürstliche Händ wurde der GOtt der Urzeiten lebendig aufgewandlet, und
durch Fürstliche huldreichste Gegenwart wurdest du Ottobeyren, höchstens
geehret. Adorabunt propter Dominum. Kurtz: der Himmel fienge an dich
in Fürsten Händ zunemmen: und du begegnetest Ihme mit grossen Helden- und
Fürsten-Geist: es kamen dir wiederum Fürstliche ehren entgegen, und von
Seiten deiner wiederum der angewohnte Fürsten-Geist. Wegen deinem Fürsten-Geist empfiengest du Fürstliche Ehren. Adorabunt propter Dominum
qui elegit te. Wäre also nichts mehr übrig als der

Beschluß.

(k) Paralip. II. cap. 2.

Beschluß.

Das seye aber fern von mir, daß ich bey der gleichen Zeit- und Dancksungs-Jubel von einem Beschluß gedencke: nur daß seye mir gnädigst erlaubt, daß ich als der geringste Beywohner meine schuldige Wünsch und theilnemmende Sehnung eröffnen därffe. Was unter meinen ersten, das soll auch seyn unter meinen letzten Worten: Regi seculorum immortali gloria. Dem allmächtig und gütigsten König, HErr und Meister der Zeit-Läufften seye ewiges Lob, Ehr und Danck, umb dein Glück, und Freud, Hochgeseegneter Fürsten Platz, Ottobeyren! GOtt seye Lob und Danck um die grosse Ehr deß heiligen Ordens, um den Trost so vieler, welche die gut wollen, oder sollen. Zu dessen allerhöchsten schuldigsten Anbethung zwecke endlich alles, was von Anbeginn der tausend Jahren durch Kaiser, König und Fürsten geschehen, und noch geschiehet. Du aber O HErr der Zeitlich und Ewigkeit! Ne avertas a facie tua omnem laborem, qui invenit Reges & principes nostros. Erlaube mir mit deinem grossen Tempel und Stadt Eiferer Esdras zu bethen: du wollest niemahl dein allergnädigstes Angesicht abwenden von denen so vielen höchst-milden Verwendungen unserer Kaiser, König, Printzen, und Fürsten, die an deinem außerwöhlten Ottobeyren von tausend Jahr her als deine bestellte Großmächtige, Durchläuchtigste, gnädigste Händ und Armb gearbeitet, sondern gieb denen hingeschiedenen wegen diesem Haupt-Stuck deiner Groß-Gnad noch ein besonderes Kleinod der ewigen Glory in Ihre schon tragende Himmels-Cron: denen lebenden aber besonders den in höchster Gegenwart anwesenden Königlich-Durchläuchtigst Gnädigsten, und Hochgnädigen Fürsten und HErrn ertheile die erwünscht höchste so wohl zeitlich als ewige Wohlfahrt und Heyl.

Nun sind noch tausend Wünsch übrig, die ich aber alle borthin abfasse, so mich die Brüder Wort der Rebecca hinweisen: nemlich an dich Hochwürdig und tausend-jähriges Ottobeyren! Soror nostra es, crescas in mille Millia. Du tausend-jähriges Ottobeyren, bist unsere Ordens Schwester, grüne, blühe, bleibe und wachse in tausendmahl Tausend hinein, Amen.

Kaum hatte dieser erfahrne Lob-Redner den Predigt-Stuhl verlassen: als sich Ihro Hochwürden, und Gnaden, der Hochwürdige, Wohlgebohrne HErr JOSEPHUS MARIA, Abbt deß Löblichen Freyen Reichs-Stiffts, und GOtts-Hauses St. St Ulrich, und Afra in deß Heil. Röm. Reichs Stadt Augsburg, Ihro Röm. Kaiserl. Majest. Rath, und Erb-Caplan ꝛc. dem geheiligten Opfer-Tische näherten, und mit grösster Erbauung das Hoh-Amt absungen.

Noch diesen Vormittag langten Se. Hochwürden, und Gnaden der HErr Reichs Prälat von Roth an. Wir hatten nämlich jene in diesem Jahrhundert von diesem Reichs-Stifft erhaltene Hilffe noch nit in schwartze Vergessenheits Aschen eingegraben, sondern glaubten, wir befolgeten die Gesetze der billichen Danckbarkeit, wenn wir dessen würdigstes Ober-Haupt zu Theilnehmung an unserer Freude einladeten.

Nachmittag wurde unser kleine Opera aufgeführet, worüber die hohe Gäste abermahlen ein gnädiges Belieben bezeugten. Gleich darauf hatten wir das besondere Vergnügen, Se. Hochwürden, und Gnaden den HErrn Reichs Prä-

von

laten von Irsee in unseren Mauern zu sehen. Daß engeste Band der Freundschafft, welches fast mit der Stifftung dieses Reichs GOttes-Hauses angefangen, durch die im Jahr 1345. errichtete Bündniß befestiget, und biß auf unsere Zeiten ununterbrochen fortgesetzet worden, verpflichtete uns, daß wir durch ein Einladungs-Schreiben diesen uns so benachbarten würdigsten Abbten, die Feyerlichkeit unserer neu-eingewoyhten, und tausend-jährigen Kirche mit eigener schätzbarsten Gegenwart zu beehren, geziemend ersucheten.

Sechster Tag.

Denen auch auß den entfernten Oertern, besonders auß den Pfarreyen Beningen, Günz, Frechenrieden anhero wallenden Pilgern erklärte anheut das Wort GOttes mit ungemeinem Eifer der Hochwürdige, und Hochgelehrte HErr BASILIUS ADAMUS Hummel, beeder Rechten Licentiat, Sr. Hochfürstl. Gnaden in Kempten würcklich Geistlicher Rath, deß Ehrwürdig Ottobeyrischen Land-Capitels Deputat, und Pfarrer in dem Marcktflecken Dietmansried; wie denn nachstehende Rede ein überzeugende Prob ist.

Vorspruch.

Benedicti erunt, qui ædificaverint te.
Die dich aufbauen, werden geseegnet seyn. Tob. 13. v. 16.

Eingang.

In freudiger Gegenwurf, eine wohlgeschmacke Herz- und Augen-Weid ist es; wenn man die Vorbildungen deß Alterthums, die Weissagungen der Propheten, und Denckmahl der Alt-Vättern in unserm aufzeheurtertem Gnaden-Gesetz wie in das Helle übersetzet, so als gegenwärtig sehen kan. Sie mögen auß vorsichtigem Geist reden von dem verhrissenen Messia, und dessen Gnaden-Gesetz, oder von seinem irrdischen Wohn- und Lust-Hauß; so ist von ihnen nichts, als ein hell-lautes Freud- und Jubel-Gesang zu erwarten. An jenem Tag, singet vor ein Evangelischer Isaias, wird man singen, und Lob-Gesänger hören: Du Stadt der Stärcke, schönes Sion! der Heyland wird in dir zu einer Mauer, und Vor-Mauer gesetzt werden. (a) Agite dies lætitiæ, stimmet Tobias ein: Freuden-Tag stellet an! (b) erinnert euch jenes überhäuffigen Seegens, mit welchem euch der Höchste bereichert, und saget dem HErrn Danck. Ein nicht wiederrufliche Verheissung solle euch mit sicherem Trost erquicken: Die dich aufbauen, werden geseegnet seyn. (c) Diesen frohen Freud und Jubel Chor besetzet vollständig eine lieblich klingende Harpfen Davids: Frolocket GOtt unserm Heiligen, nemmet das Lob-Gesang und gebet die Trummen her: blaset die Posaunen am herrlichen Tag, eueres Festes. (d) Jubilate! jubilieret, jauchzet, frolocket! Dieses ist nun das wohlmeinende

Freu-

(a) Isaiz 26. v. 1. (b) Tob. 13. v. 10. (c) Ibid. v. 16. (d) Psal. 80. v. 2. & seq.

Freuden-Geschrey der lieben Alten. Es mag aber selbes noch so hoch gestimmet seyn; so berühren sie doch jenes nur mit der Lefftzen, was wir bey unsern neu-angeschienenen Gnaden-Tägen nach aller und wahrer Völle geniessen können.

Glantze nur das graue Alterthum mit seinen in dem Neu-Mond geblasenen Posaunen; so ist doch dieser Glantz nicht mehrer, als ein sinnreicher Vorschatten jenes Gnaden-Lichts, welches uns mit dem heutigen Neu-Mond in die Augen scheinet. Sehet um AA. schauet den Ort unseres würcklichen Auffenthalts, nemmet zu Gemüth den Zeit-Punct, so uns flieffet; allem nach, wird euch beyfallen, müssen grosse Freuden-Täg vorhanden, allem nach ein hoches Jubel-Fest angebrochen seyn, weil nur diese, und kein andere Zeit so herrlich gefeyret zu werden verdienet. Und wahrhafftig jetzt ist der Tag; hier in dem Hochlöblich-Welt-berühmt-Frey-Reichs-Exempten Gottes-Hauß Ottobeyren ist der Ort, wo man freudigst anstimmen und singen kan: Urbs fortitudinis! ein Stadt der Stärcke, schönes Sion! O Heyland! da bist du mit vollem Seegen in der Wahrheit anzubethen. Ein Mauer ist gesetzt worden vor zehen Jahrhundert; ein Umfang, ein Ordens-Hauß, ein Kloster ist angelegt, und mit erforderlichen Vermächtnissen gegründet worden von Sylacho jenem wie dem Geblüt, so auch gesamten Christlichen Tugenden nach Hoch-Adelichen Grafen von Tarento. Der kleine Fluß Güntz bothe sein Gestad zum Grund deß milden Werckes an: da fasste Wurtzlen, und stiege auf jenes gesegnete Ottobeyren, wo in dem, von seinem Ursprung an gezählten, nunmehro würcklich zuruck gelegten zehenden Jahrhundert aufgebauet, und in unmangelhaffte Volkommenheit gebracht worden Antemurale ein Vor-Schutz, und Schirm Mauer, dieser grosse, prächtigste, von allen vier Theilen der Welt sehens-würdigste Tempel deß HErrn, welcher in diesen Tägen dem allerhöchsten Drey-einigen GOtt von zweyen höchsten Priestern, und Kirchen Häupteren, Ihro Durchläucht dem Hochwürdigsten Bischoffen zu Augspurg unserm Gnädigsten Ordinario; denn von Ihro Königlichen Hochheit dem Hochwürdigsten Bischoffen zu Regenspurg und Freising unseres Bistums Gnädigsten Coadjutore, hochfeuerlichist dediciret, consecriret, und eingeweyhet worden.

Jubilate! frolocket denn, und trettet zusamen mit eiferender Macht ihr Sing-Stimmen! ihr musicalische Instrumenten bietet zu Vollziehung euerer Pflicht allen Krafften auf! ihr Trompeten und Paucken erschallet! und du, O wunder Orgel! lasse ab zumahl all deine Pfeiffen, damit dein erlehrnetes Knallen in Stuck, und Canonen einen nie bemerckten Vorzugs-Streit erwecken möge. Freud und Trost solle der Gegenstand eines euch, und gantz Ottobeyren gemeinschäfftlichen frolockens seyn. Ein theure Verheissung GOttes, wie sie alle ermuntern solle, so machet sie mir auch Muth zu sagen: Die dich aufgebauet, werden geseegnet seyn. Dieses zu erweisen, ist die Absicht meiner ungeschliffenen Ehren-Rede. Ich lege, ohne weiter umzuschweiffen, Hand an das Werck; und setze den

Vortrag und Abtheiler.

Tausend, und tausendmal Seegen-volles Ottobeyren. Tausendmal, ich will sagen, tausend Jahr warest du Seegen voll in deiner Erhaltung: dieß redet das verflossene. Tausendmal, ich meine, noch tausend Jahr, und in alle Zeiten bist du aller Seegens-völle würdig: dieß verheisset dir das

Gegenwärtige, und deutet auf das Zukünfftige. So erfreulich das erste; so tröstlich wird seyn das andere.

O! wenn dieß ein honigfliessende Feder Bernardi verfasset hätte! wenn es vortragete ein goldene Wohlredenheit Chrysologi! ein feuriges Hertz Augustini! ein unsterbliche Zunge Antonij von Padua! Aber mir in allen diesen Gaaben und eigenschafften armen verleyhe, O Vatter der Lichter! O behertzscher der Zungen und Hertzen, Göttlicher heiliger Geist! deine unentbährliche Gnad: Sie aber AA. das ihnen verdienstlich-gedultige Gehör, so fange ich an, führe es fort, und endige es in den allerheiligst-Gnad und Seegen-vollen Nahmen JEsu, und Maria.

Erster Theil.

Wann auch die gantze Welt, ein wütende Wasser-Flut, Wind und Wellen zusammen geschworen, Berg und Hügel in die Ebene zu stürtzen; die Ebene zu Berg aufzuwerffen; so muß sich doch dieser Wasser-Last in die Erde versenken, und gäntzlich verlieren: das glückseelige Archen-Gebäu ruhet hingegen auf den engen hmen Armenischen Bergen. (e) Auß dem tyrannischen Egypten-Joch ziehen sich die Kinder Israel, und folgen ihrem Vorgänger Moysis: das grosse Meer muß ihnen zu zwey besten Wasser-Wänd dienen, sicher und trocken durch zu kommen: die verfolgende Feind entgegen finden da ihren Tod und Grab-Statt, wo jene ihr Leben gerettet haben. (f) Die starcke, allmögend-und Seegen-volle Hand GOttes leitet und erhaltet das ihrige: mache und gebe sich die schwache, übelgesinnte Welt nur kein Mühe das von GOtt außgesehene, ihm gefällige zu stöhren, oder zu hindern. Ein Spinnen-Geweb fangt sie an, wobey sie sich selbsten verzehret, und verlehret. Vor tausend Jahren waren Abgötterey und Irrthumen noch zimmlich empor. Das wahre Christenthum ware verhaßt, und ein Greuel; der heilige Ordens-Stand ein Aergerniß und Abentheuer: doch müßte der kleine Fluß Günz eine grosse Ordens-Archen anhero nacher Ottobeyren leiten; damit da von der reinesten Taube der Vorsicht GOttes ein grünes, von dem grossen in die gantze Welt sich außbreitenden Ordens-Baum Benedicti abgenohmenes Zweig eingepflantzet, und zu solchem Wachsthum gebracht werden möchte, wodurch dem Orden nichts denn Früchten der Ehr, der heiligen Kirche deß unübersehlichen Nutzens behändiget werden sollten. Dieß Zweig machte gleich solche Sprossen, daß sich nach kurtzem Zeit-Lauf eine gantze Unzahl der Seelen, um der Gefahr deß Welt-Meers so, wie der Beschwernuß deß höllischen Jochs zu entrinnen, unter seinen Schatten flüchten konte. Die erste Vorsteher so wohl, als erste Ordens-Glieder waren zu Vollkommenmachung dieses Gottgefälligen Wercks desto behändere Werck-Meister; weil jene den Geist Moysis, diese den blinden Gehorsam der Israeliten hatten. Beyde, im Ruhm der Heiligkeit stehende Infulierte Obern so wohl, als Gottsförchtige Ordens-Männer und Religiosen zogen mit vereinigter Macht häuffigen Seegen an sich, und stellten in tausend Jahren unser tausendmahl gesegnetes Ottobeyren her. Lasset uns diese von jenen in etwas absöndern, damit wir die eingetrettene Seegens-Reyhe desto leichter entscheiden können.

Totto

(e) Gen. 7. (f) Exod. 14.

Totto ein Sohn deß grossen Stiffters und erste Vorsteher wird von frembden Geschicht-Schreibern so wohl, als einheimisch ältesten Jahrs-Büchern mit dem Namen eines Heiligen beehret. Milo, die seelige Neodegarius, und Widgarius, und der H. Udalricus leuchteten nach dem Tod mit Wunder: in dem Leben aber schiene ihr Tugend, und GOttes-Forcht dergestalten in die Augen aller Menschen, daß auch die Gemüther grosser Häupter, Kaiser, König, Fürsten und Bischöffen zur Mildhertzigkeit erweichet, und gantze Ström der Privilegien, der Exemption, deß Schutz- und Beystands nacher Ottobeyren abfliessen liessen. Die Stifftungen wuchsen an, da viele von hohem Adel sich und daß ihrige dem Orden einverleibten. Sie zogen den Habit ah, und suchten unter jenen zu wohnen, welche alle als ein gegen Himmel eröffnete Perl-Muschel den fruchtbaren Thau an sich zogen. Nemlich, die Augen deß HErrn sind auf die Gerechte gerichtet, und seine Ohren auf ihr Gebeth. (g)

In weiter fürbaurenden Jahrhunderten verdienet angerühmet zu werden ein für Ottobeyren sehr besorgter Schutz- und Schirm Herr Rheinhardus, als welcher seinen Kummer und Bearbeitung für dessen Wohl nicht ehender, als mit dem Leben ablegte. Der Inful, welche der Tod dem Abbt Henrico abgenommen, einen angemessenen Vorsteher außzusehen, gienge Rheinhardus mit seinem Sohn Ruperto zu Rath, welcher in ein Versprechen außfiel: Rupertus sollte in das im Schwartzwald gelegene Kloster S. Georgij eilen, um dorten Rupertum, einen ehrwürdigen Jünger deß heiligen Abbten Theogeri, nunmehro achtzig-jährigen Priorem daselbst zur Ottobeyrischen Inful anzuwerben. Beydes geschahe: die Reiß war angetretten: der betagte Rupertus auch wurde nach eigner Bewilligung einhellig als Abbt anerkennt, und mit damahl gewöhnlichen Ceremonien eingeweyhet. Der Tugend-volle Ordens-Geist dieses frommen Alten hatte unter den abgematteten Gliedmassen noch keine Schwächung gelitten; gleich dem Berg Vesuvius, welcher, obschon er mit kalten Schnee-Flocken bedecket, dannoch in seinem Inngeweid mit Feuer schwanger gehet. Er hatte sich den Namen, und die Eigenschafft der aufgehenden Sonne erworben, als welcher durch den Schimmer seiner Heiligkeit alle Nebel vorher eingeschlichener Irrungen aufgezogen und vertrieben. Er war mit der Gnad der Wunder begabet, welche sich besonders in Bezwingung der Teuffeln und höllischen Gespenster scheinbar machte. Rupertus war es, dessen Welt-bekannter Tugends-Ruhm die Bestättigung der Exemption, vieler Privilegien und Gnaden-Briefen anhero gezogen: und eben dieser Rupertus war es, unter dessen gesegneter Regierung viele adeliche Ritter und Frey-Herren ihre offene Helm, Schilb und Wappen mit der Benedictinischen Flocken bedecket, in welcher sie den Adel deß Gebluts mit jenem weit höhern der Tugend verherrlichet, und ihre Namen in den Adels-Brief der ewig Außerwählten eingepräget haben. Was Wunder; wenn da das Heyl deß HErrn ware, und sein Seegen sich über sein Volck außgosse? (h)

Gleichwie aber der schönste Himmel öffters mit jählingen Wetter-Wolcken übergezogen wird; so wurde der seelige Abbt Conradus von einem sehr empfindlichen Schauer der Trübsaalen getroffen, dergestalten, daß es das Ansehen gewanne, als wären Haß und Verfolgung, Mißgunst und Neid, Beschädigung

(g) Psal. 33. v. 16.   (h) Psal. 3. v. 8.

und öfftere Feuers-Brunsten in Bündniß getretten, das Hoffnungs-volle Wachsthum deß Gottes-Hauses, wo nicht in leeres Nichts, doch unnütze Aschen zu verkehren. Allein, wie dem Meer von der allmögenden Hand GOttes die Schrancken gesetzet: Huc venies, so weit sollst du kommen, und nicht weiter fortgehen: da sollest deine aufgeblasene Wasser-Wellen zersprengen: (i) so mußten die häuffige Schlossen sothaner Ubeln sich ungesehr in unvermögende Wasser-Tropfen zerschmolzen sehen. Die Seegen volle Hand GOttes wiche auch in jenen Zeiten von Ottobeyren nicht, da es Hoffnungs-volle Männer durch die Mehrheit der Stimmen zur Inful beruffte; die aber der fruhzeitige Tod in der ersten Blüthe abgerissen, und mit solchen der angeschienenen Hoffnung häuffiger Erndte das Licht außgeblasen hat. Unter diesen wurde besonders Udalrico von Knöringen und Eggoni von Ottobeyrischer Nachwelt viele Jahr nachgesehen. Doch, wie das wachende Himmels-Aug Glück, und Unglück mehrmahl auf die äusserste Spitze stellet; so sahe es auch wieder solche Männer zu Vorsteheren auß, welche, wie Ceder auf dem Berg Libano, prangten. Fürstlich- und Königliche Eigenschafften wurden in ihnen wahrgenommen. Joannes Schebler, welcher sich auß dem Gefahr-vollen Schiff deß Welt-Priesterthums auf die veste Brücke deß Orden-Stand hinauf geschwungen, besasse, oder erlehrnte doch gleich solche Regierungs-Fähigkeit, daß ihme durch eine wohlgelungene Wahl der krume Hirten-Staab behändiget wurde. Seine Tugend, Klugheit, und erhabene Gemüths-Gaaben hatten in ihme aller Orten mehr einen Fürst- als Abbte außgeruffen. Damit ich aber in dessen weiterem Lob nicht in etwas eigennutzig scheine; lege ich meine Zunge zur Ruhe, und lasse solches durch die zwey grosse Glocken auß einem hiesiger Thurnen auf alle Zeiten außtönen. Abbt Casparus führte das Ruder der Regierung so weißlich, und vortheilhafft, daß er in einer ihm gehaltenen Leich-Rede als ein Salomon vorgestellet ware: ähnlich diesem König in seiner Weißheit, Glück, Gerechtigkeit, und geführten Gebäuden.

Da auch bey End deß siebend- und Eingang deß achten Jahrhundert ober Ottobeyren sich zerschiedene Unstern blicken liessen, welche das Kloster hin und wieder mit dicken Finsternissen überzogen; so gienge gähling ein purpurfarbe Morgen-Röthe auf, welche zumahl alle dunckele aufheiterte, und nach zu fürbaurend-heller Witterung Hoffnung machte.

JEsus der am Creutz hangende Heyland schiene damahl Benedicto seinem andern Liebling gesagt zu haben: Ecce! Mater tua: stehe deine Mutter! (k) diese will ich deinen Ordens-Söhnen nacher Ottobeyren senden, damit sie dort seye ihre, und aller Christen Hilff und Zuflucht: Auxilium Christianorum. Denn sehet: in einem Ottobeyren nächst angelegenem Wäldlein und schattichten Eldern-Gebüsch findet sich ohne menschliches Zuthun ein wunderschöne, das Göttliche Kind in dem Arm haltende Bildnis Mariæ ein. Widerhollte Ermahnungen und Schlaff-Gesichter zogen gantze Schwarm hilffsuchender Menschen dahin. Gesund- und Krancke gehen und kressen hinzu: alle bitten, keiner wird nicht erhöret. O Eldern, Eldern! O schon 300. Jahr mit vorzüglichisten Wundern prangendes Eldern! du allein warest ja denen Ordens-Gliedern, Unterthanen, und gesamter Nachbarschafft die einzige Zufluchts-Stadt in jenem betrübten Zeit-Lauf der Glaubens-Zerrüttungen, Spaltung,
und

(i) Job. 38. v. 11. (k) Joan. 19. v. 27.

und erbärmlicher Abfällen, so Teutschland erschüttert, und gräußlich verstaltet hat? was harte Nuffen Ottobeyren damal aufgebüssen, lasst sich leichter zu Gemüth, als zu Papier nemmen. Nur Wunder- und fragens würdig ist, wie sich hierortige Hirten samt ihren untergebenen Schafen gegen so gefrässige Wölf verhalten haben? Großmüthig, und standhafft: gleich jenen beherzten drey Männern in dem Babylonischen Feuer-Ofen.

Nabuchodonosor jener von Hochmuth, denn Eigensinn und Hartnäckigkeit dessen Folgen beherschte König raubte dem HErrn, und zoge sich selbsten Göttliche Ehren zu. Den alleinigen GOtt samt seinem Gesetz und Glauben machte er verdächtlich: nach seinem Gutgedunken sollte er behandelt und mißhandelt werden. Denen, so sich entgegen setzten, oder nicht nach seiner übelgestimmten Leyer tantzten, sagte sein von trüben Wetter-Wolcken überzogenes Angesicht wenig Gutes vor. Die Augen blitzten, der Mund donnerte; endlich schluge es schnell in einen ungeheuren, von grausamen Brenn-Gezeig angefüllten Ofen ein. Bey dessen förchterlichen Anblick sollten die Bekenner das wahre Gesetz außdämpfen, oder zu Aschen verwandelt werden. Weil das erste nicht folgte, wurde zum andeeen geschritten. Sie brinnen; aber nur ein innerlicher Liebs-Brand ware es, welcher statt deß Praßlens, jenes einstimmige Benedicite &c. **Lobet den HErrn alle Werck deß HErrn: alles preise ihn, und überhöhe ihn in alle Ewigkeit:** (1) erschallen machte: dusserlich ist kein Härlein an dem Kopf, wer will weniger sagen? vermisset worde. Eben so verhielten sich die Benedictinische Ordens-Männer. Brenne es da, und Praßle es dort; raube und stehle, trohe und peinige, binde und feßle man: sie weichen nicht einen Nagel groß von dem Glauben und ihrer heiligen Regul ab. So gar jene derbe ihren ungewohnten Lefftzen aufgesetzte Fäust möchten nicht hinderen, daß nicht das frohe Benedicite, und Lob-Gesang GOttes mit lebhaffter Sing-Stimm durchtringen, und einen reitzenden Wiederhall erwercken konte: wobey Nabuchodonosor sich ungesehr in einem wilden Ochsen verstellet, und zu unbelicktiger Vieh-Weid angewiesen sich sehen muß. Ein frembd- und nie wahrgenommenes Schicksaal ist es zwar, daß ein Mensch in eine wilde Bestie verwandelt werde: doch ist dieß kein neues Werck der Göttlichen Gerechtigkeit, wenn solche ihr Straff-Schwerd so, wie sie kan, schärffen will.

Wer GOtt verlasset, ist dessen unwürdiges Ebenbild schon fertig, daß auch er seinen mehr Viehisch- als menschlichen Anmuthungen überlassen werde: **Mein Volck hat mein Stimm nicht gehöret; so hab ich sie von mir gelassen nach den Lüsten ihres Hertzens: sie gehen daher nach ihren sünden.** (m) Dieses gleich bahnet den Weeg zu schlimmsten Folgen. Der innere Mensch wird dem dusseren untersochet: der Leib stehet auf dem Altar, wird besorgt, geehrt, lebt und schwimmt in allem Uberfluß; die Seel liegt am Schemmel der Füssen in Verachtung, schmachtet vor Hunger, weil sie an der Nothwendigkeit geistlicher Nahrung Mangel leydet. Und da sie, eine schöne Sonne! sich unter beständiger Finsterniß verhüllet, ohne einen eintzigen würckenden Strahl von sich zu geben; liegt sie stäts fort tödlich Kranck biß dahin, wo sie sich endlich in den ewigen Untergang neigen muß. Was ich rede, stellet die üble Folgerungen jener Freyheit vor, welche von jetzig finsterer Welt genennet wird die wahre Freyheit deß Evangelii, die Freyheit deß Gewissens,

---

(1) Dan. 3. v. 57. (m) Psal. 80. v. 12.

die evangelische Freyheit. Aber O Himmel! mache doch alle dieser eingebildeten Freyheit loß, welcher von der ewigen Wahrheit die Fesseln einer unglückseeligen Sclaverey unter dem Fürsten der Finsterniß schon angemessen, geschmidet, und angeschlagen sind. Dorten ruffen schon diese elende Gefangene in trockener Reu den Wanderern auf Erden unaufhörlich zu, und schreyen ihren unverbesserlichen Fehler auß: Wir Unwitzig- und Thorrechte hielten ihr Leben für eine Unsinnigkeit, und ihr End ohne Ehr: wir haben sie verlacht, und mit schimpflichen Reden verhönet. (n) O was grosse Reihe deren sehen wir, die wir als Narren außgepfiffen, da doch ihnen anjetzo Heyl wiederfahret; und wer sind sie? jene sind sie, so die Welt verlassen, Vatter und Mutter beurlaubet: jene sind sie, die nach ihrem Erbtheil, Gut, und Hauß-Würthschafft keinen Schritt mehr zuruck gegangen; die Hand an den geistlichen Pflueg gesetzt, und nicht mehr zuruck gesehen; so gar den todten Vatter in dem Hauß nicht mehr zu begraben verlangt haben: jene sind es, die mit Paulo ihren Leib gezüchtiget, in die Dienstbarkeit gebracht, und durch freywillige Buß-Werck an das Creutz geschlagen: jene sind es, welche, GOtt und mit ihme das Heyl ihrer Seel zu gewinnen, sich einer langsam-, und trockenen Marter durch Enthaltung von allem, was Fleischlich und Wollüstig, aufopffern. Ecce! sihe! in diesen ist die wahre Freyheit deß Geists; diesen ist die wahre Ruhe der Seel und deß Gewissens eigen. Ecce! sihe! wie sind diese unter die Kinder GOttes gerechnet, und haben ihren Theil unter den Heiligen. (o)

O Zahl! wer will dich in Zifferen setzen? O gantze Unzahl deren, die in tausend Jahren in Ottobeyrischen Ring-Mauren nach dieser Evangelischen Richtschnur gelebt, gestorben, als wahre Diener sich würcklich einfinden, wo der HErr ist! Heyl und Seegen waren und bliben Ottobeyrens Eigenthum. Und gleichwie der Seegen deß HErrn allein wahr- und dauerhafft auch in diesem Leben reich machet; (p) so fiengen in nächst verstrichenen Jahrhunderten jene Täge an, wo in hierortigen Himmels-Gestirn kein Abänderung der Planeten, noch Glückes-Wechsel zu bemercken ware.

Der Seegen der Alten schiene hiesigen Gotts-Hauß Vättern eigentlich angemessen zu seyn. Abbt Petrus kunte bey häuffigen Außgaben, und bald verschwenderischer Freygebigkeit die Göttliche Seegens-Hand mit Händen greiffen; da er seine, und der Seinigen Güter ungemerckt vermehret fande. Bendixit ei: GOtt seegnete ihn, als einen Abraham, (q) welcher je mehr er verliesse, desto mehr erhielte; und um so grössere Gast-Freygebigkeit er übte, desto erträglichere Haußhaltung führte. Benedixit ei Dominus: GOtt seegnete einen Abbt Benedictum als einen Jacob, da er ihme jenes häuffig zulegte, an welchem die Ordens-Söhne zuvor öfftern Mangel erlitten, und mit Jacob mehrmal nicht mehr vermöchten, als einen Stecken in der Hand: Transivi baculo meo Jordanem. (r) Benedixit ei: GOtt seegnete einen Abbt Gordianum, als einen Joseph, da er jene alte Schmäch- und Verleumder der Ordens-Glieder gestillet, jene zu Lugen, diese zu höchsten Ehren gestellet hat; und Rupertum, dessen Lob der zukleine Raum dieser Blätter nicht fassen kan, übergosse ein gantzer Seegens-Strom deß Jobs: der HErr aber seegnete Job zum letzten viel mehr als im Anfang. (s)

Diese

(n) Sap. 5. v. 3. & 4. (o) Ibid. v. 5. (p) Prov. 10. v. 22. (q) Gen. 13. v. 19. (r) Gen. 32. v. 10. (s) Job. 42. v. 12.

Diese letztere waren denn allem nach für Ottobeyren jene goldene Zeiten, wo es auf vesten Fuß gesetzet, mit David erfreulich singen dürffte: Der HErr hat mich aufgenommen, und mein Haupt erhöhet. (t) Ja, frolocke und singe nur tausend Jahr geseegnetes Ottobeyren! dieses erheischet deine Seegens-volle Erhaltung, welche in die Gedächtniß zu ruffen deine Täg so nothwendig, als GOtt eine Sieg-prangende Seel, ergötzlich machen muß. Da du aber neuerdings aufgebauet Antemurale ein Schutz- und Schirm Mauer in diesem herrlich, kostbar-glänzenden Tempel, dessen Seegen der Erlöser und Heyland selbsten ist; so höre noch nicht auf, fasse frische Krafften: fasse Trost: Benedicti erunt &c. denn auch die, so diesen herrlichen Tempel hergestellet, werden geseegnet seyn. Und warest du Seegens-voll in dem verflossenen; so glaube mir, daß auch das Gegenwärtige dir alle Seegens-Völle verheisse auf das zukünftige. So unterziehe denn deine Freud mit Trost, und höre, wie tröstlich dir weissage

Der zweyte Theil.

Zwey Gattungen der Güter besitzet GOtt, um welche er unendlich eifert; die Glückseeligkeit, und die Glori. Sein Glückseeligkeit ist ein innerlich-sein Glori ein äusserliches Gut. Zu jener hat er niemand vonnöthen, weil er sie von ihme selbst, und durch ihn selbst besitzet: zu dieser hat er seines Geschöpffs vonnöthen, dieweil die Ehr von aussen kommet, und so wohl von der Hochschätzung, als guten Willen dessen herflüsset, der sie beweiset. Hierauß ist zu schliessen, daß sein Glückseeligkeit nicht zunehmen, weil sie unendlich, und auch nicht abnehmen könne, weil sie unbeweglich ist. Sein Glori entgegen kan ab- und zunehmen, weil sie an die Freyheit der Menschen gebunden ist, die ihn mehr- oder weniger ehren können. Dahero würcket er ausser ihm selbst; nicht zwar seine Macht zu vergrösseren, sondern offenbar zu machen: nicht, seine Herrlichkeit zu vermehren, sondern in anständige Hochschätzung zu bringen: nicht, seiner Weißheit einen neuen Zusatz zu geben, sondern selbe über seine Werck zu ergiessen, damit der Mensch hievon gereitzet werde, und sich durch Ansehung ihrer Schönheit zu der Erkanntniß, und Liebe deß Schöpfers erhebe. Einfolglich stehet in deß Menschen Gewalt, die Ehre GOttes um so mehr zu erweiteren, als höhere Schätzung er hievon fasset, und diese durch ein mehrere Verehr- und vollkommenere Untergebung zu bezeugen geflissen ist.

Wenn ich nun das Verhalten der Menschen der pflichtmäßigen Erhöhung GOttes entgegen setze, so sehe ich mit, und ohne Fern-Glaß, daß von Urbeginn aller biß zu jetzt fliessenden Zeiten alle Völckerschafften die Glori GOttes durch Herrlichmachung der Tempeln zu erhöhen und außzubreiten sich besondere Mühe gegeben haben. Scheinbare Brand-Opfer, hochsteigende Rauchwerck, wohlgestimmte Lob-Gesänger, schön geordnetes Kirchen-Gepräng, kostbare Priester-Kleidungen waren in, und samt ihren prächtigist hergestellten Tempeln und Wohn-Häusern GOttes allzeit für den füglichsten Werckzeug außgesehen, und angewendet, den Menschen durch dieses äusserlich- und irrdische in das innere, höher- und übernatürliche zu führen, zu höchster Erkanntniß GOttes zu bringen, dessen Ehr und Glori unter den Wercken seiner Händen auß-

(t) Psal. 3. v. 4.

zubreiten, männiglich offen- und scheinbar zu machen. Dahero sahe man in alten, und kan man noch in unseren neuen Zeiten wohlgesittete Völcker sehen, welche ihre GOtt schuldige Ehrbezeugung durch Verherrlichung so wohl der Kirchen selbsten, als ihrer Zierde so hoch getriben, daß es mehrmal das Ansehen gewinnet, das irrdisch- nichtig- und zergängliche Reich habe samt seinem Pomp und Pracht das End erreichet, und da habe etwas Himmlisches seinen Anfang genohmen. Dieses will, dieses gefallet GOtt. Und gleichwie jener, der die Grösse der Liebe und Hochachtung eines Menschen gegen dem anderen abzumessen gedencket, den Maaß-Stab gegen der Grösse der Freygebigkeit halten muß: gleichwie Assuerus seiner Esther die Halbscheid seines Reichs erbothe, (u) weil sie die Halbscheid seines Hertzens ware; so machet auch das Verhalten der Menschen der Göttlichen Einsicht die unlaugbare Prob, daß da seine wahre Liebe und Hochachtung wohne, wo ihm, oder doch seinem Hauß so ansehnliche Schanckungen gemachet werden. Was Wunder, wenn hierauß ein höchstes Wohlgefallen, und Genehmhaltung GOttes entspringet! Er sammelt ihre Schätz, aber nur wie die Wolcke die Tropfen sammeln, damit sie nemlich selbe wieder außschütten könne. GOtt wird hierdurch zum Schuldner der Menschen gemacht. Sein häuffiger Seegen, seine unschätzbare Belohnung sind der Zinß, welcher hier und dort allzeit verfallet, allzeit fliessend ist. Seine gemachte Erklärung hat uns hiervon den Schuld-Brief außgefertiget; und sein ewig wahrhafft- alt- und neu testamentisches Wort ist uns darfür Bürge gestanden.

 Der Prophet Nathan, von GOtt befehliget, redet auß vollem Geist GOttes zu David dem König in Jsrael, und erinneret ihn aller Gnaden, und deß grossen Seegens, mit welchem der Himmel all seine Unternehmungen begleitet: Ich hab dich auß der Weid genommen, da du hinder denen Schafen giengest, daß du ein Fürst seyn solltest über mein Volck. Ich bin allzeit bey dir, mit dir gewesen. Ich hab deine Feind vor deinen Augen erschlagen. Ich hab dir einen grossen Namen gemachet, wie der jenigen, so groß sind auf Erden. (x) Da nun dir nicht verborgen seyn kan, daß all das Gute, so du genossen, und all das Glückseelige, so dich verherrlichet, auß dem Canal meiner wohlwollenden Händen geflossen; wirst du etwann nicht dahin zu bewegen seyn, daß auch du durch Groß- und Herrlichmachung meines Namens, durch Erhöhung meiner Ehr und Glori ein Denckmal der Erkanntlichkeit außsehen, und zu Wercke bringen wollest? Siehe denn! mein grösstes Wohlgefallen ist ein schönes Wohn-Hauß auf Erden: Nunquid tu ædificabis mihi domum ad habitandum? Wilst oder laust du mir abseyn, mir dieses herzustellen? (y) Dieses unaußschlägliche Begehren GOttes kame nicht allein dem David, sondern gantz Jsrael zu Ohren: Wollt ihr mir denn nicht bauen ein Ceder-Hauß? Jener denn von der wohlgegründeten Erinnerung deß zu ihm gesandten Göttlichen Unterhändlers so wohl, als von danckbaren Wissen und Gewissen überführet, fasset den ernsthafften Entschluß: Ja, ich will aufbauen, und, den Göttlichen Finger-Zeig zu befolgen, alle meine Kräfften in Bewegung setzen. Doch, wie wohl es David meinte, kunte er seinen Entschluß nicht würckend machen. GOtt nahme den kräfftigen Willen seines Dieners statt deß Werckes auf: eben so, wie dort vor denen Augen GOttes der auf höltzernen Altar gesetzte Isaac (z) ein wahres

Opf-

(u) Esther 5. v. 3. (x) 2. Reg. 7. v. 8. (y) Ibid. v. 5. (z) Gen. 22.

Opfer Abrahams ware ; da doch die würckliche Schlachtung außbliebe, und vermittelt wurde. Entgegen wurde Salomon der Thron-Folger statt seines Vatters David von GOtt als Werck- und Bau-Meister außgesehen: dieser legte Hand an das Werck, und stellte den versprochenen Tempel deß HErrn in solcher Vollkommenheit und Ansehen her, daß er niemahl genug gesehen, viel weniger übersehen werden kunte.

Über das, was ich gesagt, kommt mir noch eine erhebliche Frag zu Sinn: ob nemlich in allem Zeit-Lauf der Welt die Sonne einen glückseeligeren König angeschienen, als Salomon ware? Die Antwort gehet auß zweyerley Thönen, weil auch Salomon zweyfach gestimmet, das zweytemahl aber übel verstimmet ware. So lang er sich mit dem Tempel-Bau beschäfftigte; so lang er dessen Zierd und Pracht vermehrte; so lang er wohlriechende Rauch-Werck einlegte; so lang er den schuldigen Dienst, Ehr, und Erhöhung GOttes durch dargereichte Hand- und Hertzens-Opfer suchte und beförderte: so lang fiel ihm alles, ja mehr, in die Hand, als er begehrte. Kaum aber fienge Salomon an dem Tempel GOttes den Rucken zu biethen; so lief er schon mit gestreckten Schritten schnurgerad dem Hauß der Eitelkeit, der Abgötterey, und aller Lastern zu, wo er sich so lang aufgehalten, daß er der Schrifft-gribletschen Nach-Welt jenes bekannte Rätzel aufgegeben, ob von seinem End gut oder böß zu gedencken seye. Diesem letztern sihe ich nicht länger nach, weil das erstere meine Aufmercksamkeit allein verdienet. Genug vor mich: die in- und mit dem Tempel GOtt gegebene Ehre hat den Thron Salomons mit Glück und Seegen umbfänget; und ware dieser König desto hertzlicher, desto tieffer ihm die Sorg deß Gottes-Hauses zu Hertzen trange.

Jetzt, mein Junge! jetzt erholle dich, fasse frische, spanne alle Kräfften an, erzehle, wenn dir an Worten nicht gebricht, jene Seegen-volle Trost-Geschichte, welche auf der Schau-Bühne Ottobeyrischer Ring-Mauern aufzuführen dieser prächtige Tempel alle Anstalt gemachet hat. Eben derselbe Geist, welcher durch den Mund deß Nathans mit David gesprochen, redete auch in das Hertz eines ewigen Angedenckens würdigen, nunmehro in Gott seeligen Abbtens Ruperti, eines Manns nach dem Hertzen GOttes. Er erinneret ihn jenes Seegen-reichen Gnaden-Stroms, welcher Ottobeyren stäts fort überflossen. Er machet ihm die Liste der Feinden und Beneider, deren Anschläge entkräfftet. Er zehlet die Ubel, so er abgewiesen. Er bildet ihm ab die erträgliche Erweiterung der Herrschafften. Er legt ihm vor den Riß seines Welt-berühmten Kloster-Gebäudes. Nicht wahr, sagt er: hab ich nicht dich unter grossen Stift- und Klöstern Ottobeyren besonders erhoben, ansehn- und hertzlich gemacht? Rupertus, der getreue Hauß-Verwalter Klösterlicher Gütern, erachtete, von diesem Geist angeflammt, er könne hierüber mit seinen Geistlichen Söhnen kein füglichere Berrathschlagung halten, als: nonne ædificabimus! soll- oder wollen wir nicht dem gegen uns so gutthätigen GOtt ein schuldigistes Danck-Opfer darzulegen, ihme ein Hauß aufbauen? Das wohlwollend- und vielvermögende Vor-Wort dieses lieb-vollen Vorstehers wurde von seinen Söhnen so bald, als von dem wiederhollenden Echo, mit einstimmigen Bauen beantwortet. Ædificabimus bauen wollen wir, und zwar einen so wohl der Grösse, als Kunst und Kostbarkeit nach gantz besondern Tempel wollen wir bauen, damit wir die besondere Wohlthaten GOttes durch ein besonderes Merckmal der Erkanntlichkeit und seiner Verherrlichung nach unsern Kräfften in etwas abdienen mögen. Der Willen ware da; das Werck aber kunte Rupertus nicht sehen. Das hochsteigende Alter, und mit diesem sich eintringende Tod hinderten ihn dieses mit jenem zu verbünden. Die Inful samt denen Tugenden Ruperti schiene durch die Wahl versammleter Ordens-Gliederen Erblich geworden zu seyn; massen sie dem jetzt glorreich regierenden Gnädigen Herrn Prälaten ANSELMO Erb aufgetragen wurde. Seine Weißheit, welche auf mehreren Lehr-Cantzeln zerschiedener hoher Schulen bewunderet wurden, besonders aber dieser hergestellte Wunder-Tempel ruffen ihn in die weite Welt als einen Salomon auß. Satis: Genug ist dieses. Lauda post vitam. Lobe nach dem Tod. (aa)

Wenn nun der alte Salomon durch seinen schattichten Tempel in das hellglantzende Mittag-Licht aller Glückseeligkeit gestellet ware: Benedicti, qui ædificaverint te, was soll dem Ottobeyren auß seinem errichteten Antemurali, Schutz- und Schirm-Gebäu eines wahren Wohn-Hauß GOttes in alle Zeiten hinein sich für Trost, Seegen und Glück weissagen und versprechen können? Wie? sollen da jene in seinen Ordens-Neulingen unaufhörlich fortgeführte Opfer der feyrlichisten Ordens-Gelübden zu GOtt nicht auffsteigen? solle daß stäts fort in diesem Tempel erschallende Lob GOttes die Wolcken nicht durchbringen? solle der schon würcklich hergestellte, und noch zu weiterem Wachsthum angesehene Tempel-Pracht von GOtt gar nicht, oder nur mit gleichgiltigen Augen angesehen werden können? Ach! dieses zu glauben bin ich um so mehr abgeneigt, desto sicherer ich darfürhalte, der Göttliche Seegen werde in Ottobeyren von niemand zum wancken, viel weniger zum weichen zu bringen seyn. Der vermenschte Sohn GOttes hat es schon vorlängst versprochen; und ich kan an dem halten um so weniger zweifeln; um so mehr getreu und unabänderlich er in seinen Verheissungen ist.

Magdalena, jene viel-liebende Büsserin ware sinnreich in Erfindungen der höchst getriebenen Liebs-Wercken, mit welchen sie ihren inniglich Geliebten beehren möchte. Sie benetzte mit ihren Liebes-Thränen seine Füß, und trocknete solche mit ihren Haaren wieder ab. Seine Entfernung machte, daß ihr ein krancke Schwermuth gleich wieder nahe, ja eigen ware. Weinen und ruffen, schreyen und ächtzen waren ihre abwechslende Zeitvertreib so lang, biß sie ihren Geliebten, und sich selbsten zu dessen Füßen liegend, wieder sehen konte. (bb) All diese Liebs-Bezeugungen, wie überzeugend sie waren, konten doch den Göttlichen Meister zu jenem Wohlgefallen nicht bereden, welches er dort nicht verbergen konte, wo Magdalena sich zu ihm in das Zimmer eintrange, und ihr mit kostbar- und hochgültigen Specereyen gantz aufgefülltes Gefäß zumal über sein heiligistes Haupt und Füß außgosse, ja biß auf den Grund außleerte. (cc) Hie erst zeigte Magdalena, daß jener nicht nur ein Mensch, sondern ein lebendiger GOtt und Heyland ware, dem solche Ehren gebührten. Und hie erwiese sie, das, wie der Nil-Strom um so häuffigeres Gewässer über die Egyptische Felder außlaufften lasset, je heisser die Sonne brennet, sie eben so all das ihrige auß, und ihrem Geliebten darzulegen kein Bedencken mache, da auch die wahre Liebes-Hitz in ihr den höchsten Grad erreichet hätte.

Weil nun diese wohlriechende Kostbarkeit in der Nase eines eigennützigen Judas, und seiner übelgesinnten Anhängern nicht allerdings wohlgerochen, ad quid perditio? zu was solche Verschwendung? so ist zwar die Läster-Zunge diß Judas samt den Blätern an dem Baum verdorret, und abgestorben: doch

---

(aa) S. Maximus. Hom. 59.   (bb) Luc. 7. v. 38.   (cc) Marc. 14. v. 3.

doch hat die alte Schlange mit jhrem Zischen auch noch in unsern Zeiten schon vieler Zungen reg gemacht: was ist dieß? hört man gleich, so bald, die Ehr und Glori GOttes hier auf Erden zu erhöhen, etwas außgeleget, und gestifftet wird. Diese falsch singende Zungen besser zu stimmen, stehet mir nicht zu; da die Göttliche JEsu Christi solchen damal schon auf alle Zeiten eingebothen, ja solche wohl gar hinter den Zahn-Zaum zuruck hinein geschlagen hat. Sinite: **Lasset sie gehen, was seyd ihr diesem Weib überlästig? ein gutes Werck hat sie gethan; und wo diese Begebenheit in der gantzen Welt wird geprediget, und bekannt werden, da wird auch dieses, was sie gethan, zu ihrer Gedächtniß, Ruhm, Ehr, und Glori erzehlet werden.** (dd) Dieß eintzige setze ich bey: wenn der Geheimniß-volle Aufwand Magdalenä auf der Waag-Schaalen Göttlicher Einsichten so gut-gewichtig befunden worden, daß er auß Genehmhaltung GOttes von der gantzen Welt eine Beylage der Ehr und Glori foderen, und zum Ubergewicht haben sollte; was Vorschlag der Verdiensten, was Zugaab deß Seegens solle Ottobeyren von dort auß zu gewarten haben, da es nicht nur ein Gefäß, sondern den gantzen Schatz-Kasten seines reichen Vermögens mit- und durch diesen prächtigsten Kirchen-Bau zu denen Füßen seines GOttes außgeleeret, dessen Haupt mit Gold und Silber umhänget, und gecrönet, dessen Wohn-Hauß nur darinn so verherrlichet hat, damit es mit Magdalena die Ehr und Glori deß lebendigen Sohns GOttes beförderen, und bey unsern finsteren Zeiten scheinbar machen möchte?

Ich nennte unsere Zeiten finstere Zeiten: und wollte GOtt! ich hätte fehl geredt. Aber, leyder! wessen Aug will da ein Licht sehen, wo die, auf der Feste deß ewig-unveränderlichen Wort GOttes gegründete heilige Religion in ein veränderlich-Glaub- oder nicht Glaubens würdige Historie, und Erzehlung der Menschen versetzet, und übersetzet werden will? wo so gar vieler Gedenckens-Art sich schrifftlich, mündlich, oder doch werckthätig hören lasset: non est Deus. (ee) Kein GOtt, alles ist ein zufälliges Wesen, ein pures Schicksaal? Wer will da ein Licht sehen? Aber wer siehet auch nicht, was überzeugende Glaubens-Strahlen Ottobeyren dergleichen Söhnen der Finsternuß in die Augen geworffen, da es mit Petro, dessen Ehr seine Stiffter nach GOtt zur ersten Absicht hatten, wiederhollend bekennet; Tu es Christus filius Dei vivi: **du bist Christus der Sohn deß lebendigen GOttes.** (ff) Sehet da, ihr bey hellem Tag-Licht stock-blinde Nacht-Vögel! sehet! in diesem prächtigen Tabernacul ist zwar verhüllt, aber doch wahrhafft Agnus Dei, jenes lebendige Himmel-Brod, zu dessen Füßen aller Aufwand geleget worden ist. Sehet! daß in diesem Tempel so wohl, als in dem Himmel deß HErrn Wohn-Sitz seye. (gg) Sehet! wie er in dem grossen Altars-Geheimniß als die Grund-veste der wahren Kirchen von uns hier angebethet, als gegenwärtig erkennet, und erhöhet wird. So redet Ottobeyren zu GOtt: so prediget stäts fort dessen Tempel der bethörten Welt; und ist nicht zu zweiffeln, der Göttliche Sohn habe nun dieser würcklich Werckthätigen grossen Bekanntniß Willen über Ottobeyren seinen macht-vollen Trost-Spruch ergehen lassen: Tu es Petrus. (hh) **Ein Felsen sollest du seyn in alle Zeiten, O ehrerbietiges Stifft! die Höll soll dich nicht bewaltigen; alle auf dich gerichtet, und abgeschossene Pfeil der Feinden und deß Unglücks sollen an dir sich verstossen, stumpf werden, und ohne Würckung zur Erde fallen.**

(dd) Ibid. v. 6. & 9. (ee) Psal. 13. v. 1. (ff) Math. 16. v. 16. (gg) Psal. 10. v. 5. (hh) Math. 16. v. 18.

Ferner hat sich Ottobeyren durch das von Christo so wohlmeinend eingerathene, date: gebet: beß dabitur, es wird euch wieder gegeben und erseget werden, zu versicheren. Ottobeyren gab: und O wie häuffig gab es! die so offt erschöpfte Geld-Kisten, die öb und blöd gemachte Korn und Getraid Böden wurden einem wohlerfahrnen Rechner zimuliche Kopf-Arbeit machen, wenn er die viele der Gulden für Künstler, Handwercks-Leuth, Handlanger und Tagwercker; wenn er die Menge der Malter Früchten für Dienst-und Fronfuhren, auch Froner selbsten; wenn er die Hauffen der Nudeln, Knötlein, Muß, und Brod-Laiben, welche hin und her, öfters nebst dem gebührenden Tag-und Wochen-Lohn außgelegt wurden, in Ziffern setzen wollte. Ottobeyren hat also das erste, daß geben nach Kräfften bewerckstellet: es wird und kan ihm denn an dem anderen nicht gebrechen: ja alles wird ihm von dem ewig getreuen Vergelter wieder zuruck gegeben werden, mensura justa, in einer guten, gedruckten, gerüttelten; noch nicht genug: supereffluente, überfliessenden Maaß. (ii) Und wie der Welt-Prediger Paulus, von dem Göttlichen Wort gestärcket, versicheret: Non injustus est Deus so ist GOtt nicht ungerecht, daß er vergesse eueres Werckes, und der Liebe, die ihr ihm hierdurch erzeiget, und bewiesen habet. (kk)

Gleichwie aber all zeitlicher Seegen, und irrdischer Wohlstand gegen dem ewig und überirrdischen nicht so viel, als das gegen dem wahren gehaltene Rausch-Gold, Werth hat; so wird auch dieser ein gewisses Erb-Gut und Lohn all derjenigen seyn, welche an diesem Gottseeligen Werck deß Tempel-Bau's Antheil genohmen. Merces vestra copiosa est in cælo. Euer Lohn wird nicht erst seyn, sondern ist schon viel und groß in dem Himmel. (ll) Es muß so, und kan nicht anderst seyn, sagt Paulus: Certus sum: es ist gewiß, servare depositum. (mm) Das Gelt, so Ottobeyren nicht auf Zinß und Wucher, nicht zur Vermehrung, sondern allein zur Ehr deß Höchsten auß-und angeleget, dieses Gelt ist die Materie, worauß allen Theilhabern die Cron der ewigen Belohnung schon verfertiget, reposita est, schon beygeleget ist. (nn)

Zu einer Sach kan mein Zunge nicht schweigen, welche ich von GOtt biß in die spatiste Jahre hinauß versetzet wünsche. O wie Trost-und Freudenvoll wird mit der Zeit der Außtritt auß dieser Sterblichkeit unseres Ruhmvöllist regierenden Gnädigen HErrn Prälatens ANSELMI in seinem schon hochgestiegenen Alter, und erschöpfften Leibs-Krässten seyn, wenn er in seinem neuen Tempel, das Göttliche Kind in dem allerheiligisten Opfer nicht nur in seinen Händen haltend, nicht nur an Mund und Hertz truckend, sondern in sein Hertz und Seel hinein legend, mit dem alten Simeon aufruffen kan: Nunc dimittis &c. (oo) Nun, O HErr! lasse deinen Diener in dem Frieden hinfahren: denn meine Augen haben schon würcklich gesehen, was ich zu deiner Ehr, O grosser GOtt! so sehnlich gewunschen, so mühesam bewerckstellet habe, dein Heyl, dein Ehr in deinem so schönen Wohn-Hauß! Dieses wird seyn das Trost-volle Abschied-Lied unseres Gottseeligen Abbten: so erfreulich es für seine gerechte Seel, so traurig wird es für uns seyn; darum lasset uns demselben nicht länger entgegen sehen. Euch aber, O würdige, und Benedicti Seegen-volle Söhn Benedicti eueres Ertz-Vatters! euch hat daß miterrichtete

---

(ii) Luc. 6. v. 38. (kk) Heb. 6. v. 10. (ll) Luc. 6. v. 23. (mm) 2. Tim. 1. v. 12. (nn) 2. Tim. 4. v. 8. (oo) Luc. 2. v. 29.

tete Antemurale, Vor-Schutz-und Schirm-Mauer dieses herrlichen Tempels den Göttlichen Seegen als euer, und aller Nachkömmlingen Erb-Gut und Eigenthum verheissen, und unwiederrusslich zugesagt. Er wohnte in euern Mauren tausend Jahr: Er wird auß selben nicht weichen noch tausend Jahr, ja wohl gar biß zu End der Zeiten.

Der Beschluß.

SOllen aber wir, AA. von diesem Seegen-vollen Ort weder Nutzen, noch Vortheil hoffen können? solle der Abgang der Mit-Verwendung unserer Arbeit und Mitteln uns keinen Antheil fodern lassen? Wohlgetröst, AA. seye es, daß wir gesagter Massen müßig waren; so stellet uns doch dieses schön aufgeführte Tempel-Gebäu eine reitzende Gelegenheit dar, den ersten Grund unserer Glückseeligkeit zu erwägen, und außzuführen. Ich komme auf einen Gedancken, welcher durch eine allgemeine Red schon bekannt ist, und sage mit allen, so diesen irrdischen Pallast deß HErrn betretten: es seye, als wenn man in den Himmel eingehe, als wenn man in dem Himmel wohne; hart und beschwerlich seye, sich zu dem Abtritt entschliessen; weil der Aufenthalt von allen Seiten mit neuem Gegen-Satz ergötzet, einfolglich verzögeret werde. Wahr ist es: das Aug findet kein Ort, wo es sich nicht weiden kan; das Ohr wird währendem GOttes-Dienst mit lieblich-abwechslenden Lob-Gesängern befriediget: das Hertz auch zu tausend Gattungen übernatürlicher Begierden aufgefoderet, und angereitzet. Ich will aber von diesen Anmuthungen in euch, die ihr euch in diesem Göttlichen Wohn-Hauß befindet, nur eine eintzige betreiben. Machet euch ein lebhafftes Vorbild der schönen Stadt deß himmlischen Jerusalems; und lasset euch diesen schönen Tempel dessen Abriß und Copey seyn.

Das Altar Blat stellet vor die Allerheilligste Drey-Einigkeit, welche von uns alle Ehr allein, wie das grosse Welt-Meer alle von ihm abfliessende Gewässer der Flüssen, abfodert. Ober diesem pracht-vollen Altar in der Kupell sehen wir mit vielen Kunst-Zügen abgebildet die zwölf Alte vor dem Thron GOttes, samt denen neun Chör der Engeln. Was uns weiter in diesem gantzen irrdischen Jerusalem unter die Augen fallet, machet uns zweiffelnd, ob wir die Kunst, oder die Kostbarkeit mehr bewundern sollen. Das Licht, welches all dieses durch wunder-vollen Glantz erleuchtet est agnus: ist das Göttliche Lamm selbsten. (pp) So komme denn, wahrglaubiger Christ, weide dein Hertz in diesem himmlischen Lust-Garten, nähre es mit übernatürlichen Regungen, ersättige dich mittlerweil mit dem Abriß dessen, was dein Ziel, dein Vatter-Land, dein wahr-und ewiges Ruhe-Ort ist. Dein Hertz im Leib ist auf diesen deinen Beruf mit besonderm Bedacht gemacht und erschaffen worden. (qq)

Drey-eckig ist es gebildet, anzudeuten, daß es von der gantzen Welt-Runde nicht könne erfüllet, sondern von der allerheiligsten Dreyfaltigkeit allein müsse ersättiget werden. Die zum Eben-Bild GOttes erschaffene Seel, sagt ein Hönig-fliessender Bernardus; (rr) kan zwar von andren Geschöpfften eingenohmen, aber nicht erfüllet werden: denn ein Sach, die GOtt zu fassen erschaffen ist, nichts, was minder als GOtt ist, erfüllen kan. Dieses scheinet auch

(pp) Apoc. 21. v. 23. (qq) Psal. 32. v. 15. (rr) S. Bernardus.

auch die eigentliche Ursach zu seyn, warum der vorsichtigste GOtt das menschliche Hertz oben weit und offen, unten aber zugeschlossen, und gespitzt erschaffen; er will uns nemlich einen Finger-Zeig geben, daß es gegen GOtt und denen himmlischen Gütern jederzeit geöffnet, mit David zum Denckspruch führen solle: Was hab ich in dem Himmel? und auſſer dir, was hab ich auf Erden? (ss) entgegen aber gegen der Erden, und andern Geschöpffen geschlossen, selbe nur mit dem äuſſerſten Spitze, so viel die Noth fodert, berühren, und sofort dem Rath deß heiligen Pauli folgen solle, wo er befihlt: die Welt zu brauchen, als wenn man solche nicht brauche. (tt)

Dieses sind die glückseelige Hertzens Beschäfftigungen, zu welchen wir in diesem Gottes-Hauß von der eingefleischten Weißheit selbst uns aufgemuntert und angetrieben empfinden. Freylich verdienten sie von uns allzeit unterhalten zu werden. Aber O wie viel unglückseelig in der Erde herumwuhlende Scher-Mäus wissen, und wollen nichts wissen von Sachen, die den Himmel, daß ewig glückseelige Ziel und Ende deß Menschens zum Gegenstand haben! wie viele sind so bethört, daß sie ihre Geschäffte, ihre Amt- und Stands-Verrichtungen für hinlängige Vorwände ansehen, sich von aller Absicht auf das Ewige loß zu machen! Leb-lose Geschöpfe sollten sie hierinfalls beschämen. Die Helffte deß Circuls bleibet gleich in seinem Mittel-Punct, unerachtet die andere Helffte Kreiß, Riß, und Zeichnungen zu machen beschäfftiget ist. Die schöne Sonnen-Strahlen arbeiten in der Erde, lauffen durch unreine Gewässer, kotige Pfitzen, und bleiben doch unbesudelt mit ihrem Ursprung vereiniget. Das Pantoffel-Holtz wird von Wind- und Wellen hin und her getrieben, aber niemahl in die tieffe, noch Abgrund hinunter gedrucket, weil dessen grösserer Theil allzeit in die Höhe stehet. Werdet nicht, O wahrglaubige Hertzen! zu zerlöcherten Geschieren, welche diese heilige Rathschläg nicht fassen. Cor fatui quasi vas confractum, & omnem sapientiam non tenebit: (uu) Sondern lasset in diesem heiligen Ort auch heilige Gedancken arbeiten und obwalten. Funcken sind es, wenn ihr sie nicht ersticket, welche in Feuer und Flammen der Liebe gegen GOtt, und dem himmlischen Vatterland aufbrinnen werden.

Die Liebe GOttes wird all euren Wercken den Anfang, und den Beschluß machen; auch euer Lebens-End wird von dieser Liebe nicht nur begleitet, sondern neuerdings beseelet seyn. Ihr werdet in dem überirrdisch-himmlischen Jerusalem Wunder der Liebe sehen, und würcken. Sehen werdet ihr, wie er ist, der grosse GOtt, ein pures unendliches Feuer der Liebe. Sehen werdet ihr sein Göttliches von ewiger Liebe gegen uns arme Menschen entzündetes Hertz. Sehen werdet ihr euer eigenes gegen GOtt feurig- angeflammtes Hertz: und in dieser Wechsel-Liebe werdet ihr beschäfftiget, und entzucket ewig, O Trost, ohne End! O unergründliches Meer der Freuden! Leben: und das ist das ewige Leben. Amen.

Die Stelle eines hohen Priesters vertraten heute Ihro Hochwürden, und Gnaden, der Hochwürdige HErr AEMILIANUS Abbt deß Löblichen Reichs-Stiffts, und GOttes-Hauses Irrsee, und entrichteten das unblutige Opfer mit einer ungemeinen Andacht, und Erbauung.

Sie-

(ss) Psal. 2. v. 25. (tt) 1. Cor. 7. v. 31. (uu) Eccli. 21. v. 17.

Nachmittag beliebten die hohe Gäste wiederum unserem geringen Singspiel zuzusehen, welches denn abermalen das Glück hatte, allgemeinen Beyfall zuerhalten.

Siebender Tag.

Gleich Morgen frühe reiseten von uns ab Se. Excellenz von Salem, wie auch Se. Hochwürden, und Gnaden von Irrsee. Hingegen fanden sich die Löbliche Pfarreyen Hawangen, Niederdorff, Wolffartschwenden, und Böhen allhier ein.

Ein grosses Glück ware für den unüberwindlichen Achilles, daß der Fürst der Griechischen Dichtern dessen Grosthaten besungen, und also, da seine Aschen schon lang in einem engen Topf verschlossen lagen, seinen unsterblichen Ruff durch den gantzen Erd-Kreise erbreitet hat. Der grosse Macedonier, als er dessen Aschen-Krug besuchte, beneidete Ihne deßwegen, und beklagte sich, daß das blinde Schicksale, welches doch sein Haupt mit so vielen Siegs-Kelbstern betrönet, und seinem Zepter fast ein gantze Welt zinsbar gemachet, nit eben so gelehrte Feder vergönnet hätte, um die Gedächtniß seines Heldenmuth der Sterblichkeit zu entreissen. Eine nit geringe Ehre ware für Ottobeyren, daß von desselben Lob nit zwar ein Homer, wohl aber ein Schwäbischer Demosthenes zu sprechen sich würdigte. Dessen wahren Namen wird der gelehrte Leser leicht errathen, indeme selben bereits die häuffige Meister-stücke der Rede-Kunst, die Geistreiche, in Druck beförderte Wercke, und auß allen herfürscheinende edle Gedencken Art in unserem Vatterland bekannt, und unvergeßlich gemachet. Er ware nämlichen der Hochwürdige, und Hochgelehrte Herr P. SEBASTIANUS Saller Chor-Herr von Prämonstrat, deß unmittelbaren freyen Reichs-Stiffts Marchtall Capitular, derzeit Pfarr-Verweser zu Dietrichskirchen Constanzer Bistums. Die Rede selbsten hat folgende Auffschrifft:

Jubl- und Kirchweyhungs Rede
auf
das zehende Jahrhundert der Stifftung
deß
Welt-berühmten freyen Reichs-Stiffts
Ottobeyren
deß heiligen
Benedictiner Ordens
in Schwaben,
und zumahl auf die Einweyhung
deß neuen prächtigen Tempels daselbst.

THEMA I.
2. Petr. 3. v. 8.

Non lateat vos charissimi! quia unus dies apud Dominum sicut mille anni, & mille anni sicut dies unus.

Erster Vorspruch
2. Send-Brief deß H. Petrus. 3. Kap. 8.

Eines sey Euch unverhalten Allerliebste! daß ein Tage bey dem HErrn, wie tausend Jahre, und tausend Jahre, wie ein Tage sind.

THEMA II.
1. Paralip. 16. v. 25. 27.

Magnus Dominus, & Laudabilis nimis - - *Magnificentia* coram eo, *Fortitudo*, & *Gaudium* in loco ejus.

Anderter Vorspruch.
1. Buch deß Nachtrags der Königlichen Chronic 16. Kap. 25. 27.

Der HErr ist groß, und überauß lobwürdig - - es ist alles bey jhme Herrlich / Krafft / und Freude ist, wo er wohnet.

Innhalt.

Der Tage der Hochfeyrlichsten Einweyhung deß prächtigen Reichs-GOttes-Hauß Ottobeyrischen Tempels zu GOttes, und seiner selbstigen Ehre ein Begriff von einer tausend-jährigen Stifftung, welche die vollkommniste war

1. Herrlich in den Stifftern.
2. Kräfftig in den vertheidigern.
3. Freudig in den Innwohnern.

Wie verbunden sind wir GOtt, jhn in diesem Tempel wegen den Stifftern zu preisen, jhm wegen den vertheidigern zu dancken, und mit den Innwohnern jhn anzubetten.

Eingang.

Jr beklagen in der Welt nichts mehrer, als den Unbestande der sichtbaren Dingen. Die Zeit, so lieb sie uns ist, hat von uns dennoch üblen Nachklang, daß sie alles mit sich hinweg raffe, und wir schelten sie als eine Zerstöhrerin irrdischer Geschöpffen. Sie läßt uns noch einige überbleibslen deß Alterthums, um uns zuäffen, daß sie schon dort war, wo wir noch in dem weiten Raum deß Nichts, und der Möglichkeiten uns aufhielten; und zeigt sie uns jhren gefräßigen Zahn in mitte jhrer abgedorrten Lippen, mit welchen sie alles zermalmet, was die Stiffter Künstlicher Großheiten auß Ertz, Stahl, Marmor, und Porphyr auffführten. Der kahle Scheedel, den sie tragt, zeigt uns, daß die Himmels-Gestirne, welche doch in Jahren, Monden, Wochen, Tägen, Stunden und Minuten jhre Beherrscher sind, über sie schon etliche tausend Jahre auf- und niedergiengen. Jhr Antliz ist abgezehrt, weil sie das, so sie fraß, nicht wohl verdauen konte, jhre Flügl, so an den entfleischten Schulter-Blattern hängen, berichten uns von jhrer Flüchtigkeit.

Jhre

Ihre Staubuhr auf dem haarlosen Haupt ist das Sinn-Bilde zeitlicher Hochheiten, welche in eine geringe Asche herabsincken, für deren Dauer sie um kein Haar bekümmert ist; und ihre Sense ist der scharffe Werck-Zeug ihrer Verwüstungen, mit deme sie nicht nur in die zarten Pflantzen, welche meistens alle Jahr ihr Ende erreichen, einhauet, sonder auch die festisten Dinge entzwey schneidet, so man über die Jahre einer halben Ewigkeit hinauß zureichen geglaubt hätte.

Man wird mich meines Eingangs wegen einer windigen Geschwülstigkeit bezüchtigen. Meine Gedancken mögen, und können nichts, denn vieles in sich tragen. Ich bin der Tüchtigkeit entsetzt mich derselben in anständiger Ordnung zuentschütten. Ich wird zwar nichts von sonderlichen Neuigkeiten auf die Redbahne bringen, was meine grossen Vorgänger auf diesem herrlichen Predig-Stuhl nicht schon mit belobter Geschicklichkeit behandelten. Doch finde ich vor mir zween so wichtige, und die grösten Gegenwürffe so zusammen häuffende Umstände, daß ich zweiflen muß, ob jemand in der Welt selbe entweder gesellen, oder von beeden auch in abgetrennten Theilen in Zeit einer Stunde reden könne. Es muß einem Redner dahier ergehen, wie einem Wanders-Manne, welcher an ein steiles Gebürg hinlaufft, dessen Gipfl er mit dem Auge erreichen, und dessen breite er mit zwo Händen nicht messen kan.

Eine Zeit von tausend Jahren, und die Einweyhung eines der prächtigsten Tempeln unsers Teutschlandes sind Gegenstände, welche in einer rednerischen Abhandlung mühe heischen, und fleiß fodern. Wie viele Dinge verzeichnen wir nicht in unsern Zeit-Blättern, welche sich lediglich in zwölf Kalenden eines Jahres zutrugen? was muß in dem Hingang von zwölf Tausenden geschehen seyn? welche Zufälle, welche Schicksaale, welche Epochen guter, und schlimmer Begebenheiten werden nicht vorkommen?

Du bist es vortreffliches freyes Reichs-Stifft Ottobeyren, welches in deiner Stifftung, und dessen Aufrechthaltung einen so grossen Raum der Jahren erfüllet hast. Du frolockest, und du frolockest billig. Du opferest nun auf deinen neu-gesalbten Altar-Steinen dem Ewigen, und du opferest ihm mit tausend Danck, daß er dich unter dem wachbaren Auge seiner günstigen Vorsicht durch so viele läuffe der Zeiten biß auf diese Täge gebracht hat. Deine ansehnliche Stifftung war ausser Gefahr von dem Zahn der unersättlichen Zeit zerbissen zu werden. Es hatte zwar dieser binnen tausend Jahren in dir viele Gebäude aufgezehrt; und erfuhrest du, wie alles andere, so die Erde auf ihrem Rucken trägt, zerschiedene Begebenheiten. Allein deine Stifftung blieb stehen. Der Platz deiner Klösterlichen Zucht, deines GOttes-Dienstes, deines Eifers war unbewegt. Jubl, und Freude sind dieser Tagen dein gerechter Antheil. Du erweisest dem höchsten, dessen günstige Verhängniß dich vertheidigten, deine Danckbarkeit; und du stifftetest ihm zu einem merckwürdigen Beschluß der tausend Jahren einen Templ, dessen Werth nicht zuberechnen, und dessen Kunst nicht zuschätzen ist. Du verdienest nicht nur fürohin zehen Jahrhundert, sonder biß an das Ende der Welt, sollte es von uns noch viele Myriaden entfernet seyn, aufrecht zustehen.

Zween Hochwürdigste Bischöffe, und zumahl Durchlauchtigste Fürsten verrichteten vor wenig Tagen die Einweyhung deines Schwäbischen Vaticans in höchsten Personen zur Ehre deß gantzen wahren Christenthums in heiligsten Vergnügen. Viele tausend Augen der Zuschauern sahen deine Glückseeligkeit;

und eben so viele Hertzen genossen mit dir Trost, und Freude. Ich der geringste deiner Knechten fühle in meinem Gemüthe nichts, denen frohe Wallungen einer unaußsprechlichen Ergötzung; und O! wie wünschte ich, daß ich selbe mit meiner Zunge in den ächtisten außdrücken erklären möchte Du foderest von mir eben auch eine Rede, welche sich auf dein glorreiches doppeltes Schicksaal fügen solle. Deine Befehle können allein mein zaghafftes Hertz ermuntern; und nur die Gnade GOttes mag meiner Schwachheit verhülfflich seyn.

Die Zeit von tausend Jahren deiner Beharrung ist die Ehre deines erbauten Tempels, und die Ehre deines Tempels bekräfftiget deine so lang daurende Stifftung. Sie kommen beede, wie zween Flüsse in einem Rinnsaale, und wie zwo gegen einander gezogene Linien in einem Punct zusamen. GOtt, dem du deinen tausend-jährigen Bestand schuldig bist, fand den acht, und zwantzigsten Tage deß abgeloffenen Herbstmondes als den Begriff, den Innhalt so vieler Jahren beysamen. Es sind ohnehin tausend Jahre vor seinen Augen, wie ein einziger Tage, und ein einziger Tage, wie tausend Jahre, nach den Worten deines ersten Schutz-Heiligen Petrus. Heute, morgen, übermorgen, gestern, vorgestern, und neulich sind bey ihm nicht zufinden. Verflossne, gegenwärtige, und zukünfftige Zeiten sind ihm in einem einzigen Blick zumahl vorgestellt. Die gantze Ewigkeit ist bey ihm ein einziges Itzt. Allmanachen, und Kalender-Blätter machen ihm keine Außtheilung der Jahrs-Zeiten. Sie sind alle bey ihm, wie wir sie einzeln haben, wie die Wasser-Tropffen in dem Ocean, und wie die Sterne in der Milch-straße vereiniget. Sie sind ihm alle gegenwärtig; und so war auch der Einweyhungs-Tage dieses Tempels, wie die tausend Jahre deß gestiffteten Ottobeyrens, und hinwieder die tausend Jahre, wie der nämliche Tage vor seinen Augen. Da sah er beede zugleich; und beede machten seinem Göttlichen Hertzen sonder Zweiffl eine besondere Lust, da der Templ von der Stifftung, die Stifftung von dem Templ die Vorzüglichkeiten entlehnte.

Ich setze sie in drey stücke; Die Herrlichkeit, die Krafft, und die Freude. Wie eben David selbe dem Berg Sion zuerkennte, als er die Arche deß Bunds dahin bracht. Er weyhete durch die Priester diesen gesegneten Hügl mit Brand, und Friedens-Opferen ein, er segnete das Volcke in dem Namen deß HErren. Abiathar, Asaph, Jahiel, Semiramoth, Jehiel, Mathatias, Eliab, Banajas, Obededom, Henan, und Idithun mit anderen trugen die heiligen Pflichten bey dem Heiligthums-Kasten theils die Opfer zuentrichten, theils den Orchester, oder Chor der Sängern zubesorgen, theils den Eingang der Bunds-Hütte zu bewachen. Der Tage war in Jerusalem prächtig, und die fröliche Zufriedenheit deß Volckes aufserordentlich. Der Gottseelige König legte selbsten das Danck-Lied zu GOtt auf; und nennte in selbem den Berg Sion einen Ort der Herrlichkeit, der Krafft, und der Freude, weil er zur Wohnung deß allerhöchsten, und zur Aufenthalt der Priestern gewiedmet war.

Was kan ich von Ottobeyren, und dessen binnen neun und zwantzig Jahren erbauten Tempels, welchen der Allmächtige Beherrscher Himmels, und der Erde den abgewichenen Sonntag als seine sonderheitliche Wohnung unter den sterblichen bezog, richtigers sagen, als eben dieses? Er ist herrlich, er ist kräfftig, er ist freuden-voll. Er ist es allein schon,

weil

weil er ein Pallast der höchsten Majestät ist. Er ist es aber auch, weil der Tage seiner Einweyhung vor den Augen GOttes wie tausend Jahre ist, welche, als der grosse Raum der Beharrlichkeit Ottobeyrens, in ihm begriffen sind.

Ich lege die Sache, welche in Vollkommenheit abzuhandlen meine Kräfften überwiegt, in eine deutlichere Lage; und setze den Innhalt meiner heutigen geringen Jubl- und Kirchweyhungs Rede also zum vorauß.

Der Tage, der hochfeyerlichsten Einweyhung deß prächtigen Reichs-GOttes-Hauß Ottobeyrischen Tempels zu GOttes, und seiner selbstigen Ehre ein Begriff von einer tausend-jährigen Stifftung, welche die vollkommenste war

    1. **Herrlich in den Stiffteren**
        Magnificentia coram eo
    2. **Kräfftig in den vertheidigeren**
        Fortitudo
    3. **Freudig in den Innwohneren**
        & Gaudium in loco ejus.

Schöpffer! dessen Allmacht alles Schuff, was da ist. Werck-Meister der Allheit! dessen Finger alles erhält, damit es in das hohle Nichts nicht zurück falle. Verleyhe mir den Beystand deines Geistes, ohne dessen Würckung die Kantzlen öde Plätze, und die Redner stumme sind. Erhalt: meine Gedancken in anständiger Ordnung, und meine Worte in behörigem Nachdruck. Und du Mutter deß HErrn MARIA, welche du nach GOtt allhier den besten Antheil hast, erwerbe mir die Gnade eben jenes Geistes, welcher dich zu einem herrlichsten, krafftigsten, und freudigsten Templ deß Erlösers, ja der gantzen Drey-einigen GOttheit weyhete, und zu einem solchen vor allen Jahrhunderten stifftete. (a) Wir grüssen dich mit Gabriel dem Ertz-Engl in tieffer Beugung unseres Hertzen: Gegrüßt seyest voll der Gnaden.

      *

Magnificentia coram eo
Die Herrlichkeit in den Stiffteren.

Schön- und Herrlichkeit eines Dings hängt von der Ursache ab, deren Würckung es ist. Es enthält selbe alle Vollkommenheit der Sache in sich, ehe sie würcklich ist, weil niemand giebt, was er nicht hat; und wär es der Ursache ohnmöglich etwas Gutes zu zeugen, wenn sie in ihrem inneren Weesen nicht eben das Vorzügliche hätte, so sie einem Ding zutheilet. Das Gold hat seinen Preiß, und Schimmer der Sonne zudancken. Das Silber ist ein Werck deß Mondes; und die Perlen sind Kinder deß reinsten Thaues. Ihre Vollkommenheiten werden von ihren Ursachen hergeleitet; und so viele Herrlichkeiten wir in den Geschöpffen bewundern, so viele Ursachen haben wir zu loben, die selbe gestifftet haben.

Es hat sich so auch in dem sittlichen. Stiffter ist zwar ein gleichgültiger Name. Man legt ihn jenen Menschen bey, welche die Ursache von etwas sind; daß

(a) Ante omnia sæcula creata sum. Eccli. 24.

daß es in der Welt gesehen wird. Das Gute hat seine Stiffter, wie das Böse; und also hat man milde, wie wilde Stiffter zuzählen. Milde Stiffter, von welchen allein hier die Rede ist, werden jene genennt, von deren Freygebigkeit die Kirche, die Religion, die GOttesfurcht, die Frömmigkeit etwas empfangt; und welche auß ihrem eigenthumlichen Vermögen dem höchsten GOtt etwas durch ein gut gesinntes Vermächtniß überlassen. Das fromme, und wohldenckende Alterthum wimmelte von milden Stiffteren, wie daß izige von wilden, deren einziges sehnen dahin geht, GOtt und der Kirche mit gottlosen, stirnlosen, hirnlosen, gewissenlosen Räncken wieder zurauben, was ihnen von milden zuwuchs. Die milde der letzteren rührte von der Gottesfurcht her, wie die wilde der ersten von der rasenden Raubsucht entspringt.

Kirchen, und Gottes-Häuser sind ihr Weesen entfernten Zeiten schuldig; und lesen sie die Stifftungs-Briefe öffters mit Freude, ob sie schon nicht von der jzigen Schreib-Art thönen. Sie verehren die Nämen ihrer Stiffteren mit e!nem danck-vollen Kuß, und verwahren ihre Wappen in Wax, und Bley mit grosser Sorge, welche die wilden Stiffter so gerne zerschmoltzen sähen. Sie erkennen, daß sie Wercke milder Stiffteren sind, und gestehen freymüthig, daß diese nach GOtt die Ursache ihres bestehens seyen. Sie wissen, daß sie zu dem Dienst GOttes allein bestimmt wurden; und sie stifften sich alle Tage zu dessen Ehre selbsten auf ein neues, wenn sie ihre einlauffende Renten meistens zur Beförderung derselben hinflössen.

GOtt ist zwar keines Dinges bedürfftig. Die gantze Welt ist sein Eigenthum, wenn wir sie in ihren oberen, und unteren Theilen betrachten. Der Himmel ist die eigentliche Residentz seiner Herrlichkeit, die er sich selbsten, und den seinigen auß Gold, Jaspis, und Chrystall stifftete, und dessen glänzender Vorhof das Land der Sternen ist. Jedoch ist auch die Erde mit ihren Innwohneren seine Zugehör, wie der Psalmist sagt. (b) Er gab sie den Menschen zur Wohnung ein; doch nimmt er gleichwohlen von ihnen an, was sie seiner Ehre stifften, oder seinen Dieneren zum Unterhalt schencken.

Abel, Enos, Noe, Abraham, Jsaac, und Jacob stiffteten ihm Altäre, und Opfer-Gaben. Pharao stifftete dem Volcke GOttes das Land Gessen. Israel stifftete der Bunds-Hütte, und zur Außführung der Arche selbsten Gold, Silber, Edelsteine, und den Kindern Aarons den nöthigen Gehalt. David stifftete dem GOttes-Dienst die Tenne, so er von Areuna dem Jebusäer erkiest, und, wie wir schon einmahl hörten, den Berg Sion, wo er das Gezelt für die Arche aufschlug. Salomon stifftete den kostbaren, weltberühmten Tempel, und die Wohnungen der Kindern Levi; und Artaxerxes Longimanus stifftete zwar mit einer langen, doch hurtigen Hande den Hebræeren ein Opfer-Hause, und benen Gottes-dienstlichen Personen beträchtliche Güter. So alt ist der Name der milden Stiffteren.

Das Christliche Alterthum tratt in die Fuß-stapffen so grosser Vorgängeren ein. Die mächtigsten Kaiser, die grösten Könige, und Fürsten fanden Plätze selbe GOtt, und dessen geweyhter Dienerschafft einzuraumen, und lagen ihnen ihre Schätze nicht so nahe an dem Hertzen, daß sie selbe zu herzlichen Stifftungen nicht gerne, und Freywillig aufschlossen. Sie sahen Templ, und Gottes-Häu-

---

(b) Domini est terra, & plenitudo ejus. Psalm. 23.

Häuser nicht, wie die heutige After-Politik, als Überflüßigkeiten, dem vorgeschützten Staat schädliche Dinge, und ungereimte Gebäude an. Nein! sie urtheilten von ihnen besser. Ihre Religion, ihre Gottesfurcht achteten sie als Nothwendigkeiten, den GOtt- gebührenden Dienst zubefördern, und dem Christenthum zu nutzen. Wir haben in den Archiven der klugen Gottseeligkeit, und auf der Galerie der milden Stiffteren unzahlbare; und sind ihre Bilder in Rodoalden, Dagoberten, Pipinen, Sigeberten deß Austrasiern, Lotharien, Othonen, Henrichen, Roberten, Karlen, Ludwigen und noch vielen andere von dem Staub der Vergessenheit, und dem Zahn der Schmähsucht wieder milde Stiffter noch immer unverletzt geblieben.

Die Stifftungen selbsten sind in ihrer Herzlichkeit ansehnlicher, je vortrefflicher die Stiffter waren; und warff man die Augen meistens auf zwo Eigenschafften: auf die Höhe deß Adels, und auf die Gottesfurcht deß Lebens.

Der grosse Benedictiner Orden, deme nicht nur die Kirchen-Zucht in Occident, sonder das gantze Christenthum seine Erbreituug durch die Welt zuverdancken hat, war hierinn vor anderen glücklich. Er fand auch seinen Verdiensten grosse, und heilige Gönner. Er erhielt durch sie die schönsten Stifftungen; und war es nicht nur der Berg Cassin allein, dessen erstaunliche Bereichung durch seinen Stiffter Tertullus einem Römischen Geschlechter bey dem Mabillonius zulesen ist.

Wir befinden uns würcklich auf einem Platz, welcher sich mit Fug von Stifftern brüstet, deren Adl erhaben, und deren Gottesfurcht ungemein war. Beede kamen Ottobeyren, und folglich auch dem neu-gebauten Templ zu einer sonderlichen Herrlichkeit.

Die Welt sieht den Adl mit grossen Augen an. Menschen, welchen er anklebt, sind die sichtbarsten unter den Erde-Bürgern; und wie die Planeten unter andern Gestirnen mehrer Schimmeren, so fallen jene auch heller in die Augen, welche geadelt sind. Wir sind zwar alle gleich gebohren. Der Schöpfer nahm uns alle wie der Töpfer auß einem gantz gleichen Letten. Es war kein Unterscheid ein Porcellan, und ein gemeines Geschier zumachen, weil der Klumpe für adeliche und unadeliche auß einem röthlichten Acker, wo nachmahls Damascus stuend, genommen war; und wußte man in ersten Zeiten von Adelichen so wenig, als in dem Lande der Zwergen von Riesen-Männern. Schilde, und Helme waren unbekannte Dinge, als der erste Menschen-Vatter Adam mit der Karsche die Erde in Fürchen legte, und Eva bey dem Spinnrocken den Faden zog. Der Mensch war freylich vor allen anderen Geschöpfen geadelt, weil er der Seele nach ein Anhaucher der GOttheit, und dem Leibe nach ein Werck der Göttlichen Händen selbst war, er verdunckelte aber den Adl, als er in der Ehre stuend, und von seiner glückseeligen Würde nach den Worten deß Psalmisten kein Kenntnisse hatte. (c) Und schrieb er mit öffteren Thränen seinen Titl als Weyland Herr von dem Paradeiß, und würcklicher Innhaber deß Zähertthals, da er jenes verlohr, und in dieses verbannet wurde.

Von

(c) Homo, cùm in honore esset, non intellexit. Psalm. 48.

Von dem Adl zureden, wie er heute in der Welt erscheint, so ward er ursprünglich von der Noth gestifftet. Es waren Menschen nöthig, welche mit Klugheit, und Ansehen den schwächern Gesetze machen sollten. Sie gebothen den minderen, welche ihnen gehorchten; und weil die Ehrfurcht das meiste thun sollte, schwungen sie sich mit Vorzüglichkeiten Empor, und nennten sich adeliche. Andere brachten sich durch die Ruinen vieler andern hinauf, als die überlegene Macht daß mein, und dem allein entschied, und die stärckere Faust ebenfahls allein das Recht sprach; und wieder andere thaten sich in Turnieren, und Rennen, in Kriegen, und Feld-Schlachten hervor. Die Großmuth machte ihre Siegs-Zeichen den folgenden Encklen erblich; und die Heraldick samm ihre Wappen nach der Würde ihrer Thaten mit Farben zuentwerffen. Die Hochschätzung der Völckeren ehrte sie als Vätter deß Vatterlandes. Das Glück schuff ihnen Güter, und Reichthumen zu; und daher entstuend der allgemeine Wahn, adelich gebohrne seyen von GOtt, und der Natur mit bessern Gaben, als die Kinder deß untern Pöbels staffiert. Es ist zwar dieses nicht durchgehends wahr. Es haben sich auß dem herabgesetzten Volcke schon manche zu Würden gebracht, welche dem Adl verweigert wurden. Tullus Hostilius kroch auß einer Bauren-Hütte zur Beherrschung deß gebietenden Roms. Lucius Varro kam auß der Metzg seines Vatters, und tauschte den Schlacht-Beil mit dem Regiments-Stabe. Cicero stieg von geringen Eltern zu dem vielsagenden Ambt eines Römischen Burger-Meisters. Marcianus wechselte Hammer, und Ambos mit dem Kaiserlichen Zepter, und Valentinian ward auß einem Sailer ebenfahls Kaiser. O! auß einem Sailer. Man muß dennoch derley Glücks-streiche den außerordentlichen Dingen zuzählen; da in der Welt hauptsächlich jene vor anderen herrlich sind, welche der Adl, grosse Sippschafften zu Kronen, Hertzogen- und Fürsten-Hüten, wie die Natur die Ceder-Bäume zur Hoheit ihres Gipfels, führen.

Tausend Jahre zurück Hochansehnliche! tausend Jahre zurück, wenn wir den Stiffter dieses welt-berühmten Reichs-Stiffts suchen wollen. Wer war er? Ein HErr, welcher Ottobeyren biß in diese Stunde herrlich machte. Sprach ein Zweig deß uralten Geschlechts von Tragento, oder Tarento in Calabrien, ein Enckel grosser Helden, welche in den Geschichten unsterblich sind, und ihre Großthaten verewigten. Das Glück huldigte ihm bereits in der Wiege, und schwur ihm den theuristen Eid von ihm niemahl flüchtig zugehen. Seine Verdiensten gewannen ihm solche Gemüther, die ihn noch grösser machen konnten. Die Beeiferung das gemeine Weesen zu unterstützen, das teutsche Vatterlande glücklich zu machen, die Rechte Allemanniens handzuhaben erwarben ihm einen allgemeinen Ehren-Ruf. Er war nicht, wie eine Abend-Wolcke in der heitern Lufft, welche ihr Gold, und Purpur nur von der untergehenden Sonne hat, da sie ein düsterer Erb-Dampf ist. Nein! er glänzte von eigenen Helden-Arbeiten; und legte seinem ererbten Adl ein merckliches Wachsthum zu. Seine Kriegs-Erfahrenheit war so ruchtbar, als sein unerschrockener Geist, man sah ihn in dem Harnisch, wie in dem Staats-Rock. In jenem drang er in die Feinde deß Vatterlandes ein, und zeigte ihnen, wer ihnen unter Eisen, und Stahl mit der Lange auf die Brust bräche; und in diesem wies er einem Manne, der Grossen mit erspießlichen Räthen bey der Hande seyn könnte. Pipin, und Karl der Grosse zählten ihn unter ihren Generalen, und Staats-Klugen. Er stritt für die Rechten Germaniens mit dem Streit-Kolben, und der Feeder; und er setzte dem Wappen-Schilde seiner Ahnen eine Menge der Lorbern, und Palm-Zweige auf. Die grossen Fürsten belohnten sein adeliches

Betragen mit Ehren-Aembtern. Er erschien auf der Schau-Bühne der Durchlauchtigen Welt als ein Herzog der Francken, Statthalter in Allemannien, Graf von Jllergew, und Keßelberg; und er steigerte seinen Adl durch die Nachkömmlinge biß unter die Thronen-Deckel, da Otho, sein Enckel die Princeß deß Herzogs in Schwaben Adelindis zur Gemahlin heimführte, und Karl den Grossen selbst zum Schwager bekam.

Einen solchen Stiffter hatte Ottobeyren vor tausend Jahren. Ein solcher Fürst legte den Grund-Stein zu diesem Gottes-Hause in dem Günztbal, da man siebenhundert vier und sechzig Jahre nach der Geburt deß Heylands, und nach der Entbindung einer Jungfrauen zählte; und ein solcher verherrlichte seine Stifftung mit dem schimmerenden Adl seines Hauses, welcher mit der Gottesfurcht in dem engisten Verbindniß war.

Adl ohne Tugend ist ein blinder Lärmen, ein eitels Getöse, und eine schimmerende Kleinigkeit. Die Frömigkeit legt der hohen Geburt die grösten Strahlen bey. Sie leichten nicht nur in die Augen der Welt, sonder erbreiten sich biß zu GOtt, dessen Adl in einer heiligsten Majestät bestehet. Ein adelicher Stamme ist ein dürres Gewächs, wenn die Tugend nicht darein eingepfropft ist. Es ist eine Thorheit sich von dem Geblüthe grosser Ahnen rühmen. Der Natur nach zirckelt es eben so durch die Adern, als bey einem Gemeinen, und hat es ausser denselben keine andere Farbe als jenes von einem Ackers-Manne. So muß es dann von etwas Adeliches begeistert seyn. Die Sitten, die Lebens-Art muß mit tugendlichen Wercken den Adel wie die helle Lufft die gegenwärtige Sonne verrathen. Nur als ein Adelicher auftretten, weil die Vor-Elteren solche waren, deren Bilder noch hin und her in den Zimmern gezeigt werden, fällt in das lächerliche. Niemand, sagt Seneca, hat in vergangenen Zeiten zu unserer eigenen Ehre gelebt, so wenig als der abgeloffene Tage die folgende duncfle Nacht-Lufft außheitern kan; und darffen wir nichts zu einem Eigenthum zählen, was schon vorbey ist. Das eigene Gemüth, wenn es gut ist, beadelt den Menschen; (d) und wer nicht Tugendsam ist, bleibt allemahl unedel, sollte er schon der Sohne eines besseren Vatters, als Jupiter selbsten seyn, spricht Euripides bey dem Stobæus. (e) Der Dorn ist ein unartiges Gewächs, ob er schon mit der Rose von einer Wurzl kommt. Die Baum-Schwämme sind schlechte Dinge, wenn sie schon mit den edlen Früchten von einem Stammen entspriessen; und bleiben Disteln, und Neßlen rauhe, und stechende Pflanzen, ohneracht sie mit dem edlen Weitzen auß einem Acker-Felde hervor wachsen. O! wie wenig trägt den Kindern der Vätterliche Adel bey, rufft der Gold-Redner von Byzanz; die Boßheit eines ungezähmten Willens schwächt die Vortheile der Natur, da ein unartiger Sohne nicht nur den Adl seiner Geburt, sonder die Freyheit selbsten verliehret. (f) Eine gute Richtigkeit ist es, daß ohne Tugend, und Frömigkeit niemand in Wahrheit adelich seye; wie das Wasser, welches sich mit Leim, und Letten vermischt, ein unächtes Kind seiner Durchlauchtigen Quelle ist; und erreichen endlich Wappen, und Schilde

---

(d) Nemo in nostram gloriam vixit, nec, quod ante nos fuit, nostrum est, animus facit nobilem. Sen. Ep. 44.

(e) Qui non justus est, licèt à patre meliore, quàm Jupiter sit, genus ducat, ignobilis mihi censetur. Eurip. apud Stob. c. 86.

(f) Nihil confert ad eminentiam liberis paterna nobilitas; depravatio enim voluntatis vicit Privilegia naturæ, quæ peccantem non modò nobilitate Patris, verùm etiam ipsâ libertate expellunt. S. Chrysost. Hom. 4. sup. Math.

hren Zerfall, wo die Gottesfurcht und Religion nicht ihre Hälterinnen sind. GOtt erkläret in dem ersten Buch der Königlichen Kronick alle für unedle, welche ihn verachten, und verheißt nur jenen die Herrlichkeit, die ihn ehren. (g) Ein Diener GOttes trägt eine Krone an der Stirne, wenn er schon in der Verächtlichkeit barbet. Wie herrlich muß denn ein frommer Adelicher seyn, weil sich in ihm alles grosse, wie die Farben in den Opalen sammelt. GOtt zählt an seiner Hof-Statt adeliche Geister. Er gab ihnen die Namen der Fürstenthümer, der Thronen, und der Herrschafften. Sie turnierten wieder die rebellischen Anhänger deß stolzen Cherubs, welcher seines Adels vergaß, und auß Mangl der Gottesfurcht der verächtlichste Drach der Hölle wurde. (h) Ihr Thun besteht lediglich in der Anbettung ihres allerhöchsten Schöpfers, und sind sie nur von darum edle Geister, weil sie ihre Dienste bey dem Thron deß Ewigen machen.

Die Stifftung Ottobeyrens würde von ihrer Herrlichkeit wenig zusagen haben, wenn sie nur von dem Adl, nicht von der Gottesfurcht ihres Stiffters käme. Welch eine Herrlichkeit aber, da beede in selbem wie Farbe und Geruch in den Graß-Blumen, oder Nelcken eintraffen.

Sie eräugete sich, wo Deutschland die Tugend mit dem Geblüte seiner Grossen vermischt sah. Der Unglaube hatte freylich in den Gebürgen, und wilden Gehöltze noch da und dort unter den grossen Eich- und Fichten-Bäumen sein Lager; und bey dem blinde Götzen-Dienst taumelte in finsteren Gebüschen hin und her noch um einen Irmensul, einen Tuisco, einen Zernebroch, einen Wodan, oder wie immer die lächerlichen GOttheiten genennt waren, denen das heydnische Deutschland die ungebührenden Opfer streute. Doch was durch grosse Männer, und Apostolische Prediger, besonders auß dem geflissnen, und arbeitsamen Benedictiner-Orden, als da unter vielen anderen Gallus, Corbinianus, Magnus, Fintanus, Pirminius, Othmarus waren, vor Jahren zum Christenthum gelangte, blühete in dem ersten Eifer. Glaube, und Gedenckens-Art hielten sich an die Kirche fest. Die Verordnungen deß Römischen Pabsts wurden ohne Weigerung, und mit Ehrfurcht von den Grossen angenommen: und männiglich beugte sich unter denen Religion, und Kirchen-Zucht betreffenden Gebotten deß Vaticans, wie die Israeliten unter dem donnernden Sinai zur Erde. Man hörte von Glaubens-Zwisten, und abseitigen Lehr-Secten so wenig, als von Mißhelligkeiten unter den Lämmeren, oder von Feindschafften unter den Turtl-Tauben; und waren die garstigen Insecten der Freydenckern damahls so unbekannt, als die Rauppen in dem Paradeyß. Die Adelichen leuchteten mit einem erbaulichen Wandl vor. Sie führten ihre Unterthanen zum GOttes-Dienst, wie die Fürsten Israels ihre Zünfften, an. Sie machten sich die gröste Lust, wenn sie in der Gesellschafft der Priesteren, und Ordens-Männern seyn konnten, und sie hollten bey ihnen die besten Lehr-Sätze ein.

Paulus der Erste, ein heiliger Pabst, saß zur Zeit der Ottobeyrischen Stifftung auf dem Apostolischen Stuhl. Toßo ein Heiliger verwaltete das Bistum Augsburg. Pipin herrschte nicht nur in Gallien, als ein Gottseliger Fürst,

---

(g) Quicumque glorificaverit me, glorificabo eum, qui autem contemnunt me, erunt ignobiles. 1. Reg. 2.

(h) Draco ad illudendum ei. Psalm. 103.

Fürst, und König, sonder er focht gegen die Longobarden, und Exarchen in Italien, und raumte der Kirche die schönsten Güter ein. Er sagte, er legte zum Zeichen seiner Gottesfurcht die Schlüßl seines Reichs zu Rom auf die Grabstätte deß heiligen Petrus, damit sie niemahl gegen die Apostolische Schlüßl-Gewalt falsche Dieterich wären; und er erfüllte als ein untadlhaffter Fürst alle Pflichten der Gottseeligkeit. In so Gottesförchtigen Zeiten war Ottobeyren gestifftet; und konnte seine Stifftung von Herrlichkeit sagen, weil seine Stiffter die Gottesfurcht zu ihren besten Kleinodien zählten.

Sylach der Herzog, und Graf dachte allein die Ehre GOttes durch die Stifftung eines Gottes-Hauses zu befördern. Er hatte keine andere Maaß-Reglen, als Männer zunähren, welche das Lob deß Höchsten in dem Chor absängen, mit der Beschaulichkeit sich von der Welt entfernten, das ewige Heyl der Menschen besorgten, und der Gottesfurcht die besten Vortheile schuffen. Ferne von Heuchelen, und Hochmuth, sich durch eine geistliche Stifftung in folgenden Zeiten berühmt zumachen, gieng er in dem Geist der Demuth zu Werck. Er griff nicht in seinen Beutl wie die opferenden Pharisæer mit klinglenden Münzen von seiner Andacht laut zugeben; und er prallte auch nicht mit dem stolzen Nabuchobonosor bey dem erbauten Uttenpüren, Ottenburron, oder Ottobeyren, welcher auf der Altane seines Pallasts Babylon übersah, und sich also hören ließ: ist dieß nicht die grosse Stadt Babylon, die ich durch die Stärcke meiner Macht, und zur Ehre meiner Herrlichkeit erbauet hab? Sylach wußte, wessen er für sich, und die seinigen bedärffe, und was er GOtt opfern konnte, alles nach der Lehre deß heiligen Geistes in den Schrifften Sirachs: Sohne! wenn du etwas hast, thu dir selbsten gut, und opfere GOtt die gebührende Gaben. (1) So gleichförmig war das thun Sylachs den Worten Sirachs, wie ihre Namen eine kleine Ungleichheit hatten.

Oeffnen wir den Stifftungs-Brief, wie thönen doch die Außbrücke? sind sie nicht nach der reinisten Gottesfurcht gestimmt? verrathen sie nicht die wahre Frömigkeit, wie die Oranien-Blüthe ihren Geist? Er übergibt dem Allerhöchsten einen schönen Theil seines Vermögens, um das doppelte Leben hier, und dort zuerwerben. Er fertiget die Stifftung auß Gottesförchtigen Absichten auß, damit sie ein Heyl-Mittl für die Seelen-Wohlfahrt seiner verstorbenen Ahnen seyn sollte. Er entließ zwölff fruchtbahre Orte mit Unterthanen, und Rechten, zwölff Diener GOttes zur Ehre der zwölff Aposteln zu unterhalten. Sein Herz war mit jenem seiner Gottseeligen Gemahlin in der Gottesfurcht einhellig. Beede vereinigten ihre Andacht in der Stifftung Ottobeyrens, wie zween Weyhrauch-Kerne ihren Dufft auf der Glut; und sie hatten auch den heiligen Trost ihre Kinder in der ähnlichsten Verfassung zusehen, wie die Wurzl der Zimmetstaude mit der Rinde ihrer Aesten einen gleichen Geruch von sich hauchet, da Gozbertus der erstgebohrne Sohne nachmahls die Infl als Erz-Bischoff zu Wien im Delphinat, und Toto der andere den Staab deß ersten heiligen Abtens in Ottobeyren trug.

Herrliche Stifftung vor GOtt und der Welt! Der Berg Sion erhielt seine Herrlichkeit, weil er von David einem Helden, welcher von seinen eigenen Groß-

---

(1) Fili! si habes, benefac tecum, & Deo dignas oblationes offer. Eccli. 14.

Großthaten geadelt war, und einem Manne nach dem Hertzen GOttes, oder von einem Gottesfürchtigen zum Dienst GOttes gestifftet wurde; und Otto-beyren ist biß anitzo hertzlich wegen seinen Stiffteren, welche von Adl, und Gottesfurcht so berühmt waren. GOtt belustigte sich an dieser Stifftung schon tausend Jahre, und der Einweyhungs-Tage dieses Tempels war vor seinen Augen der Begriff derselben.

Templ! Gotteshause! erlaube mir, daß ich zu deinen geheiligten, und geschmückten Wänden rede. Meine Worte sollen durch deine weite Gewölbe mit einem gefälligen Wiederhall dringen. Deine größte Hertzlichkeit beruht zwar in deme, daß du zu einer Wohnung deß Allerhöchsten geworden; allein sie vergrössert sich, weil du auf dem Platz einer wegen adelichen, und Gottesfürchtigen Stifftern hertzlichen tausend-jährigen Stifftung gelageret bist. Du würdest nicht seyn, wenn Sylach nicht gewesen wär. Du bleibst ihm deine Hertzlichkeit schuldig, weil er zu selber vor tausend Jahren den Grund legte. Er hat zu dir das vollkommenste Recht, wie der Stamme eines Baums zu den äussersten Aesten, wie der Ocean zu den entferntesten Flüssen. Er schaut dich von den oberen Zinnen Sions mit Trost, und Freude an; und wir sind bestellt mit ihm GOtt zupreisen, weil du für dessen Majestät eine außerordentliche Hertzlichkeit, eine auf eine hertzliche Stifftung gegründete Hertzlichkeit bist. Nicht genug, da du auch auf einer krafftigen Stifftung ruhest.

Fortitudo.
Die Krafft in den Vertheidigern.

Krafft, und Macht sind die eintzigen Mittl einem Dinge seine Beharrlichkeit zugeben. Sie bestehen in der Vertheidigung desselben, wenn es von Feinden, und auffetzigen Zufällen verfolgt wird. Es ist nicht genug, daß es sich eines guten Anfangs zuerfreuen habe. Die Zeiten sind nicht immer günstig; sie ändern sich in abholde, in welchen krafftige, und kluge Vorkehrungen das beste thun müssen.

Steile Gebürge in der Pyrenäischen Felsen-Reihe, oder in den Acroceraunien deß Epirus sind zwar auf einen Grund gesetzt, welcher alle Anprellungen trotzt. Wie offt stürtzten aber einige ihrer Thellen durch die bebende Erde herab? Sie sencken in die außgerissene Spaltungen, und mußten ihre Gipfl zu ihren Grund-Steinen legen. Alte Eichbäume schienen auf ihren in die tieffe reichenden Wurtzlen unzerstöhrlich; und wie offt wurden sie dennoch entweder von den Wetter-Keulen zersplittert, oder von den Sturm-Winden entzwey gebrochen: nichts mangelte ihnen, als die Vertheidigung einer stärckeren Macht, durch welche sie den feindlichen Angriffen allein hätten wiederstehen können.

Auf was sannen die Stiffter der GOttes- und Ordens-Häuseren nicht, selben für zukünfftige Jahre mit der ernstlichsten Klugheit vorzusehen. Sie begriffen zu gut, daß eine milde Stifftung, in so günstigen Umständen sie geschieht, in folgenden Zeiten vieles zu leyden habe. Ihr Flor, und Wachsthum seye nicht immer von dem Thau deß Himmels, und von der Fette der Erde begleitet: sie stehe wie das Korn in dem Felde Hagl, und Winden außgesetzt. Dieß, sage ich, begriffen sie zu gut; und was erfuhr auf der Welt den

— 119

herbẽn Wechsl mehrer als Templ, und Klöſter, welchem Boßheit, und Miß-
gunſt übelgeſinnter Gemüthern beyhalff?

Unſere Geſchichten ſtrotzen von leydigen Begebenheiten; und ſind die
Klag-Lieder, welche die Kirche wegen verheerten Gottes-Häuſern machte, in
einem eben ſo traurigen Thon geſetzet, als jene waren, ſo Jeremias bey Zerſtö-
rung deß Salomoniſchen Tempels anſtimmte. Das verdunckelte Gold, die
abgeänderte beſte Farbe, die auf den Gaſſen zerſtreuten Steine deß Heiligthums
machten dem weinenden Propheten die bitterſten Betrachtungen; (k) und die
Kirche hatte gantz gleiche. Einige Gottes-Häuſer kamen durch die eigene
ſchulde ihrer Innſaſſen in den Untergang, nachdem das Gold deß frommen
Kloſter-Lebens ſeinen Schimmer verlohr, und die Farbe der Ordens-Zucht
ihr ſchönes vermiſſte. Anderen kamen verderbliche Kriege auf den Nacken, welche die Steine deß Heiligthums auf die Straſſen zerſtreuten, das iſt, die Or-
dens-Geiſtliche in die armſeeligſte Flucht trieben, und den Klöſtern die em-
pfindlichſten Streiche beybrachten; und andere wurden durch den Nothzwang
nachtheiliger Friedens-Schlüſſen Fürſten, welche nach geiſtlichen Gütern hungerte, überlaſſen. Sie erloſchen mit dem Name eines Gottes-Hauſes, und
muſten ſich in Höhlen der Leoparden, in Lager der Wölffen, und in Wohnungen der Straus-Vöglen ändern laſſen; die hertzlichſten Stifftungen lagen unter den Füſſen der böſen Gewalt; und die heiligſten Verordnungen der Stiffteren wurden zernichtet. Aſien braurte, ſo offt es ſeine Stadt Troja in ein
geackertes Felde verwandelt ſah; und kan die Kirche nichts denn weinen, da
ſie die edelſten Gottes-Häuſer in den Aufenthalt unrechtmäſiger Beſitzern,
Feinden deß wahren GOttes-Dienſtes, und Raubern deß Heiligthums getau-
ſchet ſchauen muß. Die noch aufrecht ſtehende genoſſen zeithero den Frieden,
doch arbeiten feindſeelige Köpfe an Vorſchlägen, wie auch dieſe von der Welt
zubringen wären. Sie lauren auf die gottloſiſte Weiſe, ſelbe zu bedrangen;
ſie berathſchlagen ſich wie Holofernes mit den Seinigen dem geiſtlichen Bethu-
lien die Waſſer-leitungen abzugraben. Sie machen in Betrachtung ihrer
Wohlfart raſende Uberlegungen ſelbe zu hemmen. Ihre Zähne wäſſern nach
dem Vermögen der Prieſterſchafft, da die GOttes-Dienſtlichen Perſonen
ihre motte Augen in Thränen baden; und ſie ſchwören dreiſte darauf, die
Welt könne unmöglich zu ihrer vollkommenen Schönheit, der Staat in anſehn-
lichere Perioden, die weltliche Gewalt zu ihrer Vollmacht gelangen, als wenn
das Prieſterthum ſeiner Vorzüglichkeiten entſetzt, und die Kloſter entweder
geſchleifft, oder doch gemindert, und geplündert wären.

Jedoch förchtet euch nicht ihr Gottes-Häuſer! läßt euere geheiligte Mauren von Furcht, und Kümmerniſſe nicht erſchüttern. Der alte GOtt lebt noch
in Iſrael; und er lebt beſonders für Euch, ſo lange ihr noch an den alten Eifer euer Vättern haltet, das groſſe Auge der Göttlichen Vorſicht wachet noch
für euere dauer. Der gutwollende GOtt in deſſen geſchwornen Dienſten ihr ſeyt,
nennet ſich hauptſächlich für euch in dem Buch Sirachs einen mächtigen Schutz,
eine gewaltige Veſtung, einen Schirm gegen die Hitz, ein Schatten-Dach gegen die ſchwüle Mittag-Lufft, einen bewahrer von dem Anſtoß, und einen
Retter von dem Fall. (1) Auch auf der Erde findet ihr noch Freunde, euer

G g Gön-

(k) Quomodo obſcuratum eſt aurum, mutatus eſt color optimus, diſperſi ſunt lapides Sanctuarij in capite omnium platearum. Thren. 4.
(l) Oculi Domini ſuper timentes eum, protector potentiæ, firmamentum virtutis, tegimem ardoris, umbraculum meridiani, deprecatio offenſionis, & adiutorium caſus. Eccli. 34.

Gönner haben noch nicht alle das kühle Grabe bezogen. Es leben noch zu eueren Trost Christliche Regenten, Gottseelige Fürsten, welche die schlimmen Gesinnungen euerer Wiedersacheren zurücktreiben, die Gefährlichen Anschläge zerstauben, und dem bissigen Neid die gewetzte Zähne in den Rachen hinab stossen können. Ihr habt den Himmel, und die bessere Welt zu stützen der Hoffnung; und ihr darfft euch schmeichlen, daß die wiedergesinnte Rathschlüsse mit dem gantzen Plunder der zusamen getragenen Bedrohungen in Dampf, und Rauch zerflattern werden. O! der alte GOtt lebt noch auf dessen eintzigen Wind alles zerbörsten muß, was euere Feinde wieder euch in wütigen Gründen gedacht, mit verleumberischer Zunge gesagt, und in schlechten Chartequen gesudelt haben.

Ottobeyren blühet; und es blühet schon tausend Jahre. Kometen, und Schweif-Lichter erschienen öfters über seinen Tächeren. Drohende Zeiten lieffen manchmahl vor seinen Thore vorbey, ja sie wagten sich durch selbe gar hinein; und konnt es von mißlichen Monden ein ziemliches Verzeichnuß machen. Doch blühet es, und es blühet schon tausend Jahre. Wem hat es sein Bestehen zudancken? Ich sage, und ich behaupte es, Himmel, und Erde, beede liefferten ihm kräfftige Beschützer, und behält sein Stiftung den Namen einer kräfftigen in seinen Vertheidigern.

Von dem Himmel zu reden, dessen Gunst Ottobeyren ohne Unterlaß, und zwischen-Raum fühlte, finde ich keine Beschwerde meine Worte gelten zu machen. Sylach der Stiffter war freylich für seine Stiftung besorgt. Ich erschrack, da ich seinen gerechten Eifer in dem Stiftungs-Briefe laß, mit welchen er allen, und jeden den ewigen Untergang drohet, welche sie beträncken würden. Ein dreyfaches Amen, oder es soll geschehen war der nachdrückliche Schluß deß heiligen Fluchs; (m) und konnte er die Anwendung seiner tapferen Brust mit ernstlichern Außdrücken nicht an Tage geben. Jedoch befahl er seine Stiftung vor allem anderen der Vorsorge deß Allmächtigen. Er bestellte selbst die Anwalden, und Schutz-Heiligen vor dem Thron GOttes, welche Ottobeyren vertheidigen sollten. Wohlgethan! wo die Innwohner der Himmels-Burg Vorsprecher sind, da schwinden Noth, und Gefahren. Umsonst werffen die Feinde Bollwercke auf, und vergebens legen sie Minen an, wenn man in dem Lande der heiligen Patronen zählt. Die Machabæer siegten, als die gewaffneten Engl sie zum Streit anführten; und Elisäus lachte der anrückenden Syrern, als er seinem furchtsamen Diener die geflügelten Schwabronen auß dem Himmel zeigt.

Ich würde genug gesagt haben, wenn ich sagte: GOtt war Ottobeyren geneigt. Allein ich muß noch mehr sagen. Maria die Göttliche Mutter deckte Ottobeyren ohne Unterlaß mit ihrem Schutz-Mantl. Der heilige Benedictiner-Orden ist ohnehin einer der eifrigisten Verehreren dieser grossen Frau, und Königin Himmels, und der Erde. Sie ist von ihm, was ihre Ehre, und unbefleckte Empfängniß belangt, mit Nachdruck vertheidiget; und sie beschützt entgegen die Kinder deß heiligen Benedictus mit Eifer. Lassen wir unsere

Ge-

(m) Si quis autem invasor, quod absit, aut Tyrannus hanc nostræ donationis confirmationem irruperit, anathema sit a Deo, mors super eum æterna veniat, vivusque in infernum per omnia sæcula cruciandus descendat amen! amen! amen. lit. fund.

Gedancken nach Elberen pilgeren, was finden wir dorten anders, als ein für die Ehre Mariæ sich gäntzlich opferendes Ottobeyren? Das Gnaden-Bilde war zwar schon in Zeiten deß Abbten Wilhelms von Lustenau unter den Erlen-Bäumen gefunden, und mit grossen Vertrauen nicht ohne merckliche Gnaden verehrt. Allein Ottobeyren ließ seine Andacht gegen diesem geschencke deß Himmels niemahls schwächen. Die Mariæ gantz ergebenen Prælaten bißten mit ihrer heiligen Glut die Hertzen ihrer Söhnen, und Unterthanen ohne Nachlaß; und sehen alle Pilgrime, das Ottobeyren unter dem Schutz Mariæ von Elberen durch so viele Jahrs-Wechsel immer vertheidiget wurde. Konnte es sich aber wohl in dem Gegentheil zeigen, da diejenige die Vertheidigung dieses Gottes-Hauses auf sich nahm, welche den Feinden der Ihrigen wie ein gewaffnetes, und wohlgeordnetes Kriegs-Heer schröcklich ist? (n)

Himmel! der du die Burge mächtigster Vertheidigern bist, der du der Welt nicht nur zu einem Obdach dienest, und deine Stern-Facklen zu ihrer Beleuchtung allzeit anzündest, sonder deine glückseelige Innwohner zur Vertheidigung derselben außsendest, was grosse Vertheidiger erhielt Ottobeyren von dir? Ich will diejenigen nicht sonderheitlich erwehnen, denen du auf den Altären deines alten, und itzigen Tempels einen Platz gabest; und ich will auch jener keine außgedehntere Anmerckung machen, deren Gebeine in dir ruhen, als da Bonifacius, Benedictus, Victoria, Maurus, Januarius, und Pontianus sind, deren Christliche Helden-Namen in dem Römischen Marter-Buch meistens bezeichnet stehen; von jenen will ich ebenfalls keine weitschichtige Meldung thun, die auß der Gesellschafft heiliger Ursulæ ihre zahlreiche Reliquien, namentlich eine heilige Binosa, hieher übermachten, dero Haupt annoch ein Pfeil von den Hunnen zuschauen, und das flüßige Hirn, und unversehrte Zunge noch zusehen ist, als wenn jenes auf die Wohlfart Ottobeyrens immer dencken, und diese für selbe bitten sollte.

Ich halte mich nur an den Stifftungs-Brief, worinn Sylach seinem lieben Ottobeyren den H. Apostl Petrus, und die heiligen Blut-Zeugen Alexander, und Theodorus zu vertheidigern auß dem Himmel selbsten benambsete. Wie ruhig lag Ottobeyren unter der getreuen Wache so mächtiger Beschürmeren in friedlichen Tägen; und wie glücklich erhollte es sich durch ihre Vertheidigung auß jammer-vollen, und von bösen Anfällen, öfftern Bränden bezeichneten Zeiten. Petrus der Apostl trug für Ottobeyren zween Schlüßl, dem Unheyl die Porte zusperren, und jene der Wohlfahrt aufzuschlüssen. Alexander war der Sohne einer heiliger Mutter Felicitas, dero Name von Glückseeligkeit thönet. Die Mutter-Milch begeisterte ihn mit dem Christenthum. Er bekennte den Namen JEsus ohne Furcht, obschon Marcus Aurelius, oder Antonin der Philosoph wieder ihn wüthete. Er erlitte mit Vitalis, und Martialis seinen Gebrüdern die Enthauptung: und hält das Schwerdt seiner Marter für Ottobeyren annoch als ein Vertheidiger mit dem eingestrichnen Wort Felicitas, oder Glückseeligkeit zur Vertheidigung desselben empor. Theodor ein gleicher Religions-Eiferer, eine Zierde der kämpfenden Kirche, ein sicherer Blut-Zeug deß Evangeliums that sich unter dem Kayser Maximian einem Mit-Wüterich deß Diocletianus zu Amaseen in Ponto hervor. Er leg-

---

(n) Terribilis ut castrorum acies ordinata. Cant. 6.

te den Templ und Altar der Cybele, welcher das Heydenthum, als der Mutter der Göttern, Weyhrauch streute, mit Feuer-Fackeln in die Asche. Er zeigte den Abgöttern bey dem Licht deß prahlenden Götzen-Hauses, daß die Kinder Berecynthiens mit ihr nicht ober den funckelenden Sternen, sonder in dem Pfahl der Höllen-Glute wohnten. Er muste seine Seele in den Flammen außathmen, und schickte sie in den Himmel; und er trägt noch zur Vertheidigung Ottobeyrens mit seinem Palmen-Zweig eine brinnende Fackl um seinen Namen zubeleuchten, daß er ein Theodor, das ist, eine Gaabe GOttes für Ottobeyren seye.

Wir haben in der Kronick Ottobeyrens von dem kräfftigen Beystande seiner himmlischen Vertheidigeren einen Vorrath von Zeugnissen, welcher einem Redner nicht mag aufgebürdet werden, deme zusprechen nur eine kleine Zeite vergönnet wird. Ich sagte schon vorher, daß dieses Reichs-Stifft, wie alles in der Welt, gute, und böse Umstände erfuhr, wie wir in dem Wetter-Glase die zerschiedene Verhaltung der Lufft beobachten, und wie der Schiffer zur See Stille, und Stürme erfährt. Ein eintziger schien mir wohl würdig in meiner Rede eine Einshaltung zu haben.

Niemand mag ohne Schauer, und darauß folgender Bestürtzung der armseeligen Katastrophen gedencken, welche Deutschland, und in ihm Schwaben betreffen, als die Aenderung der Religion vorkam, die Wahrheit von der Lug bestritten war, Lüsten, und Eigensinn den Meister spielten, und die Schwärmerey auß Sachsen, wie die Pestilentz auß dem Sobbrunnen in den Apocalyptischen Erscheinungen kroch. Feuer, und Schwerdt tratten dem Melneibe bey, daß von Wiederspenstigkeit, Fleisch-Begierde, und Hochmuth außgebrühete fünffte Evangelium nach dem Luther, einem vollsinnigen Ordens- und Religions-Apostat, fest zu setzen. Die unbändigen schrien nach Freyheit, und löften das süsse Joch der Kirche von ihrem Nacken ab. Die zaumlose Natur haßte Zucht, und Ehrbarkeit, weil sie von einem heylosen Meüterey Stiffter von Eisleben wieder Recht, und Billigkeit die Vollmacht über alles Heilige erhielt. Alles gieng bunt über eck. Der Untergang war besonders den Klöstern, und GOttes-Häuseren geschworen. Man spielte um sie auf der Trumel. Man legte sie auf dem Tändlmarckt der gewissen-losisten Handlung dem Meistbietenden zur Krame auß. Man bewarb sich ernstlich ihre Stifftungen, Ihre zur Ehre GOttes erworbene Kirchen-Schätze, die reiche Vermächtnisse frommer Seelen der unersättlichen Verschwendung, der losen Füllerey auf die Tafl zubringen, und der Weltlichen Gewalt einzuhändigen. Man dachte dort, wie itzt wiederum der Religion einen neuen Fürneiß zugeben, als könnte man sie, wie ein Gemählde an der Staffeloy ändern. So gar die Bauer, und Ackers-Leute waren Lüstern auf Kösten der Geistlichkeit zuzehren. Das neue Evangelium hauchte den Zwietracht, wie das dämpfende Geburg Schwefl, und Salpeter von sich. Seine unter dem Vorwand der Friedens-Aposteln rasende Prediger schrien als Herolden deß Sathans Zetter in die Welt. Sie munterten durch Thomas Müntzern einen verruchten Worts-Diener, und Falschpräger der ächten Lehre in Thüringen das gemeine Volcke gegen die Oberkeiten, und besonders gegen die GOttes-Häuser auf.

Der Kriegs-Gott erstaunte, da er seine Zeug-Häuser von dem Dölpischen Land-Manne geplündert, und ihn in Waffen sahe, welche sonst Helden, und edle Kämpfer führten. Das tobende Volcke schmiedete die Pflug-Eisen zu

Pan-

Pantzer-Hembden, und streckte die krume Sichlen in Schwerdte. Es verließ
den Feld-Bau, und sann auf eine Ernde, welche nicht in den Fluren seiner
Auen, sonder in die Schatz-Kästen gottseeliger Stifftungen gesäet war. Die
Aufruhr war allgemein; und der Krieg desto mißlicher, weil er nicht nach den
Reglen der vernünfftigen Fecht-Kunst, sonder nach den trieben der Schwärmerey, und Grobheit angezettelt war. Wie die Wetter-Bäche mehrer zu
förchten sind, indem sie ohne einen gewiesen Rinnsal daher rauschen; und wie
die Wolcken-Blitze grössere Gefahre drohen, da sie ohne Maaßnehmung
durch die Lufft fahren. Die Wuth trug aller Orten die Fahne voran. Es
war in ihr der sogenannte Bundschuh sichtbar, weil die Rebellen alles, was ihnen gebiethen wollte, zu zertretten sich entschlossen. Der grißgramende Bauer
schäumte von Grausamkeit, und gedachte anstatt deß Gehorchens jenen Befehle
zugeben, bey deren Füßen er kurtz vorher um Gnade bath. Sein Witz gieng
nicht so weit hinauf als der hohe Hut, den er trotzend auf dem harten Schedl
trug. Er war von Stoltz geschwülstig, und von der ungereimten Herschsucht
aufgeblasen. Das Empörungs-Gifft fuhr ihm durch den meisterlosen Cörper,
und machte ihn auf Vorstellungen unbiegsam. Das ungesittete Land-Leben
brachte ihn dahin, alle Sanfftmuth zuvergessen. Er vergaß ein Lehen-Träger
zuseyn, und haßte den Namen eines Vasallen; und er machte sich mit einem
plumpen Bleystefft die Rechnung Meister deß Erdbodens zuwerden, da er die
Kunst zu herrschen in keinen anderen Ländern, als deß Krauts, und der Ruben
erlernet hatte. Seine Schörfe waren das Kriegs-Kabinet, und seine Taback,
oder Rauchstube das Arsenal, wo er die Lunten verfertigte, und w eder seine
rechtmäßige Gebiether Feuer Spye. Ein jeder Zaun lieferte ihm Gewehre, und
eine jede Holtz-Kamer war sein Zeug-Hause. Wie empfindlich mußt.n also
seine Streiche seyn, da auch nur eine eintzige Ohrfeige, welche in den Schrun-
den einer bäurischen Faust wächst, einen doppelten Geschmack von der Grobheit
hat. Das nach Stall, und Wagen-Schmier muffende Heer wuchs in Francken, Thüringen, Elsaß, und Schwaben täglich an. Schlösser, und adeliche
Sitze, auch Städte hatten von ihrem Uberfall so wenig Freyheit zu hoffen,
als Kirchen, und Ordens-Häuser, doch waren diese meistens unbarmhertziger
mitgenommen, weil sie daselbst mehr zu finden hofften, was Gesparsamkeit,
und gute Würthschafft gesammlet hatte. Ottobeyren kam auch in das unglückliche Verzeichniß, weil das Allgeu einer der stärcksten Waffen-Plätzen der
bäurischen Kriegern war. Die Rebellen jagten die Geistlichen in die Flucht;
und muste der Gottseelige Abbt Leonard seine Sicherheit anderswo suchen.
Der mißvergnügte Unterthan brach in Kirche, und Kloster ein. Er beraubte
das Heiligthum, welches er sonsten nicht mit dem äussersten Finger betasten
darffte. Die Altäre würden zur Erde gerissen, die Bilder der Heiligen von
den flegelhafften Iconoclasten gestürmet, die elfenbeinene Sargen, worinn die
Verehrungs-würdigsten Gebeine der ausserwählten lagen zerschmettert, die gesalbten Wände deß Templs durchbrochen, und Ottobeyren beynahe der Erde
gleich gemacht. Ein Söldner, nicht einmahl ein Bauer, ein Söldner maaßte
sich der Abbteylichen Würde, wie die Erdschwämme oder Pfifferling in den
Fichtenwälder der Art eines Baums an. Ein Söldner! wie weit raget der
arme Stoltz empor, wenn er einmahl lufft hat, die Lust seines boßhafften
Hertzens freyer zugenüßen. Ein Söldner! er schlug seinen Aufenthalt in den
Abbteylichen Zimmern auf, deme vorher kaum unter dem Stroh-Tach eines
baufälligen Speichers ein Winkel vergönnet war. Er ließ sich einen Abbten
nennen, der vor etlich Tägen den Dreschflegl in den Scheurn trug. Er schuff
sich eigene Bedienten zu. Er praßte in der äussersten Verschwendung. Er

fraß

fraß das nieblichste biß zur Zerschnellung seines Wansts, welchem er gemeiniglich nur die Bettl-Suppe zureichen hatte, so er bey der Kloster-Porte bekam; und er soff, daß er berauscht, und taumlend beynahe die Abbtey-Stube zum Fenster hinauß stieß. Ein Söldner! ein Abschaum deß untersten Pöbels! ein Söldner! so weit stuend damahls Ottobeyren auf dem äussersten seines Hügels in die tieffe gestürtzt zu werden. Sein Untergang war von eigenen Unterthanen bestimmt; und seiner Zernichtung vorzubeugen war der Himmel allein noch fähig. Es kam zwar der tapffere Held Georg Truchsäß von Waldburg dem verwüsteten Vatterlande zur hülffe. Tausend, und tausend Acker-Soldaten bissen in das Graß, welches nur der Sense abzumähen sie vergassen; und eben so viele waren ausser dem Gefecht mit Rad, Strang, und Schwerdt ohne Erbarmung erwürgt. Das Ort, wo einiger hiesiger Rebellen Diebs-Knochen verscharret wurden, behält biß auf die itzige Stunde den Namen der Schelmen-Halde; und könnte dießfalls keine bessere Benamsung erdacht werden. Ein würdiger Freythof für alle jene, welche in die Rechte GOttes, und der Kirche einbrechen, beeden das Eigenthum rauben, und ihren Obern zugehorchen sich weigern. Wie vielen kan allda das Begräbniß noch angeschafft, und das geziemende Epitaph geschrieben werden, deren Gesinnungen, und würckliches verfahren jenem der bäurischen Rebellen gantz ähnlich sind, wenn man die Art allein zu gefallen noch unterscheiden mag.

So gut das Bauren-Gewitter zertheilt war, ist es doch unstrittig, das Ottobeyren seine Erhaltung vor allem GOtt, und seinen himmlischen Vertheidigern zu dancken habe. Man hat schrifftliche Zeugnisse, daß das von den wilden Empörern öffters angelegte Feuer ohne menschliche Rettung erlosch; was die wehende Thau-Lufft den drey Knaben in Babylons Feur-Ofen, das war die Vorbitte der Schutz-Heiligen Ottobeyren, daß die feindliche Flamme ohne die gesuchte Würckung zerflattern muste. Und wird daß damahls so mißhandelte Ottobeyren, welches wir itzt in den goldnen Tägen seiner Wohlfahrt bewundern, all und jedes, was ihm zu gut kam, seinen Vertheidigern auß dem Himmel zuschreiben;-ob es schon auch auf der Erde keine kleine Anzahl von Vertheidigern gegen andere feindliche Auftritte aufweisen kan.

Es hat der Allmächtige nicht allemahl nach Wundern zugreiffen eine Sache auf Erden wieder ihre Gegner zu schützen. Er hat freylich ein gantzes Rüst-Hauße einer angefochtenen Stifftung mit außerordentlichen Rettungen beyzukommen. Doch weist er auch menschliche Dinge durch wohlgeneigte Menschen zuvertheidigen. Die grosse Vorsicht trittet meistens die ordentlichen Weege an. Sie hat gesamte Menschen Hertzen, und besonders der Fürsten in ihrer Hande. Sie macht sie zur Erhaltung der Gottes-Häusern wachbar; und da sie ihnen Freyheiten, und Schutz ertheilen, erwerben sie zu einem ewigen Ruhm ihrer Gottseeligkeit den Namen, den schönen Namen, der Vertheidigern, und irrdischer Schutz-Englen. Was nutzen für Isaac, daß er die von seinem Vatter Abraham gestifftete Brünnen ererbte, die von den Innwohneren zu Gerara mit eingeworffenen Erdschollen verdorben waren, wenn Abimelech der König mit Ochs-zath seinem Vertrauten, und mit Phicol seinem Feld-Obristen dessen Rechte nicht vertheidiget hätte. Was Vortheile für Israel, da ihnen daß von Pharao gestifftete Land Gessen von einem feindseeligen Nachfolger wieder abgenohmen war. Was Vorrechte für die Kinder Aarons, da die für sie gestiffte-te Priester-Stadt Nobe von Saul mit Blut besudelt war; und was genoß

Na-

Naboth auß dem von seinen Ahnen ihm gestiffteten Weinberg, als Achab, und Jezabel, selben zueroberen, ihn zu tode steinigten.

Nichts ist dem Umsturtz mehrer außgesetzt, als die Stifftungen Gottgefälliger Dingen. Zeiten andern sich, und die Menschen mit ihnen zugleich. Die in frommen Stiffterem gloschende Gottesfurcht fällt manchmahl bey den Enckten in eine kalte Asche. Sie beschuldigen ihre Vor-Elteren, daß sie ihre Rechte mit gar zu freygebiger Frömigkeit geschwächt haben; sie verfallen auf den leydigen, und unrichtigen Grund-Satz, sie hätten niemahl Fug, und Macht gehabt ihren Nachfolgeren etwas zuvergeben; und so werden milde Stifftungen entweder angestritten, oder wohl gar wieder gewissen unter ungültige Entwendungen gezählt. Grosse Vertheidiger sind hierinn aufzusuchen, welche die Stifftungs-Briefe mit Bekrafftigungs-Blättern, wie das Blat deß Rebstocks eine Traube gegen Reifen, und Nordlüffte, bedecken. Eine Pflantze ist unter dem freyen Himmel bald welck; ein junger Baum ist von den Winden bald auß der Erde gerissen, wenn ihm ein fester Pfahl mangelt; und so gut eine Stadt gebauet ist, bleibt sie der Zerstöhrung ohne Pasteyen, und Bollwercken immer bloß gestellt.

Hulde der Monarchen, Gunst der Grossen, Beystande der Mächtigen sind, und bleiben einer Stifftung die krafftigste Vertheidignng. Ihre Dauer hält wieder alle Anfälle, und sie trotzet ihre Mißgönner durch viele hundert Jahre. Das allhiesige freye Reichs-Stifft Ottobeyren hat sich, und seine Stifftung auf tausend Jahre hinaußgebracht, ja es sieng das eilffte Jahrhundert würcklich an. Es erkennet aber, daß es seinen langwürigen Bestand nach dem Himmel auch irrdischen Vertheidigern zuzuschreiben habe. Welche waren aber diese? grosse Päbste, mächtige Fürsten, und wachbare Prælaten.

Man muß von Ottobeyren sagen, daß es der Aug-Apfl deß Vaticans war; und es schien, daß der kleine Güntzfluß mit der Tyber das beste Verständnüß hatte. Das Behältnüß der Urschrifften, und die Schreine bester Urkunden geben uns hiervon die sicherste Nachrichten. Wie tief griff Eügen der Dritte in den Gnaden-Vorrath der Kirche ein, Ottobeyren in seinen Gerechtsamen, in dem Besitz seiner Stifftung gegen alle Angriffe zubefestigen, es in bey freyen Wahle seiner Aebbten handzuhaben, und alle Frevler mit ernstlicher Bedrohung ewiger Verdammniß abzutreiben? that Honorius der Dritte nicht ein gleiches? gab Gregorius der Neunte diesem Gottes-Hause keine besondere Kennzeichen seiner Geneigtheit, da er nicht nur in einer Bulle die Rechten Ottobeyrens bestättigte, und einem jeweiligen Abbten den Gebrauch der Bischöfflichen Ehren-Zeichen willfährig ertheillte? riß Innocentius der Vierte die Pfrunden der allhiesigen Kloster-Brüderen nicht den müssigen Layen, die sie zernagten, auß den Zähnen? und vergönnte er Ottobeyren nicht in Zeiten deß damahligen wieder die Verfolger deß Priesterthums in Deutschland verkündigten Kirchen-Bannes die Erlaubniß dem GOttes-Dienst bey geschlossenen Thüren ohngehindert abzuwarthen? war Gregorius der Eilffte für Ottobeyren nicht bestens gesinnt, als er dessen Stifftung frischer Dingen gut sprach, und ein anderesmahl einen Hochwürdigen Abbten von Roggenburg meines heiligen Præmonstratenser Ordens ernennte, die ihm entzogene Güter mit Apostolischer Gewalt an seine Behörde zuruckzubringen? mit was Eifer arbeiteten Martinus der Fünffte, Eügen der Vierte, Alexander der Sechste, Clemens der Siebende und andere Römische Päbste biß auf den heutigen Tag für den Wohlstande Ottobeyrens? wie fest, wie krässtig war also die Stifftung dieses freyen Reichs-Stiffts, welches die sieben Berge Roms in ihre Verwahrung nahmen, und der Felse der Kirche unterstützte, gegen welchen die Macht der Hölle selbst unkrässtig ist. Ich kan der für Ottobeyren günstigen Patriarchen, Cardinälen, Ertz-Bischöffen, und Bischöffen auß Mangl der Zeit nicht gedencken, wie ich auch von denen zu dessen wohl aufgeweckten Römischen Kaisern nur in Kürtze sprechen muß.

Karl der Grosse, ein Fürst, welcher das deutsche Kaiserthum stifftete, dessen Grund bereits P.pin sein Vatter legte, Karl sage ich, welcher die Ehre deß Römischen Stubls, die Rechte deß Priesterthums mit allen Krässten von Bedruckungen loß machte, das Christenthum mit fliegenden Wassen erweiterte, Wittekind den Fürsten deß Abgöttischen Saxens zur Erkenntnuß deß Gecreutzigten bracht, den Götzen-Dienst in den Provintzen Germaniens und anderer Ländern außrottete, die mächtigsten Feinde der Kirche, und deß Reichs in seinen Triumphen mit Fessen, und Ketten belud, und sich vor allen den Namen deß Grossen erwarb, würde mir schon genug seyn die Vertheidigung Ottobeyrens auf Erden als die krässtigste zuerklären. Es legte dieser grosse Monarch mit Hildegard seiner Gottseeligsten Ehe-Gemahlin nicht nur etwas namhafftes von seinem Eigenthum der Stifftung bey, sonder machte sie durch einen ungleichlichen B-stättigungs-Brief zu einer krässtigen. Alle Sylben trieffen von Hulde, und Gnaden; und alle sind würdig, daß sie Ottobeyren nicht nur mit danckbaren Küssen täglich verehre, sonder in Gold-Blatten feyrlichst eingrabe. Er nahm Ottobeyren in seinen selbstigen Schutz auf, und trug ihm seine eigenen Mundiburdien, wie die alten sprachen, oder Pflegschafft an. Er ertheilte der Kloster-Gemeinde die unumgeschränckte Vollmacht sich ohne jemand anderen die Aebbte zuerkiesen, er setzte es von aller Zoll-Abgab zu Wasser, und Lande frey; und vergönnte dem Gottes-Hause die unzustörende Befugnuß sich einen Advocaten oder Schutz-Vogt auß den mächtigeren zubestellen, welcher seines Ambts sich nicht mißbrauchen, und zu diesem Ende sich dem Kaiser, und Prälaten mit beyden Eydschwüren verpflichten sollte. Er ertheilte diese kostbare Vorrechte in den heiligen Pfingst-Tägen, weil es ein Werck deß Göttlichen Geistes war, und unterzeichnete sie zu Mayntz, damit das gantze Reich dessen kündig wär. Will jemand die Ottbeyren von gantzen Kaiserlichen Hertzen zuerkannte Freygebigkeit der Ottonen, Lotharien, Friedrichen, Sigismunden, Karlen, Maximilianen, Ferdinanden, Leopolden, Josephen und anderer Reichs-Häupteren biß auf diese Stunde wissen, der befrage sich allhier um die Nachrichte, damit er die Stifftung als eine krässtige auch von, und wegen jrrdischen Vertheidigern erkenne.

So gewiß alles ist, was ich da beybrachte, so krässtig würde sich dennoch die Stifftung Ottobeyrens in tausend Jahre nicht erstreckt haben, wenn die einheimischen Regenten, und Prälaten das jhrige hierzu nicht beygetragen hätte. Schlechte Befehlshaber, und untaugliche Vorsteher brechen alles ab, was auch die Grösisten der Erde unterstützen. Schläffrige Prälaten, welche sich jhrer Ambts Höhe nur zur persöglichen Kommlichkeit bedienen, jhrer Würde die annemlichsten Täge schaffen, von der Sorge nichts wissend auf die Rechte jhres Gottes-Hauses die wenigsten Blick werffen, die Bekränckung derselben mit einem kalten Blut, in einer gähnenden Gleichgiltigkeit beherzigen, und auf jhre Insten, welche sie sich mit den Pflaum-Federn der weichen Trägheit zu einem Polster außfüllten, sich hinlehnen, oder sich selber als einer Schlafhaube ge-

gebrauchen, da unter ihnen dennoch wie unter den Kronen, und Fürsten-Häuten so viele Arbeiten, Sorgen, und Kümmernissen stecken, zerrütten alles in kurtze, und fast bey einem Lichtstumpe, was geistliche, und weltliche Vertheidiger bey vielen Sonnen-Strahlen, in einer Reihe langer Jahren zu dessen Dauer vorkehrten. So gut die Einflüsse deß Himmels über Cedern, und Palmen das Wachsthum außspenden, so kurtz harren sie auch in gedeyenden Erdschollen, wenn ihr Marck von einem inneren Wurm abgezehrt ist; und so fleißig die embsige Hande deß Gärtners eine Blume begießt, verwelcket sie dennoch bälder, wenn ihr Hertz-Blat von innwohnenden Käfern oder Ameisen zerbissen wird. Ein Kloster muß durch wenige Jahrhundert kommen, dessen Regenten auf alles, was ihn nutzet, nicht bedacht sind; und grämen sich die Stifter in der Ewigkeit, wenn ihre Stiftungen, ihre so wohl gemeinte Vermächtnissen durch unfähige Prälaten in die bedaurlichsten Ruinen zerfallen. Ein gantz andere Sache ist es, wenn Unglücke, allgemeine Welt-Straffen, gewalthätige Anpackungen außwärtiger Feinden einem Gottes-Hause Schaden bringen; da muß man sich unter dem Verhängniß beugen, und GOtt alles heimstellen, in dessen Hande alles, und sonderheitlich die Templ, und Ordens-Häuser sind.

Glück für Ottobeyren, daß es in der Folge seiner Aebbten meistens grosse zählte, welche es vertheidigten. Sorgfalt, und Kümmernisse, Arbeit und Bestrebung, Mühe, und Anwendungen hielten sie allzeit beschäfftiget, ein so herzliche Stiftung kräfftig zumachen. Die Mütze ihres Haupts, der Staab ihres Ambts, das Pettschafft in dem Karniol ihres Rings, und die Juwelen ihrer Brust-Kreutzen erinnerten sie immerhin der Pflichten, nicht für sich, sonder für das Wohl ihres Gottes-Hauses die nutzbarsten Anschläge zuerdencken, die besten Verfassungen zuersinnen, und die erfoderlichsten Rettungs-Mittl vorzukehren, wenn es die Noth heischete.

Ich sollte da schon wieder die Geschichten von tausend Jahren durchblättern, was Zeit selber Kriege, Unsterne, Mißfälle, Neid, und Mißgunst wieder dieses freye Reichs-Stifft unternahmen. Wie viele Ungemache litt es nicht von einigen ihrer Gewalt sich mißbrauchenden Kasten- und Schutz-Vögten, welche Schutz in Stutz, Schirme in Stürme, Gnaden in Schaden, Recht in Schlecht, Liebe in Diebe verkehrten. Sie glichen einer Wetterwolcke, welche uns in den schwühlen Sommer-Tägen mit einem Schatten bedeckt, und indessen Blitz, und Schaur kochet, unsere Wohnungen, und Felder zuverheeren; und sie waren wie ein Fluß zwischen zwo Auen, welche er mit seiner fruchtbringenden Feuchtigkeit wässern sollte, selbe aber nach übertrettenen Ufern überschwemmt.

Wieder diese Raubthiere hatten die klugen, und großmüthigen Prälaten nicht nur einmahl ihre Schritte zumachen. Sie kämpften wieder die verkappten, und so genennten Schutz-Vögte bey den höchsten Gerichten. Sie wandten alle Kräfften an, die Freyheit unverletzt zuerhalten, den Schaden zuwenden, und ihr Gottes-Hause auß den Klauen derley Hyænen zuerlösen. Sie entschlossen sich zu beschwerlichen, und fernen Reisen die Hilffe der Mächtigen auzusuchen. Sie setzten sich gegen die Klägden ihrer Verläumbderen wie ein Vorgebürg an dem Meer wieder die anprellenden Wellen; und sie thaten für die Ihrigen so unerschrocken, als ein Adler für das Nest seiner Jungen gegen die Schlangen. Die Furcht weitläufig zu werden hält mich nur zur Ansagung ihrer grossen Namen an. Udalricus nachmahl Bischoff zu Augsburg,

Geb.

Gebhardus, Rupertus der Heilige, Isingrinus, Bernoldus, Conradus, Bertholdus, Waltherus, Henricus der Dritte, Henricus von Nordholtz, Johannes von Almatzhoven, Ulrich von Knöringen, Eggo Graff von Schwabeck, Joannes Schedler, Jodocus Niederhover, Leonardus Wiedenmann, Casparus Kindelmann, und fast alle folgende biß auf Rupertus den Anderen waren mannliche Regenten, und unermüdete Vertheidiger Ottobeyrens. Wie biß auf Rupertus den Anderen? war er nicht der beste Begriff alles dessen, was man von grossen Aebbten sagen kan? ja er war es, und da er seines gleichen wenige unter seinen Vorfahreren zählte, verdient er eine gantz eigene Anmerckung. Er setzte sein Gottes-Hause in die vollkommenste Freyheit; und er erhielt von Karl dem Sechsten glorreichisten, und letzten Römischen Kaiser auß dem Hause Habspurg zu dem überfluß der erhaltenen Gnaden den Beynamen eines würcklichen Raths Kaiserlicher Majestät, und höchstderoselben Kaplans für sich, und seine Nachfolger. Eine Ehre, welche mit ihm nicht zu Grabe gieng, sonder den Nachkommenden erblich ist, und darum ein grössere Schätzung verdient, als wenn sie mit seinem Sterbelicht erloschen wär, und mit seinem Athem sich geendigt hätte.

Wird man mich aber eines blöden Gedächtnisses, oder etwa eines unverschamten Verfahrens beschuldigen, daß ich deß heut zu tage glücklichst regierenden Gnädigen-HErrn Reichs-Prälaten ANSELMUS keine Meldung that? Ach! Hochansehnliche! Ich bin der schmeicheley Spinnen-Feind. Ich laß meine Zunge nicht miethen lebendigen das Lob zu sprechen, welche es hassen. Der trefliche Name eines Vertheidigers stehet ihm so eigen zu, als den Sternen seines Wappen-Schildes jener der Lichteren. O! daß wir die Zeite noch lange nicht erleben, wo wir ihn ohne Beleydigung preisen dörffen, das ist, nach seinem Hingang.

Kräfftige Stifftung, welche von Himmel, und Erde vertheidiget ware. Der Berg Sion war von David billig ein Ort der Krafft benamset. Er stuend immer unbeweglich, und verlohr von seinen Theilen nicht das wenigste, ob er schon von zerschiedenen Feinden angestürmet wurde. Seine gantze Beschaffenheit ist bey dem Villapandus, und Salianus zulesen. David machte ihn selbst zu einem Sinnbilde einer krafftigen Hoffnung, da er diejenigen als unbewegliche nennet, welche auf den HErren, wie der Berg Sion, hofften. (o) GOtt sah die Vertheidigung Ottobeyrens mit vieler Zufriedenheit in tausend Jahren; und der neuliche Einweyhungs-Tage dieses Tempels war in seinen Augen der vollkommenste Begriff derselben.

Templ! Gottes-Hause! Ergötzt betrachte ich deine kräfftige Mauren, welche Kunst, und Vorsicht auf die festesten Pfeiler, und Grundsteine setzten. Hoffnungs-voll verspreche ich dir, daß du ohne Gefahre der Erschütterung wieder Fall, und Umsturtz biß an das Ende der Zeiten beharren wirst. Du bist das edliste Werck einer tausend-jährigen krafftigen Stifftung, welcher die mächtigsten Vertheidiger in Himmel, und auf Erde ihre Beharrlichkeit verschaff-

(o) Qui confidunt in Domino, sicut mons Sion, non commovebitur in æternum. Ps. 124.

schafften. Wir haben Ursache dem Himmel in dir mit Opferen und Gebetten schon wieder zu dancken, daß er Ottobeyren vertheidigte; und wir sind gleichsfahls verbunden das Gedächtnusse, das danckbahre Gedächtnisse, deiner zeitlichen Vertheidigern in dir zuerneueren. Wir würden heiliges Gebäude! deiner nicht ansichtig seyn, wenn böse Zeiten die allhiesige Stifftung gedilgt hätten. Unsere Augen wären ihrer Lust beraubt, welche sich an dir auf allen Seithen ergötzen; und unsere Gemüther würden die schönsten Gegenwürff ihrer tröstlichen Rührungen nicht fühlen, wenn der Urstifftung Ottobeyrens kräfftige Beschützer gemangelt hätten. Sie ist als eine kräfftige erwiesen, und als eine freudige ist sie so gleich darzuthun.

* * *

Gaudium in loco ejus
Die Freude in den Innwohneren.

Heitere Seelen sind der beste Theil ihrer eigenen Glückseeligkeit; und aufgeraumte Gemüther befinden sich niemahl besser, als wenn sie sich an ehrbaren Gegenwürffen belustigen. Wie die gesunde Lufft nichts von bösen Außdünstungen hat, sonder von dem Sonnen-Licht aufgebellet ist, also stehet es um das Menschen-Hertz damahls zum besten, wenn es die Freude in rechter Maase kostet. Es läßt sich diese nicht bergen, sie belebet die Stirne, die Augen, und den gantzen Antlitz; und sie macht den gantzen Menschen in Worten, und Geberden frölich.

Es ist freylich war, daß die Ergötzungen nicht allemahl ihre Vollkommenheit erreichen. Sie sind nur so lang von der Dauer, als die Gegenstände der Munterkeit bestehen. Die Saiten einer Laute thönen nicht länger frölich, als auf ihnen in einem reitzenden Thon gespielt wird; und schimmert der Spiegl an der Wand nur so lange, als die glänzenden Gegenwürffe zugegen sind. Die Welt ist kein Ort, wo man sich einer dauerhafften Freude getrösten kan. Sie ist ein Thal der Thränen, in welches die Strahlen der Freuden-Sonne selten eindringen; und wenn sie auch dahin einfallen, wird sie so gleich eine Dem̃erung deß Kummers brechen, oder die Nacht der Traurigkeit gar erlöschen. Ein Mensch, so frölich er thut, stehet in Sorge, und Furcht, ob er es in die länge bleibe, sagt Seneca; (p) und wenn man alle vier Welt-Theile durchwandert, wird wohl niemand zufinden seyn, wenn wir Thoren, und Narren in die Außnahme zählen, der lachen, scherzen, freude zu einer ohnunterbrochnen übung hat. Es mag seyn, daß die Verstellung vieles an der äusserlichen Freude künstlen mag; doch ist nur die Frage, ob das innere Weesen in gleicher Beschaffenheit seye; und gesetzt, daß beede zusammen träffen, würde es bennoch noch eine Frage seyn, ob die Ursache der Frölichkeit ein so munteres Betragen verdiene. Die Erinnerung deß Jüngern Plinius reimt sich daher, es solle sich niemand ohne Noth erfreuen, weil die Ursache der Freude öffters mehreres von der Trauer fobert. (q) Die Tänzer in den Auen Appulisens sind nicht so lustig, wie man glaubt, weil sie von der gifftigen Tarantulen-Spinne gehecket sind, und wer von dem Kraut Sardoa kostet, lachet ohne Ernst, weil es ihm tödlich wird.

J 2

(p) Ubi maxime gaudebis, ibi maxime metuas. Senec. lib. 2. de Ira.
(q) Nullum gaudium, ubi nulla necessitas. Plin. Jun. in Paneg. Trajan. Aug.

Der Himmel ist allein der Platz, wo die wahre und beharrliche Freude anzutreffen ist. Die Spartaner glaubten, daß das Gelächter auß der Welt entwichen, und zu den Göttern übergangen seye, und dahero stellten sie dasselbe als eine GOttheit auf den Altar. So blind sie in der Religion waren, so begriffen sie doch, daß die gründliche und daurende Ergötzung nur jenen zu Theil komme, welche ober den Sternen wohnen; und weil man nur durch Tugend, und Frömigkeit dahin gelangen kan, so sind diese, und alles was jhnen anhängt, auch auf der Erde noch die Quellen einer unverfälschten, und richtigen Freude. David war frölich, und er war es vollkommen, da er vor der Arche, die er auf den Berg Sion übersetzen ließ, auf der Harffe spielend in dem Ephod tantzte. Die spottende Michol an dem Fenster machte jhn nicht nur nicht jrre, sonder munterte jhn noch mehrer zur Belustigung auf. Seine Freude gründete sich auf die Tugend, und Gottesfurcht, und mehrte sich von der Fähigkeit der Aarons-Söhnen, welche den Tabernackl zubesorgen hatten. Jerusalem, und in jhme Salomons Templ wurden von dem Jeremias die Freude der gantzen Welt genennet, (r) da die Priester noch in dem Gesetz eifrig, und erfahren, und in dem Opfer heilige waren; und erfreut sich GOtt in den Himmlen, und die Gerechten auf Erden an keiner Sache mit grösserer Lust, als an einer Gemeinde, wo die Hertzen der Brüdern in der Wissenschafft der Heiligen, und in übung derselben vereinigt leben.

Milde Stifftungen! Ordens- und Gottes-Häuser! wem sollt jhr nicht zur Freude werden, wenn er Eure Jnnwohner in den besten Verfassungen sieht? wenn jhr Phrontisterien der wahren Gelehrtheit, und Asceterien heiliger Jnnsassen seyt? Ach! jhr verdienet die wahre Augen-Lust GOttes, die Wonne der gutdenckenden Welt genennt zuwerden. Der Himmel hat an Euch die beste Ursache sich in einem allgemeinen Jubl zuerfreuen, weil jhr jhm von Zeit zu Zeit neue Bürger liefert; und die Kirche weißt von Euch nicht sattsame Außbrücke deß Trostes zumachen, weil jhr zu jhrem Frommen wackere Männer erziehet. Es ist billig, das Euch männiglich nicht nur tausend Jahre, sonder unzahlbare wünsche, weil jhr Verdienste habt ewig zu dauren. Nur von Neid vergallte Hertzen mögen sich wegen euer Wohlfart betrüben; und nur Schlangen-Könige oder Basilisten müssen bey dem Spiegl euer Herzlichkeit zerbörsten.

Kein Auge, wenn es nicht eines Schalckens ist, wird bey Anblick dieses freyen Reichs-Stiffts sich der Frölichkeit entbehren können; und kein Gemüthe, wenn es gute Regungen hat wird in dessen Betrachtung eine Kleinmuth hegen. Ich rede nicht von den prächtigen Gebäuden, von der schönen Einrichtung, von dem reitzenden Weesen alles dessen, was Sorge, und Geflissenheit für die Jnnwohner, und die Liebe für die Fremdlingen an jhm ersann. Sonder ich finde Beweg-Gründe Ottobeyren als ein Ort der vernünfftigen Freude zu bilden. Zween sind mir genug seine Stifftung wegen seinen Jnnwohneren als eine freudige zu bilden, Gelehrtheit, und Heiligkeit; und wer soll sich an beeden nicht erfreuen!

Sylach der Stiffter, und alle zugleich, welche zur Großheit Ottobeyrens etwas beytrugen, zielten dahin, selbes GOtt, und der Kirche durch gelehrte,
und

(r) Gaudium universæ terræ. Thren. 2.

und heilige Männer nutzbar zu machen. Sie waren in ihren Maaß-Regeln glücklich, und in ihren Absichten nicht betrogen. Daß die Gottes-Häuser das Vatterlande gelehrter Männeren seyen, ist von niemand als einem Schmähsüchtigen zu leugnen. Es sollen Bibliothequen, und Bücher-Kämeren reden, und jene Wercke in offenen Bänden zeigen, welche die Ordens-Männer in ihren stillen Zellen mit emsigen Federn aufsetzten. Man geht nicht zu weit ausser dem Geleise, wenn man sie den Athenæern beyzählt, wo die Wissenschafften nicht in verdächtlichen Winckel-Schulen, wie abgeschmackte Beschnarcher reden, sondern in ernstlichen übungen behandelt werden. Die Gelehrtheit hat da, besonders in itzigen witzigen hitzigen Zeiten, ihre beste Verpflegung; und kommen ihr auch die klösterlichen Vortheile zum Nutzen, weil das Getöß der Welt, das Geräusch der irrdischen Neben-Dingen sie nicht störet, und die den Verstands-übungen ersprießliche Einsamkeit zu ihrem Wachsthum, was der stille Bienen-Korb zur Außarbeitung deß Hönigs, beyträgt.

Die Geschichten älterer Zeiten erzählen uns hiervon untrügliche Dinge, welche mit dem Siegel der Zuverläßigkeit bekräftiget sind. Und was erzählen sie uns? daß die Klöster, und Ordens-Häuser vormahls offene Schulen waren. Wohin schickte Gregorius der grosse die jungen Britten als in die Klöster, allda wieder die falsche Lehre deß Pelagius ihres boßhafften Patriotens die nöthigen Unterweisungen und Gegen-Sätze zu erlernen. Wie beruffen war das Malmesburiensische Kloster, dessen Stiffter Maidulph ein Schottländer es zur Beförderung der schönen Wissenschafften so hoh empor bracht. Mit was Gelehrsamkeit verherzlichte nicht Rabanus Maurus das Gottes-Hause Fuld, wie uns Trithemius versichert; und wie Welt-kündig war die Schule von St. Gallen in Helvetien, wo der deutsche Abt meistens den geistlichen, und weltlichen Wissenschafften oblag. Ich behaupte, und ich behaupte es als eine unwiederlegliche Wahrheit, daß die Klöster, namentlich jene deß heiligen BENEDICTUS zur Aufnahm der Kirche die schönen Wissenschafften zwischen ihren Mauren in der Wiege erzogen, welche nun auf offentlichen Academien so erwachsen sind.

Glückseelige Klöster! wo die Wissenschafften blühen, wo gelehrte Männer ohnverdrossen darinn arbeiten, wo der Müßiggang jener lahme doch butige Zerrüter der Ordens-Zucht, jener Lehr-Meister der Lastern, jener Feind der edlen Zeit, jener Verheerer der besten Talenten mit seiner garstigen Tochter, der Unwissenheit, außgepeitscht, und die wahre Gelehrtheit wohnhafft ist. Ich sage bedächtlich die wahre Gelehrtheit, welche mehr nutzend als reitzend ist, welche weniger Vorwitz, und mehrer Grund hat, welche ihre übungen mehr in die Ernsthafftigkeit, als Spaß, und Zeitvertreibe setzt. Es ist durchauß nicht zu tadlen, daß man den Geheimnissen der hertzigen, und künstlichen Natur nachsuche, auf das Erkenntnisse ihrer verwunderlichen Würckungen bringe, um von der Welt, und dessen Beschaffenheit eine erfoderliche Erklärung machen zu können, und den weisen Schöpfer in seinen Wercken zu preisen. Wenn nur daßjenige allem anderen vorgesetzt wird, was dem Beruff deß Ordens-Stands, der von Kloster-Männeren verpflegten Seel-Sorge, der ihnen zustehenden Religions-Vertheidigung nothwendig ist. Man muß die müßigen von den ernstlichen Stunden wohl unterscheiden, weil jene von einer kleinen Zahle sind. Man hüpft freulich in den ergötzenden Studien wie die Heuschrecken in den lachenden Auen gerne herum, und vernachläßigt indessen, wie diese ihre Nahrung auf die Winter-Zeit, also daß nöthige zu den Stands-Pflichten. Das Auge hat

hat mehrer zusehen, als das Hirn nachzugrüblen. Die lustigen Gegenstände erweichen das Gemüthe, daß es zu festeren Dingen ein Mißtrauen hat, ja, jhnen gehässig wird; und wäre es zuwünschen, daß man auß den angenehmen freyen Künsten nur den Behuff zu den strengeren nähme, wie die Bienen von den bunten Blumen das Hönig für die Menschen, und das Wachs für die Kirche sammlen. Ich sage die wahre Gelehrtheit, welche für GOtt und Kirche sich bestrebt, das Ansehen, die Gewalt, die Rechte deß sichtbahren Statthalters Christi auf Erden, deß Römischen Pabstes vertheidiget, und jenen naßwitzigen Grübleren, deren Religion faulet, deren Glaube außgegeistert, deren Christenthum tod ist, den tapferen Feder-Spitz biethet. Von der Gelehrtheit, welche sich auf Neuerungen der Lehr-Sätze, auf das Übertriebene, mißbrauchte, und übl begriffene Recht der Natur, auf eitle Neugierde ein Witzling zu seyn, auf rebellische der Kirche, und Religion wiedrige Anecdoten gründet, solle man da keine Meldung thun. Ich würde diese herrliche Kantzl mit derley Insecten der unächten Gelehrsamkeit verunreinigen; oder ich müßte von jhnen nur von der lincken Seithe dieses Red-Stuhls sprechen, wo wir in erhabener Arbeit einen verworffenen Apostl, einen zu dem selbst Strang fertigen Judas gebildet sehen, welcher auß der Schule Christi in die Academie deß Caiphas überloff, wo die Jüdischen Philosophen mit jhm durch dreissig Silberling die traurigste Probe machten, daß man auch auß einem Apostl mit Gelt den Geist, wie mit den Antlien den Lufft auß der Glocke ziehen, und mit einem zeitlichen Gewinn, so fluchwürdig er ist, auß einem Jünger deß HErren das Feuer der heiligen Liebe, wie mit dem Electr:fier Würbl die steckenden Funcken auß den Cörperen locken könne. Die Größe von vielen Gelehrten unserer Zeit ruht auf keinem andern Fuß-Gestmse, als daß sie solche zu seyn sich mit hefftigster Eigen-Liebe einbilden. Ihr Stoltz gründet sich lediglich auf die Verachtung deß Alterthums, der Übergaabe, der Kirchen Gebräuchen, und anderer halbbahren Gewohnheiten. Die Schrifften der heiligen Vättern sind jhnen zu safftlose Bläter, die Kirchen-Versammlungen zu partheyisch, und das geistliche Recht mit dem weltlichen zu ungesellig, ja in seinen Quellen zu unrichtig.

Ach! daß auch keine Ordens-Männer sich bey diesen aiberen Neulingen anwerben liessen, welche mit der Verläumbdungs-Trummel eines Puffendorffs, eines Goldasts, eines Conrings, eines Binghams, eines Böhmers, eines Leibnitz die Plätze der studierenden Jugend durchlauffen. Wie verwegen gehen nun auch einige auß Klösteren in frembde Dienste den Vatican zubestürmen, den Felsen deß Petrus zu untergraben, und gegen die Kirche mit Pidarden, und Mauerbrecheren anzuziehen. Wie verwegen singen nun einige in Klöstern nach Noten, welche in falsche Thöne gesetzt sind. Wie undanckbar erweisen sie sich dem Römischen Stuhl, von welchem jhre Ordens-Stände so grosse Vorrechte empfingen. Sie sollten sich die Schamröthe in die Wangen steigen lassen, da sie den Beschimpfern der oberhürtlichen Gewalt beystimmen. Sie sollten von Seneca einem Heyden wissen, daß mehr wissen wollen, als es genug ist, von der Unmäßigkeit entspringe. (s) Und sollten sie wenigst von einem alten Epictet mercken, daß sich niemand mehr selbst mißzutrauen habe, als jene, welche vor andern klug seyn wollen. (t) Nichts wenigers behaupte ich, als daß man sich mit Unrichtigkeiten, mit Jrrthumen beschäfftige, auf die wahre Verhal-

---
(s) Plus scire velle, quam satis est, intemperantiæ est. Senec. Ep. 88.
(t) Ne quid scire videri velis; quod si quid aliis videaris esse, ipse tibi diffide.
Epict. in Enchirid.

haltung der Sachen nicht nachsuche, die Kirchen-Geschichte mit einer bescheidenen Klugheit nicht außeinander setze, und einer vernünfftigen Kritick keinen Platz gebe. Allein Vorurtheile müssen beyseits gelassen, die Ehrfurcht gegen der Kirche in statt, und platz gehalten, die gar zu grosse Schätzung der Heterodoxen vermieden, und von Ordens-Männeren besonders verabscheuet werden. Ich kan nicht begreiffen, daß die Geistlichen Obern derley Habichen schädlicher Schrifften selbe nicht auß den Klauen reissen, ihre Schnäbl beschneiden, und die Federn stumpf machen. O! der Verwüstung in dem heiligen Orte! welcher tapfere Prälaten in frühen Stunden mit Verbannung gefährlicher Neuerungen sich wiedersetzen. O! wenn strafliche Heli zufinden wären, welche mit einem schlummerenden Auge der Gleichgültigkeit ihren verwegenen Söhnen zuschauten, wenn sie GOtt, und der Kirche nicht zwar mit Gablen auß den Opfer-Töpfen, sonder mit frechen Schreib-Kielen auß ihren Rechten etwas abzwacken helffen.

Ottobeyren war durch so viele Jahre die Heimat der Wissenschafften; und will ich derjenige nicht seyn, der dessen gelehrte Innwohner auß vergangnen Zeiten in Zieffer setze, und die in gegenwärtigen noch lebende mit Namen begrüsse. Fand man nicht schon an der Sarge Rupertus deß Ersten und Heil. Abbtens diese Worte angezeichnet: Hier liegt Rupert der grosse Lehrer. Wie viele auß den Conventualen Ottobeyrens wurden wegen ihrer Gelehrtheit mit den Inflen frembder Abbteyen geschmückt? als da nämlich Jacobus Petri zu Blanckstetten, Cuno dem Reichs Gottes-Hause Irrsee, Georgius Albrecht Füssen, Albertus Keußlin bey St. Peter in Saltzburg, und so gar Joann von Wernau dem Hochfürstlichen Stifft Kempten vorstuenden. War die gelehrte Geschicklichkeit in einem einzigen Adilhalmus nicht versammlet, da er nebst Ottobeyren vier andere Abbteyen, als Weingarten, Petershausen, Neresheim, und Füssen beherschte, wie ein einziger Zierl zerschiedene Provinzen abmißt, und ein einzelner Planet zerschiedenen Ländern zum Herschungs-Gestirn gegeben ist? führte Leonard Wiedenmann der für die Wissenschafft der Seinigen eiferende Abbt nicht die edle Buchdruckerey zum Behuff derselben ein? und blühete hier nicht durch dessen Vorsorge eine berühmte offene Schule, auß welcher so viele tüchtige Männer, als auß jener deß Platons, oder deß Stagyriten außgiengen: und auß welcher endlich die heutige vortreffliche Academie zu Dillingen erwuchs? was thaten die allhiesigen Prälaten nicht die berühmte Universität zu Saltzburg in ihre verdiente Höhe zubringen? Sie schickten auß Ottobeyren die fähigsten Männer dahin, die Lehr-Kantzlen zu besteigen, und wenn wir nur die einzigen Gebrüder Frantz, und Benedict Schmier nennten, könnten wir von Ottobeyren ohne zaudern schlüssen, das es eine Pflantz-Erde der Gelehrten, und ein Hause der Freude seye. Man kan sich noch zum Uberfluß die gelehrten Schrifften vorweisen laßen, welche so viele in Kronischen Abhandlungen, Theologischen Erörterungen, Erklärung deß Geistlichen Rechts, kernhafften zur Andacht abzielenden Wercken hervorgaben. Ihre Namen sind allhier wohl aufgemerckt, und der Welt wohl bewust.

Ich muß noch einen Schritt zurück thun, und jener Zeiten mit Trost, und Leydwesen gedencken, in welchen die Wissenschafften fast nicht mehr kenntlich waren, wo die Dumheit beynahe alles überschleyerte, und die Trägheit unter den Geistlichen einen einäugigen Luther zum König in dem Land der blinden machte. Es gab nichts zufechten, es ließ sich kein Hannibal vor den Porten

ten Roms mehr sehen; und Karthago wir geschleifft. Man lebte in einer unvorsichtigen Ruhe man ließ das gute Vögelchen, O! das Böse, walten, welches in seinen Flüglen keine Schreib-Federn trug, sonder mit seinem gefräßigen Schnabl nur in dem Futter-Trog arbeitete, biß die Zeiten anbrachen, wo man aufgeweckt war, den einbrechenden Glaubens Schwachmereyen entgegen zugehen. Grosse Gelehrten waren damahls bald gezählt; und man fand von ihnen einige zu Ottobeyren, als die schmalkaldischen Unruhen sich äusserten. Die Iris-Lehre begunte sich gegen die Ottobeyrischen Oerth auß zudehnen; die Bibl Luthers, und andere Gifft, und tod bringende Bücher wurden den Brüdern aufgedrungen, das Opfer der heiligen Messe untersagt, das Chor-Gesang verbothen, und alles Christliche in die Acht erklärt. Es schliech sich das hopfenleichte und mit krafftlosen Saltz (u) besprengte neue Evangelium von den Gräntzen nach Ottobeyren. Doch sorgte der Himmel wieder so förchterliche Dinge. Es waren gelehrte, und großmüthige Männer zugegen, welche mit ihren gründlichen Lehren den Unterthanen eines besseren unermüdet belehrten: selben bey der alten, wahrhafften Religion erhielten, dem Unweesen die Thore versperrten, und die falschen Gegen-Sätze entnerveten.

Alles in den heute regierenden Reichs-Prälaten, wie die Iliade deß Homers in eine Nuß-schaale zusamen geschlossen. Ist seine Gelehrtheit nicht zu Freisíng, Saltzburg, und Fuld unvergeßlich? war er kein außbündiger Kenner guter Schrifften? bestuenden seine Lebens-Jahre in etwas anders, als einem löblichen Wucher seines edlen Pfunds? ist sein weitschichtiges Gedächtnuß nicht durchgehends besonders in Genealogischen Geschichten der Durchlauchtigsten, und adelichen Häusern zubewundern? bereicherte er nicht die alhiesige Bücherey mit den kostbarsten Wercken? und war er nicht ein Mæcenat, ein Beförderer der Wissenschafften in seinem Gottes-Hause?

Ich würde eine Antworte erwarten, wenn ich selber nöthig hätte. Da ich aber die platte Wahrheit zur Gönnerin hab, kan ich ohne Anstand mich zur Heiligkeit der Innwohnern wenden eine freudige Stifftung noch ferners zuebweisen.

Wo erglebt sich eine schönere Gelegenheit heilig zu werden, als in den Klöstern? die Welt hat zwar für sich keine gesperrte Strasse, durch welche man zu der Heiligkeit nicht gelangen könnte. Wie der Himmel sie aller Orten bedeckt, so stehen ihren Bürgeren dessen Porten, welche nach Anzeige deß Apocalyptischen Evangelisten zwölffe sind, immer offen. (x) Ein Welt-Mensch hat keinen Abgang in deme, was zur Heiligkeit führen kan, wenn er sich der Mitteln nur gebrauchen will. Gesamte Stände, wenn wir von dem Thron biß auf den Pflug, und Bettl-karren herabsteigen, zählen Heilige. Sie bestrebten sich dem Gesetz nach zuleben, ihrer Sinnen sich zu bemächtigen, die Leydenschafften abzutoben, und durch einen wohlverfaßten Distritt ihre Seelen dem Himmel, ihre Leiber den Altären einzuschicken.

Wer in der Welt Fromm, und Gottseelig zu seyn unter die Unmöglichkeiten rechnet, der muß nicht wissen, daß man die Diemanten auß dem Letten, und das Gold auß dem Koth zur Zierde der Kronen nehmen kan. Es ist eine lehle

Auß-

(u) *Sal infulsum.* Marc. 9. *Sal infatuatum.* S. Aug. lib. 1. de Serm. Dom.
(x) *Portæ ejus non claudentur.* Apoc. 21.

Außflucht, ein falscher Wahn ist es, die Gefahren der Welt seyen zu reitzend, die Lüsten zu hefftig, und das Thor der Hölle zu weit. Der tapfere Heldenmuth eines Christen förchtet sich von allem diesem nicht. Er trotzt alles, er bleibt seinem GOtt in dem vorgeschriebenen Beruff getreu; und vermehrt als ein Sieger die glätzenden Lorbeer in einer solchen Zahle, daß sie jene auch strenger Anachoreten, und Ordens-Leuten übersteigt. Nichts kleines, etwas grosses ist es, die Welt mit Füssen tretten, da sie reitzet, die Gelegenheiten fliehen, da sie locken, und gegen die Sünde kämpfen, da sie schmeichelt.

Ein Ordens-Manne hatte von deren Anstössen weniger zubefahren. Er ist von seiner Zelle, wie der Eis-Vogl von seinem Nest, und von seines Klosters Mauren wie ein festes Land von dem Ufer gegen die Wellen beschützt. Er nähret seinen Geist mit der Beschaulichkeit himmlischer Dingen; und er belustiget sich von Hertzen, wenn er von den Welt-Freuden entfernet seinen GOtt bey dem Psalmen-Pult loben kan. Er folgt seinem Obern auf die mindeste Augenmercke; er wirfft auf die mindeste Regung einer unordentlichen Leidenschafft die schärffisten Blicke; und so hat er zur Heiligkeit, wie der Paradeis-Vogl zur oberen Lufft die geöffnete Strasse. So wahr ist es, daß ein Kloster die schönste Gelegenheit heilig zuwerden seye; und eben so urtheile ich, daß der Himmel vor anderen Ständen mit Ordens-Leuten bevölckert werde.

Wenn wir uns die Zeit-Tafeln deß uralten Ottobeyrischen freyen Reichs-Stiffts vorlegen lassen, können wir ohne Schau-Rohr die hellen Sterne so gleich in Menge sehen, welche in das Firmament deß freuden-vollen Himmels von hier übersetzet worden. Toto der erste Abbt, und Sohne deß Stiffters gab durch seinen umtablhafften, und heiligen Wandl Ottobeyren den Namen eines Hauses der Freude. Er tratt die ersten Fuß-Tapfen der Heiligkeit seinen Nachkömlingen auß, und war er wie der Abend-Stern, welcher der erste am Himmel glätzet, und dem Reihen der übrigen Gestirnen vorleuchtet. Seine achtzig Lebens-Jahre, die er in Unschulde, und Gottseeligkeit hinterlegte, geben uns die Rechnung seiner Verdiensten. Die bey seiner Ruhstatt sich eräugende Guttthaten sprechen von seiner Heiligkeit in einem erhabenen Thon; und die Auffschrifft seiner steinernen Todten-Sarge bezeugte, daß er schon vor tausend Jahren den Ehren-Titl eines Ehrwürdigen Patters trug, welchen das Alterthum nur den heiligen, und geprüfften Dieneren GOttes zustuend. Nidgarius der Dritte Abbt ward durch die Heiligkeit, wie Widgarius sein Nachfolger zur Bischöfflichen Kirchen-Haube deß Augspurgerischen Hochstiffts erhoben; jener war so voll deß Geistes, daß er durch das beharzliche Gebett seine Knieescheiben außhöblte; und dieser predigte das Evangelium in dem Schweitzer, und Graubündner Gebürg zu erstaunlichem Nutzen der Seelen. Ulrich ein Graf von Kyburg machte Ottobeyren mit seiner Heiligkeit groß, dessen Verwalter er war. Es brach selbe, da er Bischoff zu Augspurg war, nicht nur durch gantz Vindelicien, sonder durch die gantze Welt also, daß ich von ihr weiter zureden so überflüßig arbeiten würde, als jener, welcher den Lech-Strom mit etlichen Wasser-Tropfen zu vermehren sich unterstünde.

Rupertus der Erste kam mit einer achtzig-jährigen Heiligkeit zur Abbteylichen Würde auß der berüchtigten Asceten-Schule deß heiligen Theogerus. Er führte für das Geistliche Wohl der seinigen zum allerhöchsten Wohlgefallen dreyer Römischer Kaisern Friderichs deß Rothbarts oder deß Ersten, Friderichs

deß

deß Anderten, und Lotharius die damahls so hochgepriesene Kloster-Zucht von Hirschau ein. Die Gewalt gegen die höllischen Besitzer, und Innhaber menschlicher Leiberen, der Geist der Weissagung, und die zweyfache Ubersetzung seiner ehrwürdigsten Gebeinen sind uns von seiner Heiligkeit die sicherste Urkunden. Joannes Isingrinus sah vor sich keinen anderen Fußsteig, als jenen der Heiligkeit, welchen ihm sein Vorfahrer gantz frisch geebnet hinterließ. Er war auf der ruckreise von Rom begriffen, da er auß der Entzweyschnellung seines von Rupert ererbten Reise-Stabs den würcklichen Brand Ottobeyrens wahrnahm. Innbrünstig sein Kloster mit Heiligthumen zubereichen, und von Gottseeligkeit angetrieben begab er sich nach Cölln, und brachte viele ansehnliche Theile von der gemarterten Gesellschafft der heiligen Brittannieren Ursula von dar zuruck. Wie ansehnlich war die Tugend deß zwantzigsten Abbten Conradus. Seine Gedult war nicht zu schwächen, und seine Ergebenheit in die Verordnungen deß Höchsten erleichterte ihm alle Beschwernissen. Er hatte wie der Palmen-Baum seine Aeste, also sein Gemüthe unter Last, und Bedrückungen immer empor gehalten; und konnte ihn noch das rauberische Verfahren der Schutz-Vögten, noch die Eindscherung seines lieben Ottobeyrens von dem Vertrauen auf die ewige Vorsicht abwenden. Die Ruhe seiner erblaßten Leiche machte den Ruf seines seeligen Todes laut; und hielt ihm der an dem Creutze hangende Erlöser nicht zwar mit Worten, sondern mit Wendung seines Angesichts gegen dessen Grabe die stattlichste Leichen-Rede. Ich bin ausser stand jemand heilig zu sprechen, doch weise ich sie Hochansehnliche! zu den Jahrs-Schrifften Ottobeyrens, und dessen Necrologien, wo sie die Nämen Gottseeliger Männeren finden werden, welche souder zweifl in dem Register der Außerwählten mit schimmerenden Buchstaben von jenen verzeichnet sind, der die Nämen seiner Himmels-Bürgern selbst nach Verdiensten in das Lebens-Buche einsetzt.

Vernünfftige Muthmasung! nothwendiger Schluß! der heilige Vorgang so frommer Vorstehern müste den Untergebnen nichts denn Heiliges eingeflößt haben. Die guten Beyspiele lockten alle zur Nachfolge, wie die ältern Granich-Vögl die jüngern zum Flug an. Die trifftigsten Erinnerungen liessen der Lauigkeit keine Weil sich unter den ihrigen ein Lager aufzuschlagen. Sie muste so gleich wandern, wie die kalten Reifen auf den Matten, wenn sie von den Sonnen-Strahlen beschienen sind. Alle, und jede waren zur Heiligkeit aufgebothen, und eroberten selbe nicht nur ein Hatto, ein Bernoldus, und ein Layen-Bruder Bruno, sonder noch unzahlbare andere, deren Ehrwürdige Asche die Grund-veste dieses Tempels ist, und deren Gottgefällige Lebens-Thaten Ottobeyren zu einem Hause der Freuden machten.

Freudige Stifftung! wie gefielest du GOtt, und den Menschen. Was eine Lust machtest du GOtt in tausend Jahren, und wie rührte sie ihn an dem abgewichenen Tage der Einweyhung dieses Tempels, welcher vor seinen Augen wie die nämlichen tausend Jahre waren. Der Berg Sion ware ein Ort der Freude. Ich setze sie aber nicht darinn, weil die Priester, und Leviten mit Posaunen, Zincken, und Zimbeln den GOttes-Dienst begleiteten, sonder ich gieb ihm diesen Namen, weil Lehre, und Heligkeit auf ihm zufinden waren. Nicht nur die Gelehrten der Hebræeren erklärten allda das Gesetz GOttes, sonder der Heyland selbsten lehrte allda seine Jünger, und das Volcke. Da war es, wo der Geist GOttes, der Geist der Wissenschafft die Aposteln an dem

dem Pfingst-Tage zu Lehreren der gantzen Welt staltete, welche das Evangelium in die Welt außtrugen. Da war es, wo nicht nur der abegangene Bund seine Opfer entrichtete, Salomon seinen Templ erbaute, und das Heiligthum Israels verwahrt wurde, sonder wo Christus selbsten dem neuen Testament den Anfang gab, und das heiligste seiner Geheimnissen, das Gedächtniß seiner Wunder-Wercken, daß Meister-Stück seiner Allmacht, das allerheiligste Sacrament deß Altars stifftete. Wahrhafftig ein Ort der Freude.

Tempel! GOttes-Hause! schon das brittemahl hab ich mit dir zusprechen. Du bist ein vollkommenes Hause der Freude vor GOtt, und Menschen. Da bist auf einen Platz gestellt, dessen Bewohner mit Gelehrt- und Heiligkeit beeden die größte Ergötzung machten. Niemand kan dich ohne innerste Hertzens-Freude besuchen. Er muß so bald er in dich einzutretten gesinnet ist, mit dem auf den Berg Sion pilgerenden David bencken, und sprechen: Ich erfreute mich, da man mir sagte, wir werden in das Hause deß HErren eingehen. (y) Die Gelehrten werden fürohin auf dieser Kantzl zur besten Lust GOttes, und der Gerechten die Weege deß Heyls lehren, und die Heiligen werden mit ihnen das Lob deß HErren in den neuen vortrefflichen Chor-Stülen, und auf den Orchestern mit froher Kehle absingen, weil Heilig und Gelehrt seyn sich ohne Schwürigkeit gesellen. Methodius heiliger Bischof zu Tyrus nennte den Berg Sion einen jrrdischen Himmel, daß ist, ein Ort der Freude; und wir grüssen dich Ottobeyrisches Sion! mit eben den Worten, dieses grossen Prälatens, als die Stadt deß grossen Königs, in welcher die Geheimnissen unsers Heyls (z) in diesen Tagen zu allgemeinem Trost vorgiengen, und in Zukunfft vorgehen werden, als einen jrrdischen Himmel. O! daß wir unserer Schuldigkeit fürohin genug thäten, und in dir jenen grossen GOtt in Geist, und Wahrheit allzeit anbetteten, dessen Templ, dessen Lust- und Freuden-Hause du bist. O! daß unser Vergnügen in dir nicht so bald zu seinem Ende gieng, wie Ich zu dem

Beschluß

Einer Rede. Villeicht ist die Schnur der mir vorgeschriebenen Zeite überschritten, doch ich bleibe noch bey jhr. Ezechiel der Prophet sah in seinen Erscheinungen einen Manne, welcher nicht nur daß zuerbauende Jerusalem, sonder auch den zukünfftigen Templ mit einer Schnur abmaß. Ich hatte heute auß hoher Vergönnung nichts zu thun, als diesen erstaunungswürdigen Templ mit einer Stifftung von tausend-Jahren, und tausend Jahre mit diesem Andachts-Pallast abzumessen. Ich suchte so viele Jahrs-Läuffte zu der Großheit desselben, und jhn zu der Zahle so vieler Zeiten zugebrauchen. Der einzige Tage der Einweyhung war in den Augen GOttes, wie tausend Jahre, binnen welchen Ottobeyren auf den Erde-Schollen beharrte; und eben die Geschichten von tausend Jahren waren uns in diesem einzigen Tage erneuert. Der neue Templ ist auf eine Stifftung von tausend Jahren gesetzt, welche die vollkommenste war. Sie war herrlich in den Stifftteren, kräfftig in den Vertheidigern, freudig in den Innwohneren.

Ll 2   GOtt!

(y) Lætatus sum in his, quæ dicta sunt mihi, in Domum Domini ibimus. Ps. 211.
(z) Salve civitas Regis magni, in qua salutis nostræ perfecta fuere mysteria, salve terrestre quoddam cœlum. S. Method. Serm. in festo Purif.

GOtt! Urheber der Glückseligkeiten! Quelle deß wahren Wohlergehens! Beherrscher der Zeiten! Schützer deiner getreuen Knechten! HErr! dessen Thron tausend, und tausend der Englischen Geistern umzinglen, dessen Majestät die Cherubim, und Seraphim, und was immer in den neun Chören deiner unermeßlichen Hof-Statt wohnet, mit Heilig, Heilig, Heilig und Alleluja besingen, dessen Herrlichkeit vor etlichen Tägen den schönen Umfang dieser gebeiligten Mauren bezog. Ach! erhöre das Gebett deines Volcks, deiner Gläubigen, welches sie vor deinem neuen schimmernden Tabernakl von Hertz, und Lippen entlassen. Unser Sehnen zielt dahin ab, daß wir dich als den höchsten Stifter unsers gantzen Weesens allzeit erkennen, deine Ehre, die Religion, unsere Seelen auf das sorgsamste vertheidigen, und in dem heut zu Tage so bestrittenen ächten Christenthum, wo nicht gelehrte, doch wohl gegründete, standhaffte und heilige Beobachter deines Gesatzes bleiben mögen. Du wirst die Stiffter dieses Welt-berühmten freyen Reichs Gottes-Hauses schon von tausend Jahren her mit der Krone eines Gottesförchtigen Adels in den Himmlen geschmückt, die Vertheidiger desselben mit ewigen Lorber-Kräntzen beschenckt, und deren gelehrte, und heilige Innwohner mit einer immerwährenden Glori belohnet haben. Wir empfehlen dir die grosse Seele RUPERTS deß Anderen unvergeßlichen Abbtens, welcher den ersten Grund-Stein dieses Templs in den Schooß der Erde legte. Wir zweiflen nicht, daß sie für ihre gute Entschlüsse dich in Sion als einen freygebigsten Belohner würcklich erfahre. Tröste sie, weil sie die gantze Nachwelt mit ihrem Gottseeligen Bau-Eifer trösten wird. Verlängere die Täge deines betagten Knechts ANSELMUS, dessen unermüdeter Fleiß, sinnreiche Gedenckens-Art diesen Templ zu allgemeiner Gutheißung in einen so prächtigen Stande bracht, dessen Andacht in seinem dieser Tagen darinn gehaltenen Meß-Opferen glimmte, und dessen vergnügte Seele mit Simeon das trostreiche Sterbe-Lied: Nun, O! HErr laß deinen Diener im Frieden dahin gehen, weil meine Augen, so verdunckelt sie von meinem gegen die achtzig Jahre vorgerückten Alter sind, dein Heyl gesehen haben, anstimmte. Setze ihn, wenn seine Sterblichkeit zu Ende geht, mit seinen Woppen-Sternen in jenen Horizont der Ausserwählten, wo sie keine Eclypsen mehr zubefahren haben, sonder mit jenen ewig leuchten werden, welche zu deiner Ehre, zu nutzen der Welt sich gäntzlich verzehrten. (aa)

Eines aber würdige Söhne deß grossen Benedictus! eines aber sey euch unverhalten, ihr liebsten! daß ein Tage bey dem HErren wie tausend Jahre, und tausend Jahre wie ein Tage sind. Der HErr ist groß, und überauß lobwürdig, alles ist bey ihm herrlich: Krafft, und Freude sind, wo er unter euch wohnet. Zeucht ein in die Freude eures HErrens, in dieses hochschätzbahre Gottes-Hause. Lobet den ewigen mit frischem Eifer. Dancket ihm für die grosse Stifftung euer unverbesserlichen Wohnung so wohl dem Leib, als der Seele nach. Läßt den Neid seine böse Zähne nur auß dem Kiefer beissen, läßt die Mißgunst nur rasen, wenn sie eure Wohnungs- und Kirchen-Gebäude tadlen. Die Violen sind in ihrer hohen Farbe demüthig, die Perlen verliehren in dem Gold nichts von ihrer Reinigkeit, die Schein-Würme sind in ihrem Licht dennoch arm; und euch ist in mitte deß Glücks

---

(aa) Fulgebunt quasi stellæ in perpetuas æternitates. Dan. 12.

Glücks von dem Ordens-Geist nichts benohmen. Ihr überführet die Welt, die wieder den Pracht der Templen so boßhafft benckende Welt, daß man GOtt geben solle, was GOttes ist, und dem Kaiser, was deß Kaisers ist. Ihr erdachtet geflissentlich alles, was diesen Templ zieren konnte; und ihr dachtet recht dem Allerhöchsten eine in allen Theilen kostbahre Wohnung in Zeiten aufzustellen, wo man ihme nichts mehr gönnen, zu seiner Ehre nichts mehr beytragen, und seinen GOttes-Dienst immer schmählern will. Der Unterthan kan sich keines Abgangs diesfahls beklagen, der Frembdling keines Mangels beschwohren, und der Bettler keiner Noth bekümmeren. Ihr seyt vor der gerechten Welt von aller Ubermaase entschuldigt, und Lästerern darfft ihr die Feige zeigen.

Nehmet Theil an diesem außerordentlichen Bett-Hause ihr getreuen Unterthanen! Ich gönne euch von Hertzen die unaußsprechliche Lust, welche ihr in Besuchung desselben fühlet. Wie glücklich seyt ihr zu schätzen, daß euch bieher zukommen, Hertz und Gemüthe zu belustigen, so offt es euch nur beliebt, erlaubt ist. Nun sehet ihr, wie hertzlich euere Arbeiten, Frohndienste, und Beyhilffe außfielen. Läßt euch keine Reue kommen, sonder rühmet euch, daß ihr das Glücke geniesset, zu einem Templ etwas beyzutragen, welcher die Ehre nicht nur Schwabens, sonder deß gantzen Deutschlands ist.

Dich endlich prächtigen Templ! segne derjenige, dem du geweyht bist. Der geheiligte Dufft der Opfer-Kernen füllte dich diese Woche zur Ehre deß Höchstens. Gebette, und Seufftzer thöneten durch deine grosse Gewölbe, der schöne Genuß heiliger Sacramenten, die erträglichen Gewinnste der Ablassen waren die Erstlinge der Religion, die sich von dir verherzlichet. Die Englischen Geister, die Seelen deiner Schutz-Heiligen, deiner Stifftteren, deiner Vertheidigern, und deiner ehemaligen Gottseeligen Innwohnern liessen sich sonder zweiß auß den Himmels-Höhen in dich herab, GOtt, ihren und unseren GOtt zu preisen, welcher in dir auf die prächtigste Art besitz nahm. Ach! solltest du auch einmahl in dem allgemeinen Welt-Brand begriffen seyn? wirst du ebenfahls das traurige Schicksaal der allgemeinen Einäscherung zeitlicher Dingen erfahren müssen? nur schade, und tausend schade. Doch die Verordnungen deß Höchsten müssen zu ihrem gerechtisten Ziel kommen. Du bist nur ein kleiner Vorhof, so groß du bist, jenes ewigen Tempels, jenes ewigen Hauses, welches, wie Paulus seine Korinther versicherte, nicht mit Händen gemacht, sonder in den Himmlen unzerstöhrlich ist. (bb) Indessen stehe bis an das Ende der Zeiten, die Erde solle unter dir nicht beben, die Elementen sollen dir günstig bleiben; und die Glaubigen sollen dich besuchen.

Dieß ist mein Glücks-Wunsch, welchen ich von meiner aufrichtigen Brust dir, und der gantzen tausend-jährigen hertzlichen, krafftigen und freudigen Stifftung Ottobeyrens zum Geschencke gieb. Du bist von der Bau-Kunst eines Fischers, eines Bayrischen Vitruvius, von den feinsten Gips-und Marmor-Zierungen eines Feichtmayrs, von dem Pensel eines Zeilers, von dem Kunst-Eisen eines Christians O! deß Schwäbischen Phidias, von der schönen, und reinlichen Holtz-Arbeit eines Hermanns nach genügen herauß geputzt. Gedulde daß ich auch, ob ich schon kein Werck-Meister zierlicher

---

(bb) Ædificationem ex Deo habemus, Domum non manufactam, æternam in cœlis. 2. Cor. 5.

Dingen bin, mit meiner Feder an deine erhabene Propyleen folgendes theils nach den gewöhnlichen Zahl-Buchstaben der Römern, theils in geflochtnen Worten zum Überfluß anschreibe:

ottobVra
hIsCe DIebVs
MagnIfICe, fortIter, Læte
enCænIans.

Templum hoc *millenos* in se modo continet annos,
Fabrica *millenis* plena, referta bonis.
Magnifica, & *fortis*, simul & *Lætissima mille*
Servatur lustris integra' tota suis.

Kloster
Ottobeyren
HerzLICh / kräfftIg / freVDIg
In
EInsegnVng seInes TeMpeLs.

Von tausend Jahren her steht Kloster Ottobeyren /
Der neue Templ schlüßt sie alle in sich ein,
Davon wir itzt mit Lust die Weyhungs-Täge feyren,
Was herzlich / kräfftig nur, und freudig auch mag seyn,
In dieser Stifftung ist; und dieß von tausend Jahren,
Der Tempel soll so viel, noch mehr dazu erfahren
Amen.

Auf diesen schnee-weissen Lob-Redner folgte ein ebenfalls schnee-weisser hoher Priester, indeme Ihro Hochwürden, und Gnaden der Hochwürdige HErr MAURITIUS, Abbt deß Löblichen Reichs-Stiffts, und GOtts-Hauses Roth, dann der Löbl. Reichs GOttes-Häuser Weissenau, und Marchtall, wie auch der Löbl. Stifftern Wilthau in Tyrol, und Steingaden in Bayern Abbas hereditarius, und Superior Ordinarius jenen, welcher der weiß, und rothe Bräutigam der Seelen ist, in dem feyerlichst, und andächtigst abgesungenen Hoh-Amt aufwandelten.

Die Mittags-Stunden machte die glückliche Ankunfft deß Hochwürdig, und Gnädigen HErrn Prälaten von Füssen merckwürdig. Dieser frohe Zeit-Punct ware in Wahrheit für uns erwünscht. Denn jene enge Freundschafft, so durch mehrere Jahrhundert zwischen diesem uralten GOttes-Hauß, und Ottobeyren fürgebauret, wie sattsam der von hier dahin anverlangte erste Infulirrte Abbt samt den zwey hernach beruffenen Verwaltern, und besonders die in unruhig, und gefährlichen Zeiten allborten gesuchte Sicherheit erprobet, zugestehet schweigen, muste uns besonders vergnügt seyn, daß wir das würdigste Ober-Haupt unserer Augspurgischen Benedictiner Congregation das erstemahl zu verehren, das Glück hatten.

Achter Tag.

Die Reihe der Lob-Rednern hat heute der Hochwürdige und Hochgelehrte Herr P. ALEXANDER Scheffler unseres Reichs GOttes-Hauses Capitular, und nunmehro Oberer bey unserer Marianischen Wallfart in Elderen beschlossen. Sein Zweck ware alle Anwesende, und absonderlich die Ottobeyrische Unterthanen zur schuldigsten Danckbarkeit für die von dem drey-einigen GOtt verliehene Gnaden zu ermahnen, wie auß der Predigt selbst erhellet.

THEMA I.

Posuisti sæculum nostrum in illuminatione vultûs tui.
Du hast unsere Jahrhundert in das Licht deines Angesichts gestellt. Psal. 89. v. 8.

THEMA II.

Fecit ergo Noe omnia, quæ præceperat ei Dominus.
Und Noe thate alles, was ihm der HErr befohlen hatte. Gen. 6. v. 22.

Der Eingang

Wird von dem Berg Thabor hergeleitet, welchen die neue Cantzel vorstellet.

Ich weiß nicht, wo ich heut bin, stehe ich auf dem Berg Thabor, oder auf dem Berg Ararat, oder auf der Cantzel einer Neu-geweyhten Kirchen? Diesem seye, wie ihm woll; ich bin an einem guten Ort, bonum est nos hic esse; (a) dann wo GOtt ist, da ist allzeit gut wohnen, ubi Deus, ibi Cælum: vor heut stehe ich in dem Hauß GOttes, Hæc est Domus Domini firmiter ædificata; also hab ich hier gut zu wohnen: darum will ich ohne Verzug mit dem brinn-eyfrigen Petrus wo nicht drey Hütten auf diesem, faciamus hic tria tabernacula, wenigst mit dem Ertz-Patriarchen Noe nebst einer neuen Arch GOtt zu Ehr, und Danck auch einen neuen Altar auf dem Berg Ararat bauen, und hiemit den ersten Stein zu meiner heutigen Predig hurtig gelegt haben, fecit ergo Noe omnia, quæ præceperat ei Dominus. Aber was rede, oder traume ich vilmehr? fürwahr lauter Wunder-Ding. Posuisti sæculum nostrum in illuminatione vultûs tui, es stehen ja all unsere Vorhaben und Werck, alle Jahr, Täg, Stund, und Minuten unsers kurtzen Lebens im hellen Allmächtigen Licht und freyer Willkühr deß Göttlichen Angesichts? das ist, und bleibt ewig wahr. Allein dessen ohngeacht fange ich unter diesem himmlischen Schutz, und Schimmer das Gebäu mit Lust und Freuden an. Moyses stunde einst auf dem Berg Sinai, und redete mit GOtt

---

(a) Matth. c. 17. v. 4.

GOtt selbst in einem brinnenden Dorn-Busch, wie ein guter Freund mit dem anderen zu reden pflegt; da er aber eintweders auß heiligen Fürwitz, oder all-zugrosser Vertraulichkeit das Angesicht GOttes zusehen begehrte, si ergo inveni gratiam in conspectu tuo, ostende mihi faciem tuam, (b) da wurde er kurtz abgewiesen, und muste sich mit deme begnügen lassen, daß er den Rucken seines HErren sehen kunte, videbis posteriora mea, faciem autem meam videre non poteris; (c) sintemahlen unmöglich, wie jhne GOtt selbst versicherte, daß ein Mensch in diesem Leben denjenigen sehe, non enim videbit me homo, & vivet, (d) der die Unsterblichkeit allein besitzet, und in einem so hohen Licht wohnet, wohin weder das sterbliche Aug, noch der menschliche Verstand gelangen kan, qui solus habet immortalitatem, & lucem inhabitat inaccessibilem. (e) Allhier auf dem Berg Thabor hingegen, O Wunder-Ding! giebt uns Moyses mit dem feurigen Propheten Elias selbst einen Zeugen ab, daß die drey liebste Jünger Christi die Glori oder Herrlichkeit deß Göttlichen Angesichts mit leiblichen Augen angesehen haben, resplenduit facies Ejus sicut sol. (f) Ja der fast so grosse Sünder, als König David hat sich schon lang vorhin in seinen geistlichen Kirchen-Liederen offentlich verlauten lassen, er habe seinen GOtt und HErrn stets in den Augen, und an seiner rechten Seiten gehabt, Providebam Dominum in conspectu meo semper, quoniam à dextris est mihi ne commovear. (g) Der Glantz seines Göttlichen Angesichts seye ihm in diesem finsteren Jammerthal wie ein feurige Wolcken-Saul den Kindern Israel in der Wiesten allzeit ein getreuer Weg-Weiser, die grösste Freud, und Trost seines gantzen Lebens gewesst. Notas mihi fecisti vias vitæ, adimplebis me lætitia cum vultu tuo. (h) Ja er rühmet sich so gar, das GOtt nicht nur all seine Lebens-Täg, sonder auch all seine Werck mit den Strahlen seiner unsterblichen GOttheit begünstiget, erleuchtet, und durchtrungen habe, posuisti seculum nostrum in illuminatione vultûs tui. Wie stimmet nun die Königliche Harpffen Davids mit der Zeugschafft und Text Moysis übereins? Seynd denn David und die drey einfältige Fischer Petrus, Jacobus, und Joannes heiliger oder näher bey GOtt, als Moyses gewesst? oder hat dieser nicht zu sehen verdienet, was jenen mit so grosser Freyheit, und Herrlichkeit ist gestattet worden?

Der grosse Welt-Prediger Paulus löset die Frag, und das Geheimniß zu meinem Vorhaben mit folgendem auf, was er an die Römer geschrieben: (i) alles, was in GOtt unsichtbar ist, (schreibt er) daß wird von Erschaffung der Welt her, durch die erschaffene Ding erkennet, und gesehen, nemlich seine uneingeschränckte Krafft, Macht und GOttheit, seine ewige Weißheit, und Vorsichtigkeit, seine unendliche Güte, Liebe und Barmhertzigkeit, invisibilia ipsius à creatura mundi per ea, quæ facta sunt, intellecta conspiciuntur, sempiterna quoque Ejus virtus, & Divinitas. Paulus will sagen: die erstaunliche Würckung seiner unerschaffnen, und unsichtbaren Allmacht, welche auf dem Berg Sinai in Gegenwart Moysis einen frischen Dorn-Busch durch sein eintziges Wort, Ego sum, qui sum, (k) in vollkommenen Brand gestecket, doch in geringsten nit verletzet hat: Videbat, quod Rubus arderet, & non combureretur: (l) Jene unaußsprechliche Majestät Göttlicher Schön- und Weißheit, welche auß der verklärten Menschheit Christi gleich einer Sonnen auf dem Berg Thabor also herrlich hervorgestrahlet, und auch die leibliche Augen

---

(b) Exod. c. 33. v. 13. (c) v. 21. (d) v. 20. (e) 1. Tim. 6. v. 16. (f) Matth. c. 17. v. 2. (g) Psal. 15. v. 8. (h) v. 11. (i) Rom. c. 1. v. 20. (k) Exod. c. 3. v. 14. (l) v. 2.

gen der Apostel ergötzet hat. Jene wunder- und anbettungs würdigste Vorsichtigkeit welche schon in vorgehenden Zeiten die Arch Noe samt all jhren vernünfftig- und unvernünfftigen Innwohneren von allgemeinem Untergang der gantzen Welt also gnädig, und kräfftiglich errettet, erhaltet, und nach verlauff eines gantzen Jahrs ohne Beschwärniß widerum auf freyen Fuß gesetzet. Jene so tieff als häuffig allen Geschöpffen eingeprägte und unaußlöschliche Merck-Denck- und Wunder-Zeichen der Göttlichen Güte, Liebe, und Gnad, welche der grosse König und Büsser David nicht allein stets in seinen Augen und Hertzen g'habt, sonder in der That auch vor anderen erfahren hat, Mirificavit Misericordiam suam mihi in civitate munita: (m) eben diese so herzlich als heilige Strahlen deß Göttlichen Angesichts leuchten, schimmeren, und glantzen auß der Schönheit, auß der Menge, auß der Ordnung, auß der Lieblich- und Annehmlichkeit all seiner auß nichts erhobenen Dingen dermassen hell und klar hervor, Sempiterna quoque virtus, & Divinitas, das wir GOtt in allen erkennen, und sehen müssen, wenn wir auch selben schon nicht sehen, nicht erkennen, noch loben und preysen, ja nicht einmahl daran gedencken wollen. Die gantze vernünfftige Welt, soderist aber mein liebes tausend-jähriges Ottobeyren, dessen Jubel-Octav wir anheut beschlüssen, ist ein bewährter Zeug dieser unwidersprechlichen Wahrheit.

O denn grosser, starcker, und heiliger GOtt! dessen Allmacht Ottobeyren seine milde und reiche Stifftung, dessen Weißheit und Vorsichtigkeit Ottobeyren seine tausend-jährige Erhaltung, dessen Güte, Gnad, und Barmhertzigkeit, sage es noch einmahl mein in Freuden gantz versencktes Ottobeyren sein gegenwärtiges Fest, Zierd, Glantz, und Herrlichkeit eintzig allein zu dancken hat: O unsterblich, ewig, drey-einiger GOtt! der du alles, was vergangen, was gegenwärtig, und zukünfftig ist, in deiner Erkanntniß, und Vollmacht hast, Scit præterita, & de futuris æstimat, (n) lasse vor heut nur einen eintzigen Strahl deiner glor- und gnadenreichen Anblick in mein Hertz und Zungen herab schiessen, Illustra faciem tuam super servum, (o) dergleichen vor Zeiten auf dem Berg Ararat, Sinai, Sion, und Thabor über deine hocherleuchte getreue Diener häuffig herab geflossen sind, damit ich in dieser Stund nichts rede, als was zu deiner höchsten Ehr, grösseren Lob, schuldigsten Danck, und sittlicher Erbauung meiner aufmercksamen Zuhörer gedeye. Ich bediene mich so denn zu Außführung meines Cantzel-Gesprächs eines zweyfachen Vorspruchs: Posuisti sæculum nostrum in illuminatione vultûs tui, und Fecit ergò Noe omnia, quæ præceperat ei Dominus: der letztere soll den ersten unterstützen, damit weder ich in meinem schwachen Concept, weder meine AA. in der längeren Gedult erliegen. Den Anfang aber mache ich heut, wie auch das End meiner Predig im Namen deß jenigen, der da ist, der da war, und der da kommen wird JEsus Christus heri & hodiè, ipse & in sæcula. (p)

Fernere Erklärung deß zweyfachen Vorspruches.

Posuisti sæculum nostrum in illuminatione vultûs tui. Du allwissender GOtt, hast unsere Jahrhundert mit dem Licht deines Angesichts beschei- net. Fecit ergò Noe omnia, quæ præceperat ei Dominus. Und Noe thate alles, was jhme der HErr befohlen und eingegeben hatte. Als so gar die alte Heyden durch Scharffsinnigkeit der Vernunfft so viel erkennet, daß

N n auch

(m) Psal. 30. v. 22. (n) Sap. c. 8. v. 8. (o) Psal. 30. v. 17. (p) Apoc. c. 1. v. 4. & Hebræ. c. 13. v. 8.

auch die mehrere, ja gleichsam unzahlbare Götter, die selbe angebettet, mit all
ihrer Macht, und Kräfften nicht im Stand wären, das grosse Weesen
dieser sichtbaren Allheit zu all·n Zeiten, an allen Orten und Enden, wieder
alle Zu- und Anfäll in seinem daurhafften Weesen, Zierd und Ordnung zu
erhalten, zu schützen, und vollkommen zu beherrschen, haben sie dieser Ursachen
halber einen neuen GOtt in ihre Tempel, und auf ihre Altär gestellet, deme
sie nebst zwey, oder wie einige Mahler ihne vorstellen, gar drey Gesichteren
den Namen Janus, oder Clusius beygeleget zum Zeichen, daß er mittelst seinem
gantz besonderen Ansehen, und Göttlichen Macht nicht nur die gegenwärtige, sonder auch die verflossne, und zukünfftige Zeit- und Welt-Lauff unter seiner gewaltigen Ein- ob- und Vorsicht haben solte, wie von ihme der Poet singet:

   Annorum, nitidique sator pulcherrimus orbis,
    Idque, quod à tergo est, idque, quod ante, regit.

   Der Zeiten-GOtt mit G'sichter zwey
   Alles regiert, was alt, und neu.

Aber O Blindheit, O Thorheit solcher Menschen, denen der H. Paulus gar
recht verwiesen, und vorgeworffen, das, nachdem sie auß Natur- und Ver-
nunffts-Trieb eine GOttheit unumbgänglich nothwendig zu seyn erachteten,
quia cùm cognovissent Deum, (q) doch in ihren eitlen Gedancken, und Fab-
lereyen sich so weit vergangen, auch ihr unverständiges Hertz durch allerhand
Sünd- Schand- und Laster-Thaten dermassen besteckt und verfinsteret haben,
evanuerunt in cogitationibus suis, & obscuratum est insipiens cor eorum,
daß sie den wahren lebendigen GOtt niemahls erkennet, demselben auch die
schuldige Ehr, und Danckbarkeit niemahls erzeiget haben, non sicut Deum glo-
rificaverunt, aut gratias egerunt. Gebühret also demjenigen GOtt, der Himmel und Erden auß nichts erschaffen, Dixit, & facta sunt, (r) allein die Ehr,
der Danck, und der Nam, daß er ein HErr aller Zeiten, Conspector sæculorum, (s) ein GOtt aller Götter seye, DEUS Deorum, (t) welcher die gantze Welt nicht nur auß dem Abgrund seiner Unweesenheit erhoben, sonder
auch von einem End biß zum andern also gewaltig, und liebreich zu regieren weißt, attingit à fine usque ad finem fortiter, & disponit omnia suaviter.
(u) Das, ob er zwar die Strahlen seiner unbegreifflichen Weesen- und Schönheit einem jeden Geschöpff reichlich hat mitgetheilet, doch die Herzlichkeit seines
Göttlichen Angesichts, will sagen, mit einem in himmlischen Sachen hocherleuchten Dionysio, den sichtbaren Wunder-Glantz seiner unendlichen Allmacht,
Weißheit und Güte in denjenigen weit handgreifflicher blicken lasset, welche er
eintweders zur sonderer Außführung seiner unerforschlichen Rath-Schlüß,
oder zu klarer Beweisung seiner übermäßigen Gnad, oder zur beständigen Wohnung seiner außheiligisten Majestät vor anderen hat außerwählet, wie uns dessen der Psalmist versicheret : Dominus in Templo sancto suo, Dominus in
Cœlo sedes ejus. (x) GOtt ist zwar überall, doch nirgends herrlicher als in
seinem heiligen Tempel, und in dem Himmel, welches der eigentliche Sitz seiner
Göttlichen Herrlichkeit ist. Es waren freylich in dieser grossen Welt das jr-
dische Paradeyß, und der darin von GOtt selbst nach seinem Ebenbild erschaffene, mit aller Herrlich- und Heiligkeit außstaffierte Mensch die zwey erste,
prächtig, und glückseeligste Wohnungen, oder Tempel, vos enim estis templum
                          Dei

(q) Rom. 2. v. 21. (r) Psal. 148. v. 5. (s) Eccli. c. 36. v. 19. (t) Psal. 49.
v. 1. (u) Sap. c. 8. v. 1. (x) Psal. 10. v. 4.

Dei vivi (y) in welchen man die Strahlen der wahren GOttheit gleichwie in einem Cryſtall-reinen Spiegel gantz ſichtbar erkennen möchte, ſignatum eſt ſuper nos lumen vultûs tui Domine, (z) nachdem aber Adam in dem Garten alles frevliſch- und überirrdiſchen Wolluſts gegen ſeinen ſo gütigen Schöpffer ſich ungehorſam erwieſen, und GOtt ſelbſt, ja mehr denn GOtt ſeyn wollte, eritis ſicut Dij ſcientes bonum & malum: (aa) Nachdem alles Fleiſch verkehrt- und thorrechter Weiß den Weeg all nur erdencklichen Boßheit gewandlet repleta eſt Terra iniquitate, omnis quippe caro corruperat viam ſuam, (bb) nachdem der allmächtige GOtt ſelbſt mit innerlichen Hertzens-Leyd berühret tactus dolore Cordis intrinſecus, (cc) daß er ein ſo edles Geſchöpff, den nebſt einem ſterblichen Leib auch mit ſeinem unſterblichen Geiſt begabten Menſchen erſchaffen, pænituit Eum hominem feciſſe in terra, ſich endlich entſchloſſen, die gantze Welt, als einen, ſeines Gnaden-Lichts gantz unwürdigen Fuß-Schämmel wo nicht gäntzlich von ſich, und in den Abgrund ſeines vorigen Nichts zuverſtoſſen, doch ſelber auf eine Zeit den finſteren Rucken ſeines Gerechten Zorns, und ſtrengen Gerechtigkeit zu zeigen; O da hat er beyden, ſage, der groſſen und kleinen, oder vernünfftigen Welt die heitere Strahlen ſeines aller Weißheit, Vorſichtigkeit, Güte und Lieb-vollen Angeſichts dermaſſen entzogen, non permanebit Spiritus meus in homine, quia caro eſt, (dd) daß ſelbe über ein gantzes Jahr nirgends, als in einem eintzigen Segl- und Rueder-loſen Schiff, nemlich in der ob den unter Hagel und Wolcken-Brüch, unter Blitz und Donner-Keilen jmmer höher ſteigend und hefftiger tobenden Wellen der allgemeinen Sünd-Fluth gantz ſicher, und frey daher ſchwimmenden Archen Noe von acht Perſohnen lediglich allein kunten geſehen, bewundert, und nicht genugſam verehrt und angebettet werden, remanſit autem ſolus Noe, & qui cum eo erant in arca. (ee) O was Finſterniß, was Elend, was erbärmliches Jammer und Unheyl ware damahls auß Abgang der Göttlichen Gnaden-Sonn auf der unglückſeeligen Welt, und bey allen ihrem zeitlich- oder ewigen Untergang zuſchwimmenden Menſchen! biß endlich der zweyte Welt- und Menſchen-Vatter Noe, nachdem die Archen auf dem Berg Ararat in Armenien ſchon würcklich zu ſitzen kame, auß ſelber ſamt ſeiner gantzen Familie auf Befelch GOttes hervor getretten, ſeinem ſo mächtig als getreuen himmliſchen Retter zu ſchuldigſten Danck einen neuen Altar aufgerichtet, und auf ſelben durch das Feur ſeiner übergroſſen Hertzens-Andacht und reinen Schlacht-Opfferen der gantzen Welt zum Heyl und Troſt die hertzliche Strahlen der wahren GOttheit widerum friſch angezündet, freudig verkündet, auch durch ſeine fromme Kinder, und Kinds-Kinder tief eingebunden hatte, Ædificavit autem Noe Altare Domino, & tollens de cunctis pecoribus, & Volucribus mundis obtulit holocauſta. (ff)

(y) 2. Corinth. c. 6. v. 16. (z) Pſal. 4. v. 7. (aa) Gen. c. 3. v. 5. (bb) Gen. c. 6. v. 11. 12. (cc) Gen. c. 6. v. 6. (dd) Gen. c. 6. v. 3. (ee) Gen. c. 7. v. 23. (ff) Gen. c. 8. v. 20.

Erster Theil.

Ottobeyren von Sylacho gestifftet / wird durch GOttes Allmacht von seinen ersten Vorstehern heilig, klug, und löblich regieret.

HOchwerthiste AA! verstehen sie was ich rede, oder wo hinauß ich nach so weiten Umkreyß mit diesem grossen Welt-Schiff ohne Segl ohne Ruder anheut ziele? Die glückseelige Archen Noe ist ein schöne Figur, nicht nur der alleinseligmachenden Kirchen GOttes, wie uns die heilige Vätter einstimmig lehren, sonder eines jeden wohlgestifft- und eingerichteten Klosters, eines solchen Klosters, sage ich, wo inn- und außwendig alles von glatten Ceder-Holtz guter Zucht und Ordnung, wo nur ein einziges Fenster gegen den Himmel offen, die Porten aber gegen der Welt stets verschlossen ist; wo die allwaltende Weißheit und Vorsichtigkeit, die langmüthige Liebe und Güte GOttes durch seine hierzu verordnete das leuthseelige Regiment führet.

Noe nach dem Mund-Spruch Pauli ein Erb der Gerechtigkeit, Heres Justitiæ (gg) ist das Vorbild aller milder Stiffter, kluger Vorsteher, und gehorsamer Untergebnen. Der Altar, welchen Noe nach der Sünd-Fluth auß Stein erbauet, stellet uns vor Augen die Herrlichkeit der GOtt geweyhten Kirchen, oder prächtigen Tempel, in welchen die heitere Strahlen deß Göttlichen Angesichts über das tägliche Lob-Danck, Versöhn- und Bitt-Opffer deß ewigen Priesters häuffig herabsteigen. Diese drey Stuck sind von den Zeiten Noe, oder vielmehr von dem H. Leben, Lehr, und Urständ Christi an in vielen, ja fast unzahlbaren Orten der Catholischen Welt, sonderlich aber anheut in unserem tausend-jährigen Ottobeyren zu betrachten noch übrig, und über alle Massen zu bewunderen.

Sylachus ein von GOtt und der Welt mit Ehren, Macht, und Reichthum hochgeadleter Hertzog in Francken, Statthalter in Allemanien, und Graf von Jllergen ware der grosse und gerechte Mann, Noe vir justus atque perfectus, (hh) dessen Gottseeligen Freygebigkeit, und freygebigen Gottseeligkeit das heut in vollem Jubel blühende Ottobeyren im Jahr Christi 764. seinen ersten Bau, und Ursprung zuschreibet. Dann als dieser tapffere Staat- und Kriegs-Held einer seits die grosse Gefahr, und vielfältigen Untergang so kostbarer zum Himmel erschaffnen Seelen öffters tieff zu Hertzen nahme, anderseits aber durch geheime Trieb seines zu aller Frommkeit sehr geneigten Geists immer mehrer erleucht, bewegt, und verständiget wurde, wie gefällig GOtt, wie verdienst, nutzlich und heylsam es ihme, und sehr vielen anderen wäre, wenn er zur Sicherheit seines und vieler frembden Seelen-Hayls eine Archen oder Kloster erbauete, in welcher durch strenge Einsamkeit, würdige Buß- und heroische Tugends-Ubungen nicht allein acht Personen, sondern mehrere zur Vollkommenheit ihres himmlischen Beruffs gelangen möchten, estote ergo vos perfecti, sicut & Pater vester Cælestis perfectus est; (ii) hat er mit Einstimmung seiner gantzen hochadelichen Familie alsobald den Schluß gefaßt, Hand an das Werck zu legen, und in seinem eignen Gebieth ein Kloster für zwölff edle Benedictiner zu stifften.

Was

(gg) Hebræ. c. 11. v. 7.   (hh) Gen. c. 6. v. 9.   (ii) Matth. c. 5. v. 48.

147

Was so einhellig, als heilig beschlossen, das ward ohne Verschub nach Art und Bescheidenheit der H. Regul, und grossen Ordens-Geist Benedicti auch hertzlich auß- und aufgeführt, fecit ergò Noe omnia, quæ præceperat ei Dominus. Die zwey grosse Apostel-Fürsten Petrus und Paulus, nebst dem unüberwindlichen, und wegen damahliger Ankunfft seines H. Leibs in Ottobeyren gantz Wunder- und Gnaden-reichen Martyrer Alexander, der Römischen Machabäerin jüngsten und würdigsten Sohn generosæ Matris nobilis proles, (kk) wurden als höchste Schirm-HErren, oder himmlische Schutz-Patronen dieser Geistlichen, in einer Kirch, und zwölf abgesönderten Wohnungen samt gemeiner Kuchen, Keller, und Speiß-Zimmer bestehenden Kloster-Arch erkiesen. Ein grosser, ja heiliger Kaiser Carolus der erste mit seiner in der Tugend ihme sehr gleichen Kaiserin Hildegardis begnemmten, dotierten, und bestättigten durch ihre mehr denn Königliche Authorität und Freygebigkeit das GOtt und seinen Heiligen höchst gefällige Werck, also mächtig, mild, weiß- und fürsichtiglich, daß hierin gleich anfangs die wunderliche Krafft und Würckung einer unsichtbaren GOttheit gantz sichtbar sich zeigte. Posuisti sæculum nostrum in illuminatione vultûs tui. Invisibilia ipsius per ea, quæ facta sunt, intellecta conspiciuntur; ipsa quoque ejus virtus, atque divinitas.

Toto deß Vätterlichen Adels und Tugend unsers großmüthigen Stifters gleich-edler Erb ware der erste, welcher in dieser Ottobeyrischen Arch die Ruhe und das Heyl seiner Seel suchend, das Amt eines geistlichen Vorstehers durch seine grosse Verdienst erworben, und 53. gantzer Jahr also würdig, klug, und heilig vertretten, daß er und sein Geist-voller Nachkommer Milo durch GOttes Gnad, und Vollkommenheit ihres ein gantzes Jahrhundert nacheinander daurenden Hirten-Eifers eben so viel ewig glückseelige Burger dem Himmel gebohren, so viel sie durch ihr heiliges Vorspiel der Welt eitle Söhn entrissen. Ich melde kürtze halber nichts von einem H. Neodegario, und Widgario, welche unter so fürtrefflichen Oberen nicht nur in aller Wissenschafft der Heiligen dermassen zugenommen, daß sie ihnen in der Abbteylichen Kloster-Würde anfänglich nachgefolgt, sonder auch von dieser zu dem Bischöfflichen Sitz, und höchsten Kirchen-Amt in Augspurg berufen worden: letzterer aber gar als ein brinn-eyfriger Apostel der annoch heydnischen Schweitzer und Graubündtner in Verkündigung deß wahren Evangelii seine heilige Arbeit, und Leben glorreich vollendet hat. Ich rede nichts von dem H. Udalrico, O was grossen Wunder-Mann, und unsterblichen Guttthäter unsers tausend-jährigen Reichs-Stiffts nenne ich! welcher nebst Verwaltung seines weitschichtigen Bistums auß keiner anderen Absicht auch das Regiment in der wohleingerichteten Archen Sylachi so kurtze Zeit über sich nemmen wolte, als damit er seinen vätterlich geliebten Ottobeyrischen Ordens-Geistlichen die von Kaiser Ottone dem Grossen schon vorhin erworbene zwey ansehnliche Freyheits-Brief oder Privilegia einer uneingeschränckten Prälaten-Wahl, und der weltlichen Exemption als ein ewiges Angedencken seiner klugen Heiligkeit übergeben, und als ein kostbares Kleinod seiner heiligen Liebs-Klugheit biß auf diese Zeiten denselben hinterlassen möchte. Ich sage nichts von unseren seeligen Mönchen Hattone, Bertoldo, Brunone drey mehr denn irdischen Geist-Männeren, und eingefleischten Wunderen der glückseeligen Einsamkeit, welche auß Begierd deß beschaulichen Lebens in enge Zellen zu nächst, und in der Kirchen als freywillige Kercker lebenslänglich

Do ver-

(kk) S. Greg. Naz. de Machab.

verschlossen die süsse Ruhe, Unterhalt, und Ergötzung ihrer Seelen bey demjenigen allein gesucht haben, welcher in dem Hochwürdigen Liebs-Sacrament allen alles worden, und der immerwährenden Anbettung ewig würdig ist. Ich umgehe Eberhardum den Zwölfften an Geschlecht, und Sitten sehr fürtrefflichen Ottobeyrischen Reichs-Prälaten, welcher nach dem Exempel eines H. Abbts Roberti von Molismo und Cisterz nicht nur seinem eignen, sonder noch mehreren Gottes-Häusern S. Magni in Füssen, S. Emerami in Regenspurg, dem Fürstlichen Stifft Kempten, und Kloster Tegernsee, wo nit zu gleicher Zeit, doch mit gleichem Ruhm seines grossen Geists ist vorgestanden. Ich verehre mit stillschweigen, die denen Teuflen selbst schreckbare Wunder-Tugend, und ausserordentliche Prophezeyungs-Gab Ruperti deß Ersten, seelig, und preyßwürdigsten Erneuers Klösterlicher Zucht, und Vollkommenheit. Ich lasse ruhen in ihren Lob- und verdienstreichen Angedencken Isingrinos, Bernoldos, Bertoldos, Henricos von Morbholtz, Eggones von Schwabegg, und noch andere mehr, welche theils durch Erlangung kostbarer Reliquien, und heiliger Leiber, theils durch Erwerbung Päbstlich- oder Kaiserlichen Schutz- und Gnaden-Brieff, theils durch Herstellung zerfallener Klöster-Gebäu, theils durch Vermehrung zeitlicher Güter, und Einkünfften, theils durch Bezämung rebellischer Unterthanen, theils durch eyfer-volle Handhabung Klösterlicher Zucht und Ordnung, theils durch unerschrockne Verfechtung geistlicher Kloster-Recht, theils durch unzahlbar andere Helden- und Inful-mäßige Wohl- und Gut-thaten sich in, und umb Ottobeyren so wohl, als bey GOtt, und der danckbaren Welt höchst verdient, berühmt, und gleichsam unsterblich gemacht. Einen auß diesen kan ich in seinem wunderbaren Aschen-Dopf nicht gäntzlich vergessen, nämlich unseren seeligen Abbt Conradum den Ersten dieß Namens, dessen zarte Andacht zu dem Miraculosen hochwürdigen Gut in Benningen, dessen unerschöpfliche Mild- und Freygebigkeit gegen den Armen, dessen unüberwindliche Gedult, und heilige Standhafftigkeit in grossen Trangsaalen, und Widerwärtigkeiten, dessen unermüdeter Eyfer in Beförderung Göttlicher Ehr dem gecreutzigten Heyland dermassen wohlgefallen, daß er bey dessen Begräbnüß in einer vor dem Chor hangenden grossen höltzernen Bildnuß sein heiliges Haupt gegen der Leich Conradi sichtbar gewendet, und selben zur ewigen Belohnung seiner Verdienst freundlich eingeladen.

Andere, nicht ich, mögen vorheut ein mehrers sprechen von einem Ottobeyrischen Cunone, und Alberto, so beyde, jener zwar der erste, dieser aber der vierte von hierauß postulierte, und lobwürdigste Abbt in dem benachbarten, und engist mit uns verbrüderten Reichs-Stifft Irrsee gewesen. Sie mögen anrühmen jene in unserem uralten Kloster durch sonderbare Gottesforcht zu allen hohen Ehren und Würden, Pietas autem ad omnia utilis est, (II) überauß geschickt gemachte fünff Ordens-Männer Albertus, Macelinus, Widgerus, Gebhardus, und Volgerus, welche das in Tyrol nunmehr sehr berühmte Gottes-Hauß Marienberg 35. gantzer Jahr nacheinander in ununterbrochener Reihe löblichist regiert, und zu dermahligen Flor gebracht haben. Dieses alles mit preiß-vollen Lefftzen heraußzustreichen lasse ich anheut anderen über, ist ja auch diese Jubel-Octav hindurch von den beredtisten Zungen schon gnugsam geschehen: ich meines Orts behalte mir nur den Schluß dieses ersten Predig-Theils vor, und sage mit Wiederhollung meines zweyten Vorspruchs, Fecit ergo Noe omnia, quæ præceperat ei Dominus, das tausend-jährige Ottobeyren seye von der ersten,

und

(II) 1. Timoth. c. 4. v. 8.

und herrlichen Stifftung Sylachi her allzeit ein wahre glückseelige Archen Noe gewest, in welcher nicht nur alle Gattungen der vierfüßigen Thier, Menschen und Vögel, will sagen, nit nur in aller Tugend fürtreffliche Vorsteher, oder kluge und fürsichtige Hauß-Würth: nicht nur in freyen Künsten, und höheren Wissenschafften Scharff- und tieffsinnige Lehrer, nicht nur in der mageren Creutz-Schuel, und engeren Nachfolg Christi streng geübt, und hocherleuchte Geist-Männer unter dem süssen Joch deß H. Gehorsams so zahlreich erwachsen, so ruhig beysamen gelebt, so eyfrig Tag und Nacht GOtt gedienet; sonder auch sehr viele durch die zwey grosse Adlers-Flügel deß beschau- und üblichen Lebens zugleich mit ihrem Heil. Ertz-Vatter Benedicto über andere weit höher, und näher zu dem feurigen Sonnen-Meer der Allerheiligsten Drey-Einigkeit, und drey-einigen Heiligkeit sich geschwungen haben, das also, weilen sie alle mit der Göttlichen Seelen-Speise in der Mitte ihres Heiligthums bestens versehen, und täglich gestärckt worden, sich gantz und gar nit zuverwunderen ab dem, was unser bey Mabillonio wohlberühmte P. Nicolaus Elenbogen schon Ao. 1511. durch offentlichen Druck bestättiget: „Es hätten nem„lich so viele Leiber der Seelig und Heiligen in unserer ersten Kloster-Kirch „geruhet, daß keinem, auch nit einmahl denen Abbten die Begräbniß darin „mehr gestattet wurde. (mm)

Der zweyte Theil.

Ottobeyren wird von Göttlicher Weißheit, und Vorsichtigkeit auß vielen Trangsaalen errettet.

ALso wohl stunde es unter dem allmächtigem Himmels-Schutz um das erste, und alte Ottobeyren; so lang nämlich die Ordens-Geistliche nach dem Geist und Buchstaben ihrer H. Regul in dem heiteren Gnaden-Licht deß Göttlichen Angesichts die rauche Berg-Strassen der Vollkommenheit gewandlet in lumine vultûs tui ambulabunt; so lang die grösste Hertzens-Freud ihrer stillen Einsamkeit in Absingung deß Lob GOttes, in Betrachtung ewiger Dingen, und stäter Verlaugnung ihres eignen Willens bestanden, & exultabunt in Nomine tuo tota die; so lang, sage ich, sie mehr für die Evangelische Armuth, Rein- und Gerechtigkeit des inneren Menschen, als für die äusserliche Bequem- und Herzlichkeit der Gebäuden haben Sorg getragen, & in justitia tua exaltabuntur. (nn) Aber eben darum, weil so viele, ja gleichsam unzählbare Seelen durch das kleine Zellen-Fenster mit der unschuldigen Tauben Noe auß dem Himmel zugeflogen, eben darum, weil durch die strenge Clausur der Welt-Eytelkeit aller Zugang verriglet ware; eben darum, weil die Zahl der Anfänger, der Zunehmenden, und in der Tugend schon vollkommen Mönchen, jede Gattung in ihren besonderen Wohnungen, unusquisque autem in ordine suo, (oo) stät angewachsen; eben darum, multiplicatæ sunt aquæ, & elevaverunt arcam in sublime à terra (pp) müßte diese hierin von GOtt überauß gesegnete Kloster-Arch von häuffig anschwöllenden Wasser-Güssen leydiger Trangsaalen, von befftigen Sturm-Winden mächtiger Feinde, von den tobenden Wellen grosser Verfolgungen wo nit in die Höhe, doch von allen Or-

ten

(mm) P. Nicolaus Elenbogen, in Chron Ottob. (nn) Psal. 18. v. 16. (oo) 1. Cor. c. 15. v. 23. (pp) Gen. c. 7. v. 17.

ten her in die Enge getrieben, und an manche harte Stein-Klippen nicht ohne Forcht, und Gefahr eines traurigen Schiff-Bruchs geworffen werden, gemäß jenes von dem Ertz-Engel Raphael dem älteren Tobiæ wohl eingebundenen Lehr-Spruchs: Quia acceptus eras Deo, necesse fuit, ut tentatio probaret te, (qq) eben darum, weilen du GOtt angenehm warest, hast du durch die Versuchung nothwendig müssen geprüffet werden. Wiederhollte grimmige Feurs-Brunsten; verschwenderische will nit sagen, fast tyrannische Haußhaltung weltlicher Kloster-Vögt, gewaltsame Absetzung tauglicher, und wiederrechtliche Eindringung untauglicher Vorsteher; und: liche Eingriff in die Klösterliche Archiv, Rechten, und Renten; unsinnige Empörungen meineydiger Unterthanen, grausame Blinderung, und Verunehrungen geheiligter Kirchen-Schätz; Gelt- und Blut-durstige Bauren, und Ketzer-Wuth, Land- und Leute verderbliche Reichs- oder Religions-Krieg: unerschwingliche Contributionen und Brand-Steuren nebst anderen schwären Zeit- und Unglücks-Fällen mehr haben das Ottobeyrische Kloster, und Kirchen-Schiff öffters in so grosse Armuth, Gefahr und bittere Verlegenheit herab gesetzt, das wofern es auß so mächtig- als gütigster Anordnung Göttlicher Vorsichtigkeit eintwedera durch Päbstlich- und Kaiserliche Authorität, oder durch Bischöfliche Hilff und Beysteur, oder durch milde Freygebigkeit grosser Fürstlichen Gutthäter, oder durch mächtigen Beystand hoher Patronen, sonderbar aber durch die Verdienst- und siegreiche Himmels-Waffen seiner glorreichen Schutz-Geister Petri und Pauli, Alexandri und Theodori nicht wäre geschützt, unterstützt, und gerettet worden, selbs unter den Fluthen und Würbel deß so unbeständig- als mißgünstigen Glücks-Raad nothwendig hätte unterliegen, ja völlig zu Grund gehen müssen. Misericordiæ Domini, quia non sumus consumpti: quia non defecerunt miserationes ejus. (rr)

Scheinet nun der allwaltende Gnaden-Schutz, und Vätterliche Obsorg GOttes für die seinige nirgents besser, nirgends sichtbarer, nirgends herzlicher hervor, als in der von nur acht gerechten Seelen bewohnten Archen Noe, welche der langmüthig- und erbarmniß-volle HErr aller Menschen in mitte seines Zorns ein gantzes Jahr unverletzt erhalten. Cùm iratus fueris, misericordiæ recordaberis. (ss)

Ach! wer erkennet, wer bewunderet, lobet, und preyset denn nicht die dreyeinige Krafft, und Stärcke deßjenigen, welcher das alte, lang- und vielmahls hart-betrangte Ottobeyren durch zehen Sæcula nicht allein auß so vielen Gefahren erlediget, wieder so viele Feind geschirmet, und von so vielen schwären Trangsaalen wieder aufgerichtet, sonder in einen gantz neuen Ruhe- und Wohlstand, ja in dermahlig herzlichen Jubel- und Kirchen-Glantz gesetzet hat, posuisti sæculum nostrum in illuminatione vultûs tui. O fürwahr! das ist gewiß nicht ohne neues, ohne grosses, und zwar eben nicht ohne jenes Wunder geschehen, welches Moyses denen Israeliteren während ihrer vierzig-jährigen Pilgerschafft öffters mit diesen Worten hat vor die Augen gestellt: Custodivit eum ut pupillam oculi, (tt) der allmächtige GOtt hat sein Volck bewahret wie seinen Aug-Apfel, und wie der Adler ob seinen Jungen schwebet, und seine Flügel über selbe außstrecket, also weißlich und vorsichtig hat auch GOtt Israel aufgenommen, und stäts vor Liebe ob seinen Schulteren getragen. Ja, ja eben also, mercke es fein wohl liebes Ottobeyren! und dancke mit danckbaren Hertzen

---

(qq) Tob. c. 12. v. 13. (rr) Thren. c. 3. v. 22. (ss) Habacuc c. 3. v. 2. (tt) Deut. c. 32. v. 10. 11.

zen ewig darum! eben also ꝛc. mehr will ich vor dießmahl nicht sagen, auf daß ich mit Wiederhollung alles dessen, was du von deiner Jugend, oder ersten Stifftung her, sonderbar aber die 4. letztere Jahrhundert hindurch auf diesem ungestimmen Welt-Meer gelitten und außgestanden, Sæpè expugnaverunt me à Juventute mea, & non potuerunt mihi, (uu) dein tausend-jähriges Fried- und Freuden-Fest nicht in ein leyd-volles Trauerspiel verkehre. Wende mich derohalben von der auf den Bergen einer freyen Sicherheit allbereit ruhenden Arch, Requievitque Arca super montes Armeniæ, (xx) zu dem ersten Danck- und Brand-Altar, welchen Noe nach verloffener Sünd-Fluth zu ehren seines Göttlichen Erlösers hat aufgerichtet, ædificavit autem Noe Altare Domino. (yy)

Der dritte Theil.

Die Güte GOttes hat Ottobeyren zu seinen letzteren, obschon schweren Zeiten über die massen verherrlichet.

Ich weiß gar wohl, daß der Andächtige Abel in seinem Elend ein gleiches gethan, und das erste vom Himmel gesegnete Opfer mit seinem Blut besprenget, mit seinem eignen Leben begeistert und beseelet hat. Ich weiß, das Seth, Enoch, Abraham, Jacob, Moyses, und andere mehr dem Gerechten Noe in dieser heiligsten Religions-Ubung sind vor- und nach gegangen, also zwar, daß ich von allen Altären und Schlacht-Opferen Gottseeliger Patriarchen und Propheten deß alten Testaments billich sagen darff, was die Schrifft von dem Altar Noe bezeuget, odoratúsque est Dominus suavitatem odoris, (zz) der HErr habe ab diesem Werck allzeit, so offt nämlich das Hertz mit dem Opfer rein verbunden war, ein sonderbares Wohlgefallen gehabt, wie man an einem lieblichen Rauch- oder Balsam-Geruch zu haben pflegt. Ich weiß, wie alle diese Altär, und heilige Brand-Gerüst der ersten Welt-Zeiten nur ein kleiner Schatten, Figur, und Vorbild deß prächtigsten Tempel Salomonis geweßt, omnia in figura contingebant illis. (aaa) Es ist mir nicht unbekannt, daß der Grund-gütigste GOtt die Strahlen seiner unsichtbaren Majestät und Glori nirgends freygebiger, nirgends scheinbarer als über die ihm zu ehren gewidmete Altär, Tempel, und Bett-Häuser außzugiessen sich jederzeit habe gefallen lassen, Majestas Domini implevit Domum, (bbb) oder, wie wir diese feyrliche Octav hindurch mit der Kirchen gebettet haben, Deus, qui invisibiliter omnia contines, & tamen pro salute humani generis signa tuæ potentiæ visibiliter ostendis. (ccc) Der Glaub lehret, und versicheret mich auch, daß so gar der kostbariste Tempel Salomonis, dessen innere Zierd von lauter Gold ware, nihilque erat in Templo, quod non auro tegeretur, (ddd) gegen einer armen Dorff-Kirch deß neuen Gnaden-Bunds nicht in Vergleich zu stellen, noch weniger vorzuziehen, magna erit gloria Domus istius novissimæ plusquam primæ. (eee) Weilen in dieser Sacramentalischer Weiß derjenige beständig wohnet, welcher weiser, und reicher denn Salomon, ecce plusquàm Salomon hic, (ff) welcher in seinem Wunder-vollen Liebs-Geheimniß der Altar, das Opfer, der Priester, und lebendige GOtt selbsten ist, qui Altare,

P p   Ho-

(uu) Psal. 128. v. 2. (xx) Gen. c. 8. v. 4. (yy) Gen. c. 8. v. 20. (zz) Gen. c. 8. v. 21. (aaa) 1. Cor. c. 10. v. 11. (bbb) 2. Paralip. c. 7. v. 1. (ccc) Eccles. in Off. Dedic. (ddd) 3. Reg. c. 6. v. 22. (eee) Aggæi c. 2. v. 10. (ff) Matth. c. 12. v. 42.

152

Hoftia, & Sacerdos noster est. (ggg) Da hingegen in dem Salomonischen Bett, oder vielmehr Metz-Hauß nichts als Schaaf, Kälber, und Ochsen geschlachtet worden. Diesem allen ohngeachtet, gefallet mir doch anheut der Altar eines danckbaren Patriarchen Noe vor allen übrigen, weilen er einer vollständigen Kirch, vorauß aber diesem neu-geweyhten herrlichen Tempel in Ottobeyren vor anderen gleich stehet, lapis iste vocabitur Domus Dei. (hhh) In wem aber solle diese Gleichnuß bestehen? Die Altär, oder Kirch ob sie schon durch Menschen Kunst, und Händ auß Stein, Kalch, und Holtz erbauet, und aufgeführt werden, sind sie doch in der That mehr als ein Werck oder Gebäu der Allmacht GOttes, denn ein Kunst und Meister-Stuck der menschlichen Geschicklichkeit anzusehen, Dei structura, Dei ædificatio est; nicht allein, weil das erste Kunst-Bild, oder die Formen und Gestalten aller Geschöpffen schon von Ewigkeit her in der Schooß, Glantz, und Wort deß himmlischen Vatters verborgen; ex Ipso, & per Ipsum, & in Ipso sunt omnia. (iii) sondern weil GOtt die Anbettens-würdigste Strahlen seiner erschröcklichen Majestät nirgends lieblich-und herrlicher als in dergleichen Ort erscheinen und sehen lasset, auch selbigen mittelst der H. Weyhungs-Ceremonien gleichsam eigenthumlich machet. Derowegen hat Jacob bey Erbau-und Salbung seines Altars zu Bethel voller Schröcken und Freud aufgeruffen: Lapis iste, quem erexi in titulum, vocabitur Domus Dei, dieser Stein, den ich zum Denck-Zeichen errichtet habe, wird das Hauß GOttes genennet werden: und, als der Heil. Evangelist Johannes in seinen himmlischen Offenbahrungen die erste Catholische Kirche ersehen, hörte er zugleich diese starcke Stimm von dem Göttlichen Thron herab: Ecce Tabernaculum Dei cum hominibus, & habitabit cum eis. (kkk) Sehet da ist der Tabernackl GOttes selbst bey den Menschen, und Er wird unter ihnen wohnen.

Alles dieses trifft bey dem herrlichen Brand-Altar Noe so gut, als in jeder GOtt zu ehr eingeweyhten Kirchen zu, indem beyde ein Meister-Stuck der Göttlichen Allmacht vielmehr, als eine Erfindung der Menschen sind. Der Altar Noe zwar, weil diesen GOtt selbst mit einem dreyfärbigen Pavillon, oder wunderschönen, die Hauptstrahlen seiner Drey-einigen Göttlichen Weesenheit in sich fassenden Regen-Bogen dermassen zierlich und kunstreich bedeckt, umbgeben, und übergeseegnet, daß dergleichen erstaunliches Lufft-Gewölb, oder Himmels-Phoenomenon, wie mit Alcuino der gelehrte P. Gelasius Hieber richtiger Meynung ist, von Anfang der Welt kein menschliches Aug jemahls gesehen, noch die Vernunfft sich selbst hätte vorstellen können, Arcum meum ponam in nubibus. (lll) Alles demnach, was zu einem GOtt gewiedmeten Tempel damahls gehörig, ware auf dem Berg Ararat vor der Archen mit Wunder anzusehen. Der Altar stunde unter einer breyfachen der Sonnen gleich schimmerenden Gnaden-Kuppel, oder neuen Bunds-Zeichen zwischen GOtt und der Welt, & erit signum fœderis inter me, & inter Terram.

Die reine Thier, als eine Figur jenes unbefleckten Lamms, so alles erleuchtet, die Zahl der Apostl-Lichter ersetzet, lucerna Ejus est Agnus, (mmm) lagen auf dem Brand-Holtz dieses herrlichen Opffer-Steins zu dem Geheimnüß-vollen Danck-und Lob-Opffer schon bereit tollens de cunctis pecoribus mundis obtulit holocausta. Das allmächtige Wort, der Glantz, und die
Weiß-

(ggg) Eccles. in Dedic. Eccl. Salvatoris. (hhh) Gen. c. 28. v. 22. (iii) Rom. c. 11. v. 36. (kkk) Apoc. c. 21. v. 3. (lll) Gen. c. 9. v. 13. (mmm) Apoc. c. 21. v. 23.

Weißheit deß ewigen Vatters, welche die Welt auß nichts erschaffen, und von seinem Untergang so gnädig errettet, liesse sich in diesem ersten, und über alle massen hellen Welt-Tempel Claritas Dei illuminavit eam auß einer heite-reren Wolck, nicht anderst als wie auß einem von Gold kostbar glantzenden Tabernackel, wo nit sichtbar blicken, doch also laut, deutlich, und liebreich hö-ren, daß ab der Majestät und Süßigkeit dieser Göttlichen Fridens-Stimm alle Hertzen deß anwesenden kleinen Wölckleins, foderist aber das Hertz deß an-dächtigisten hohen Priesters Noe, und seiner drey Söhn, Sem, Cham, und Japhet, so die Leviten-Stell vertraten, in lauter Wunder-Jubel, und Freuden-Zäher zerschmöltzten, Benedixitque Deus Noe, & filijs ejus. (nnn) Gewiß-lich, wenn David oder Salomon damahls mit ihren Königlichen Harpffen wä-ren gegenwärtig gewesen, so wurden sie nicht allein frölich aufgespielet, sonder auch hoch beteuret haben, der von der Allmacht GOttes so herrlich gewölbte Altar Noe seye daß fürtrefflichiste Modell aller Tempel und Kirchen GOttes geweßt, zu derer Erbau- und Außzierung von den Salomonischen Zeiten biß auf diesen Augenblick so viele und grosse Schätz der Welt seyen aufgewendet worden. Dominus in templo sancto suo, Dominus in Cœlo sedes ejus.

Bleibt also darbey, was der Himmel den unsterblich- und seeligen Geiste-ren, daß sind die Kirchen denen sterblichen mit Mühe und Arbeit, mit Sünd und Missethaten schwär beladenen Menschen, nemlich ein ruhe-ein last-ein versöhn- und Zuflucht-Hauß in allen Nöthen, ein sichtbare Wohnung der un-sichtbaren Majestät GOttes, ein mehr denn Königlicher Gnaden-Thron sei-nes so wunder- als liebreichen, unter frembden Gestalten eines kleinen Brods verhüllten Angesichts, ecce Tabernaculum Dei cum hominibus!

Jetzt, jetzt, Hochwerthiste AA! weiß ich abermahl nit, wo ich bin, ob ich noch bey dem steinernen Opffer-Gerüst deß Patriarchen Noe, oder in dem Tempel Salomons, oder in der alten, ja vielleicht gar schon in der neuen Kirch der Ottobeyrischen Kloster-Arch stehe. Der ober meinem Haupt schwebende, und Feuer-färbige Regen-oder vielmehr himmlische Fried- und Freuden-Bogen blendet mit seinem ausserordentlichen Wunder-Glantz solcher Gestalt die blöde Augen meines Gemüths, daß ich in meinem Concept gantz verwirret keines von dem anderen, daß alte kaum mehr von dem neuen entscheiden kan. Denn, so nach den Lehr-Sätzen Aristotelis, und seiner Nachfolger der Regen-Bogen allzeit ein natürliches Lufft-Zeichen geweßt, welches vor, und nach der Sünd-Fluth auf den Regen erfolgt, und schönes Wetter vordeutet; so der Regen-Bogen nach Außlegung Cornelij à Lapide ein Sinn-Bild der langmütigen Barmhertzigkeit GOttes, welche der sündigen Welt zwar öffters mit ihren ge-spannten bogen trohet doch selten einen Pfeil abschiesset: so der Regen-Bogen ein erwünschter Denck-Ring deß zwischen Himmel und Erden errichteten Friden-und Gnaden-Bunds, O so haben wir in unseren letzteren Zeiten an dem Otto-beyrischen Horizont dergleichen glückseelige Himmels-Zeichen öffters wahrge-nommen. Aber von was vor Zeiten rede ich? vielleicht rede ich von den Zeiten unsers preyßwürdigsten Abbts Leonardi, welcher um das Jahr 1542. mit ein-verständnuß acht anderer HErren Reichs-Prälaten in seinem eignen Kloster für junge Religiosen eine allgemeine Schul, oder Academiam aufgerichtet, selbe mit sonders gelehrt, auch der Haupt-Sprachen wohl erfahrnen Männe-ren bestens versehen, und also durch die helle Strahlen der schönen Wissen-

Pp 2 schaff-

(nnn) Gen. c. 9. v. 1.

schafften alle Finsterniß damahliger Unwissenheit auf einmahl getilget hat?
Aber nein, bey diesem kurzen Zeit- und Glücks-Phœnomenon kan ich mich nit
länger aufhalten; weilen bald darauf anstatt schönen Wetters ein hefftiger
Sturm- und Blatz-Regen der Schmalkaldischen Unruhen erfolgt, wegen welchen der Ottobeyrische Musen-Sitz nacher Eichnigen, von dort endlich gar nacher
Dillingen übersetzt, und vest gesetzt worden; Leonardus aber indessen, diese edl
schimmerende Sonne der Weißheit und Frommkeit zu Süpplingen im Elend
traurig untergangen, und zu nächst am teutschen Meer in den Schatten deß
Tods ist kläglich versencket worden. Vielleicht rede ich von den Zeiten Caspari
Kindelmanns, unter dessen bescheidenster Regierung, und sehr klugen Hauß-
Würthschafft die dritte Ottobeyrische Kirchen, nebst zwey herzlichen Thürmen
in vollkommnen Glanz erschienen, auch mit zweyen neuen Glocken, 6. Altären,
kostbarer Orgel, nebst anderen Kirchen-Schätzen wie zum Wunder aller Augen,
also auch zur Andacht aller Herzen ist versehen, und außgezieret worden?
und daß kan ich in Wahrheit nicht verneinen; maßen ja das grosse Vernunfft-
und Tugends-Licht dieses in Glücks- und Unglücks-Stand allzeit heiter, allzeit großmüthig, allzeit von GOtt hocherleuchten HErrn Reichs-Prälaten
seinen Schein so weit hat außgebreitet, daß ihne Pius der Vierte Römische
Pabst, und Ferdinandus Römischer König nach Wiblingen und Elchingen als
Visitatoren, und verbesserer der Klösterlichen Disciplin beordert, Otto aber der
gepurpurte Bischoff zu Augspurg mit der hohen Würde eines Weyh-Bischoffs
hatte beehren wollen, sofern selbe von tieffer Demuth Caspari nicht wäre abgebetten worden.

  Vielleicht ergiesset über uns seine Strahlen am heutigen Sonntag jener dreyfache Freud-Gnad- und Sieg-bringende Himmel-Ring, den ein H. Birgitta
einstens ob der ganzen Catholischen Kirch stehen, und von den Wolcken biß auf
die Erb sich tieff herab neigen gesehen? (ooo) Ja, ja! diesen herrlichen Lob-
Spruch, und schönen Ehren-Titl kan ich der Göttlichen Mutter und Königin
deß H. Rosenkranz an ihrem heutigen Ehren-Wunder- und Rosen-Fest nicht
absprechen, indem sie nicht nur zu gar betrübten Zeiten um das Jahr 1466.
durch ihre himmlische Gnaden-Strahlen unser vorhin ganz finster, und unbekanntes Elder-Wäldlein höchst-wunderbarlich erleuchtet, sondr ihren Mütterlichen, mit lauter Tugend-Sternen gezierten Schutz-Mantel über die Ottobeyrische Arch und Altar Ao. 1579. neuer Dings außgebreitet, als nämlich
von Feliciano auß dem Orden deß H. Vatters Dominici, Scalensischen Bischoff, Römischen Kirchen-Cardinal, und Päbstlichen Nuntio die hochlöbliche
Erz-Bruderschafft deß H. Rosenkranz allhier feyrlichst eingesetzt, und für
ewig bestättiget wurde. Vielleicht stunde dergleichen glanzender Lufft-Schein
an dem Ottobeyrischen Himmels-Kreiß zu Zeiten Gregorij Reybi, dessen Nam
und Abbatialische Würde bey der gelehrten Welt unsterblich gemacht hat jene
grosse Mühe, Sorgfalt und Eifer, so er im Jahr 1617. bey Auf- und Einrichtung der berühmten Universität in Salzburg als erster Haupt-Beförderer,
und würdigster Præses derselben von sich hat schimmeren lassen? Aber leyder!
auch dieser wurde gar bald durch den wilden Rauch der Böhmisch-Schwedischen
Kriegs-Flamm dermassen verfinstert, daß seinem lieben Gotts-Hauß erst in
dem Jahr 1650. unter Abbt Maurus die günstige Fridens-Sonne wieder zu
scheinen begunte. Was sage ich endlich von den Zeiten oder großmüthiger
Freygebigkeit dreyer ganz Marianischen Abbten Benedicti, Gordiani, und

Ruper-

(ooo) Lib. 3. Revel. c. 10.

Ruperti deß Zweyten dieses Namens, deren erster das Clösterl, der Zweyte die schöne Wallfahrts-Kirch in Elderen erbauet, zu Unterhaltung nöthiger Beicht-Vätter die Quellen eröffnet; der letzte aber, weil er seine 30. Jährige Regierung durch Bischöffliche Einweyhung, und kostbare Außzierung deß Elderischen Gnaden-Hauß weißlichist angefangen von dem Drey-einigen GOtt auf Vorbitt Mariä so viel Gnad, so viel Glück, und übermäßigen Seegen in all seinen grossen, ja fast unglaublichen Unternemmungen erlangt hat, daß dessen unsterbliche Verdienst, und Ceder-würdige Manns-Thaten billich den ersten Rang, Ruhm, und Lohn seiner glorreichisten Vorfahrer ewig verdienet haben. O wie wahr ist denn nicht jenes, was Maria durch den Mund deß Weisen von sich und allen jhrigen spricht: Ego diligentes me diligo &c. (ppp) Ich liebe, die mich lieben, die Morgens frühe zu mir wachen, die werden mich finden. Mecum sunt divitiæ & gloria &c. bey mir ist Reichthum und Herzlichkeit, ansehnliche Güter und Gerechtigkeit. Melior est enim fructus meus auro &c. denn meine Frucht übertrifft Gold, und Edlgstein; und mein Einkommen ist besser als das feiniste Silber.

Alle diese himmlische Regen- oder vielmehr Gnaden-Bögen, ja noch mehr andere, so wir auß mangel der Zeit nicht besser beobachten können, lasse ich anheut in jhren hohen Werth, und billichster Verehrung unter den trüben Wolcken dasiger fast immer das Reich beschwärenden Kriegs-Troublen vorbeystreichen. Nur einer, und zwar der letztere, der schönste, und grösste sticht mich vor heut sehr in die Augen, weil er dem Regen-Bogen deß Ertz-Patriarchen Noë, mithin auch diesem Neu-geweyhten Ottoberischen Tempel der gleichförmigste ist. Bey obgemelten Cornelio à Lapide stellet der dreyfärbige Sonnen- oder Bogen-Schein mit seinen grün, roth, und viol- oder dunckel-blauen Strahlen die Drey-einige GOttheit, sage, die Allmacht, die Weißheit, und Liebe unsers Erschaff- und Erlösers vor.

Wo sind aber diese hell-sichtbar- und herzlicher zu finden, als eben in gegenwärtiger von ANSELMO, dem Namen und Werck nach wahren Erb aller Gerechtigkeit, heres Justitiæ und eißgrauen Noë erbauten Hauß GOttes? Posuisti sæculum nostrum in illuminatione vultus tui.

Denn erhebe ich nur wenig meine Augen, so erblicke ich gleich in der ersten Kuppel jene in seinen außerwöhlten ewig-grünende Allmacht GOttes, welche unserem Geist- und Wunder-vollen Ertz-Vatter Benedicto noch in dieser Sterblichkeit fast die gantze unter seiner heiligen Regul wieder das Fleisch, wieder die Sünd und die Höll streittende Welt, darin unfehlbar auch die glückselige Archen Sylachi in einem eintzigen Sonnen-Strahlen gezeiget hat, velut sub uno Solis radio omnem mundum collectum conspexit, wie von jhme der H. Pabst Gregorius schreibet. O wie unaußsprechlich groß wird nicht die Glori dieses unvergleichlichen Ordens-Patriarchen unter der mit so viel Sieg- und Lorber-Kräntzen brangenden Reihe seiner H. Regul-Kinder in dem Himmel seyn, wenn sie schon also herzlich geglantzet, ja von GOtt selbst ist bestrahlet, und erhöhet worden in dieser Welt videnti Creatorem angusta est omnis creatura? Die zweyte, und grosse Kuppel præsentiret unseren andächtigen Gemüths-Augen jenen heiligen, jenen Göttlichen, jenen alle Herzen durch feurige Zungen entzündenb, und an sich ziehenden Geist der eingefleischten ewi-

(ppp) Prov. c. 8. v. 17. 18, 19.

gen Weißheit, welche an dem Creutz zwischen zwey Mörder erhebt, und in ihrem eignen Blut roth gefärbt alle Völcker der alten und neuen Welt durch die Einigkeit, und Heiligkeit deß Glaubens in dem grossen Kirchen-Schiff der Römisch-allein seeligmachenden Religion versammlet, si exaltatus fuero a terra, omnia traham ad me ipsum, (qqq) selbe auch wieder alle höllische See- oder Seelen-Rauber, das ist, wieder alle Irrthum, Ketzerey, und Freygeisterey noch immerdar beschützet, und allzeit beschützen wird, portæ inferi non prævalebunt adversus eam. (rrr) Gehe ich tieffer in das Heiligthum gar hinein, O was für ein unergründliches Geheimniß der Göttlichen Liebe kommt mir allda zu Angesicht in einem Himmel- oder dunckel-blauen Feld, oder besser zu reden, in der Schooß deß ewigen Vatters? für wahr ein Geheimniß, in welchem alle Strahlen Göttlicher Allmacht, und Weißheit mit der Liebe vereiniget, unserem Verstand aber für allzeit unbegreifflich sind. Dann sehet, nachdem es der Göttlichen Lieb nicht genug ware, daß sie die Zahl der abtrünnigen Englen zu ergänzen, unsere menschliche Natur auß nichts erschaffen, selbe zu einem Tempel seines heiligen Ebenbilds, ja so gar seiner persöhnlichen GOttheit per unionem hypostaticam durch die Menschwerdung erkiesen, solvite templum hoc, & in tribus diebus excitabo illud. (sss) Nachdem es der Göttlichen Liebe nicht genug gewest, daß sie sich einmahl, wie schon von Ewigkeit her beschlossen worden, als ein blutiges Schlacht-Opfer auf dem Altar deß Creutzes zur Außlöschung eines unglückseeligen Apfel-Bisses seinem himmlischen Vatter freywillig hatte aufgeopffert. Nachdem alle diese Excess der Gnad, der Milde, der Freygebig- und Barmherzigkeit die unendlich, allmächtig- und weisiste Liebe GOttes nicht vergnügen, noch ersättigen könnten, O was hat sie nit noch ersonnen, was hat sie durch die Hitz, und Stärcke ihres alles lebendigmachenden Geists nicht ins Werck gesetzt? Sapientia ædificavit sibi Domum, (ttt) sie hat ihr auf dieser Welt, und zwar in Ottobeyren ein neues Hauß, eine neue Arch, einen neuen Altar erbauet, selben mit sieben Säulen der Sacramentalischen Gnaden-Geheimnissen unterstützet, excidit columnas septem, und sich selbst für unsere tägliche Sünden, für unsere tägliche Bedürfftigkeiten, als ein tägliches Opfer unter frembden Gestalten preiß gegeben, immolavit victimas suas, miscuit vinum, & proposuit mensam suam, damit alle glaubige durch die Krafft dieses täglich- und Göttlichen Opfers allhier täglich erquickt, täglich gestärckt, täglich getröst- gereiniget, und mit GOtt ewig solten vereiniget werden. O was ein grosses, unerforschlich- und unbegreiffliches Geheimniß über alle Geheimnissen ist dieses, welches von den Englen und Ertz-Englen ohne Unterlaß als Heilig, Heilig, Heilig gepriesen, von den Cherubin- und Seraphinen mit verhülten Angesichteren verehrt, und von denen 24 Himmels-Alten nach abgelegten Cronen stäts bewundert, und angebettet, uns blinden und armseeligen Adams-Kindern aber in der dritten und inneren Kuppel dieses Göttlichen Hauß durch den Kunst-Pemsel deß Mahlers sehr annemlich vorgestellet wird.

O GOtt sey danck! von nun an erkenne ich mich recht, wo ich heut bin, und wo ich stehe. In Wahrheit hier ist gut wohnen, bonum est nos hic esse, weilen ich allhier bey der Arch, bey dem Altar, und unter den schimmerenden Regen-Bogen eines gerechten Noe stehe, wo die Drey-einige Strahlen deß Göttlichen Ang:sichts die Allmacht, die Weißheit und die Güte deß Allerhöchsten ihren heiligen Glanz zu unserem Trost beständig von sich geben, und unsere Herzen

(qqq) Joan. c. 12. v. 32. (rrr) Matth. c. 16. v. 18. (sss) Joan. c. 2. v. 19. (ttt) Prov. c. 9. v. 1. 2.

zen mit Glaub, Hoffnung, und Liebe erfüllen, Posuisti sæculum nostrum in illuminatione vultus tui. Ja ja! Ich stehe an jenem guten, an jenem herzlichen, an jenem heiligen Orth, wo Noe, wo Salomon, wo die drey Jünger Petrus, Johannes, und Jacobus gestanden; ja wo so gar Christus selbst der verwundte Liebs-Pelikan, der unsterbliche Blut-Bräutigam, (uuu) der unsichtbare Bischoff unserer Seelen und beste Hirt seiner H. Kirchen (xxx) Sacramentalischer Weiß von nun an in seinem goldenen Tabernackl stehet, und wohnet, Ecce Tabernaculum Dei cum hominibus, & habitabit cum eis: nämlich auf dem heiligen Berg, in dem heiligen Hauß, vor dem heiligen Thron, und in dem hellen Gnaden-Licht der Göttlichen Majestät und seines allerheiligsten Angesichts stehe ich, welche in diesem neu-geweyhten Tempel von mir und all meinen Zuhöreren, wie einst von dem frommen Menschen-Vatter Noe nichts denn Opfer verlanget, ein reines Danck-Opfer für die verstossne, ein unblutiges Versöhn-Opfer für die gegenwärtige, und ein unaufhörliches Lob-Opfer für die zukünfftige Zeiten, Gnaden und Wohlthaten, Posuisti sæculum nostrum in illuminatione vultus tui. Wohlan denn vor heut sollen alle Anwesende, wie in den Tägen Noe, für Priester gelten, und sich zu einem so grossen Schlacht-Opfer bereit halten. Die Patriarchen, Propheten, oder König deß alten Testaments haben zwar viele, doch lauter reine Thier geschlachtet, und so offt sie die Geringschätzbarkeit ihrer Opfer durch die Menge der Gaben, und Aufrichtigkeit deß Hertzens zu ersetzen trachteten, haben sie allzeit einen so reichen und übermäsigen Seegen vom Himmel erlanget, wie wir bißhero auß der Geschicht Noe verstanden, der sich noch biß auf unsere Jahrs Lauff, und Andacht erstrecket. Wir Christen hingegen, oder Wahr-Glaubige deß neuen Gnaden-Bunds haben nur ein eintziges, aber alle andere in sich schliessend, und unendlich übertreffendes Lob- und Liebs-Opfer, verstehe, daß für unsere sündhaffte Hertzen am Creutz einmahl verwundt- und getödtete Hertz JESU, & erunt oculi mei, & Cor meum ibi cunctis diebus; (yyy) So bald solches in dieser Kirch, oder vielmehr in diesem irrdischen Himmel mit jenem Eifer, wie unsere Schuldigkeit erfoderet, auf den Altar gelegt, und mit den hitzigen Funcken einer wahren Gegen-Lieb von uns noch mehr angeflammet wird, so bald steigt der häuffige Seegen, die Gnad und Barmhertzigkeit GOttes über uns alle herab, Ascendit nostra Oratio, & descendit Dei miseratio. Glaubt ihr vielleicht meinen Worten nicht, so höret was GOtt selbst zu Noe, Abraham, und Salomon bey einer dreyfachen Altar- oder Kirchweyh gesprochen. Zu Noe sagte der HErr: Hoc signum fœderis, quod constitui inter te, & me, & omnem carnem super terram, (zzz) dieser wunderschöne Regen-Bogen, oder Sonnen-Ring, so ich über deinem mir höchstgefälligen Altar und Opfer habe aufgehen lassen, solle dir und allen Menschen ein Zeichen eines beständigen Friedens seyn; so offt du und deine Nachkömmling denselben anschauen werden, so offt solt ihr in einer Schönheit die Drey-einige Strählen meines Angesichts betrachten, und euch allzeit meiner Göttlichen Allmacht, Weißheit, und Güte erinneren, die dich, und die gantze Welt von dem Untergang also wunderbarlich errettet hat, vide arcum, & benedic eum, qui fecit illum, quia valde speciosus est in splendore suo. (aaaa)

Dem Abraham, da er eben fertig stunde, das unschuldige Schlacht-Schwerdt in dem jungen Blut seines eintzigen Sohns Isaac nach dem Willen GOttes zu fär-

---

(uuu) Exodi c. 4. v. 25.   (xxx) 1. Petri c. 3. v. 25.   (yyy) 3. Reg. c. 9. v. 3.
(zzz) Gen. c. 9. v. 17.   (aaaa) Eccli. c. 43. v. 18.

färben, hat der Allwiſſende Vatter aller vorgehenden Vätter, und nachfolgenden Zeiten Deus Patrum noſtrorum, Deus conſpector ſæculorum die Erhalt- und Vermehrung ſeines hohen Geſchlechts gleich der Zahl und Glantz der Sternen, gleich den Sand-Stäublein am Uſer deß Meers verſprochen, multiplicabo ſemen tuum ſicut ſtellas Cæli &c. (bbbb) Uber den König Salomon hat GOtt der Liebe, deß Troſts, und aller Erbarmnuſſen Deus charitas eſt, Pater Miſericordiarum, & Deus totius conſolationis (cccc) das gantze Horn ſeiner unerſchöpfflichen Freygebigkeit vom Himmel herab außgegoſſen, und ihme alles, was er für ſich, für ſein Volck, und gantzes Reich begehret, gnädiglich zugeſagt, ego exaudiam de Cælo, & propitius ero peccatis eorum, & ſanabo Terram eorum. (dddd)

Dieſer dreyfache Himmels-Seegen warthet gleichfahls auf uns, wenn wir mit ſolcher Danckbarkeit und Zuverſicht wie Noe, mit ſolchem Glauben und Treu wie Abraham, mit ſolcher Demuth und Reu wie David, mit ſolcher Andacht und Innbrunſt wie Salomon in dieſem neu-conſecrierten Tempel erſcheinen.

Schluß.

SEye es demnach, das GOtt nicht allein gute, und ſchlimme Zeiten, ſonder auch Gerecht- und Ungerechtigkeiten eines tauſend-jährigen Otto-beyren ſowohl als eines jeden Menſchen der gantzen Welt beſtändig in dem Licht ſeiner Augen hat, Poſuiſti iniquitates noſtras in conſpectu tuo, & ſæculum noſtrum in illuminatione vultus tui: ſeye es, daß wir in der Kirch unſers Geiſtlichen Beruffs dem H. Exempel, Wunſch, und Eifer unſerer erſten Glaubens- und Ordens-Vätter nicht allzeit nachgelebt: Seye es, daß wir an ſtatt deß himmliſchen Friden- und Gnaden-Seegen nichts als Krieg, Hunger, Peſt, und andere Straffen verdienet, und villeicht zu gewarthen haben: Ach! dieſes Unheyl kan, und wird alles durch unſer Gebett in gegenwärtigem GOtt geheiligten Tempel gehoben, verziehen, und abgewendet werden, ego exaudiam, ego propitius ero peccatis eorum, ſo bald wir das Hertz JEſu deß unſterblichen Lamms nebſt unſeren Hertzen zum Opfer bringen. Fili mi, præbe cor tuum mihi. (eeee)

Iſt deme alſo, ſo wollen wir denn alle das Prieſterliche Ephod eines reinen oder reu- und demüthigen Gewiſſens anziehen, und mit GERARDO dem hohen Prieſter deß uralten S. Magni-Stiffts in Füſſen hurtig zu eben jenem GOtt höchſtgefälligen Lob-Verſöhn- und Danck-Opfer ſchreitten, welches durch Abel, durch Noe, durch Abraham, durch Moyſes, durch Salomon und Melchiſedech ſchon von Anbegin der Welt iſt vorgeſchattet worden. Sehet! der Altar deß wahren Glaubens, das Holtz unſers Heyls, und gantze Hoffnung, Lignum vitæ, wie auch das Feur der Göttlichen Liebe ſtehet ſchon alles bereit. Derohalben laſſet euch nieder auf euere Knie, dancket, lobet, preiſet GOtt, und ſprechet mir im Hertzen alle nach.   Groſſer, Drey-einiger GOtt! der du unſichtbarer Weiß in dir alles enthalteſt, doch zum Heyl der Menſchen die Wunder deiner Allmacht, Weißheit und Güte ſichtbarlich zeigeſt; und von einem Geſchlecht nach dem anderen unſere Zuflucht allzeit geweſen: (ffff) Siehe

an

(bbbb) Gen. c. 22. v. 17.   (cccc) 2. Cor. c. 1. v. 3.   (dddd) 2. Paral. c. 7. v. 14.
(eeee) Prov. 23. v. 26.   (ffff) Pſal. 89. v. 1.

an mit heiteren Angesicht, und nimme gnädiglich auf jenes unblutige Lob- Danck- und Versöhn- Opfer, so deiner allerhöchsten Majestät von nun an in diesem deinem geheiligten Hauß täglich nach der Ordnung Melchisedech geschlachtet, und aufgeopfferet wird. Lasse durch dessen unendliche Krafft alle, so dich allda ehren, bitten, und anbetten, die Wohlthaten deines Trosts in ihren Nöthen, und Anligen geniessen. Sonderbar aber bitten wir dich, du wollest daß in deinem heiligen Dienst und Erbauung dieses Tempels hochergrauete Lebens- Alter unsers 79. jährigen Noe, will sagen, deines allzeit gerechten Dieners ANSELMI, der Zahl nach 53sten Abbten, und würdigsten Kloster- Arch mit jenen himmlischen Fried- Freud- und Gnaden- Thau erquicken, begeistern und stärcken, mit welchem du den Altar, das Hertz, und die Zeiten deß ersten Menschen- Patriarchen nach der Sünd- Fluth erquicket, gestärckt, und begeistert hast.

Ertheile gleichfahls auf unser flehentliches Bitten, denen zwey Durchlauchtigsten Printzen, und Hochwürdigsten Reichs- Fürsten JOSEPHO, und CLEMENTI, wie auch allen übrigen grossen Kirchen- Prälaten, so die Weyhungs- Ceremonien dieser neuen Kirch mit ihrem Aaronischen Andachts- Eifer theils selbst verrichtet, theils mit ihrer andächtigen Gegenwart zu gröster Erbauung einer unzahlbaren menge Volcks verherrlichet haben, jenen zweyfachen Seegen, welchen du unserem Glaubens Vatter Abraham, und Salomon dem Lehr- Jünger deiner ewigen Weißheit an Seel und Leib, an Haab und Gut also reichlich mitgetheilt hast. Siehe, wir verdoppeln unser Gebett, daß sie samt dem edlen Geschlecht all ihrer Bischöflich- oder Vätterlichen Hirten- Sorg anvertrauten Seelen, durch die zeitliche Ehren, und Güter also unbefleckt wanderen, damit sie die ewige dardurch nicht verliehren, sonder allzeit vermehren durch JEsum Christum, der da ist, der da war, und der da kommen, und seyn wird in dem Tempel seiner unendlichen Glori unser Lohn, unser Freud, und ewige Glückseeligkeit. Amen.

Auf diese Rede folgte das Hoh- Amt, welches Jhro Hochwürden und Gnaden, der Hochwürdige HErr GERARDUS Abbt deß Löbl. uralten Stiffts, und GOtts- Hauses S. Magni zu Füssen, wie auch der Löbl. Nieder- Schwäbischen Congregation Ord. S. Bened. hohmeritierter Præses &c. mit außnehmender Andacht abgehalten hat. Und weilen die Löbliche Ertz- Bruderschafft deß Heil. Rosenkrantzes heute ihr Titular- Fest feyerte: als ward noch Vormittag die gewöhnliche Procession angestellet; wobey denn die drey anwesende Hochwürdig, und Gnädige HErrn Prælaten den in dem Allerheiligsten Altars Geheimniß gegenwärtigen GOtt zur allgemeinen Auferbauung deß häufftigst versammelten Volcks begleiteten. Endlich wurde der Beschluß mit dem choraliter abgesungenen Ambrosianischen Lob- Gesang gemachet.

Die Nachmittags- Stunden zu verkürtzen, muste die vierte, und letzte Aufführung unserer Opera dienen. So hat endlichen auch der einbrechende Abend der übergrossen Mühe der Wohl- Ehrwürdigen PP. Augustinern, Franciscanern, und Capucinern ein Ende gemachet, und diesen unermüdeten Seelen- Eiferern eine Ruhe verschaffet. Die Anzahl deren, so sich durch Empfahung der heiligsten Geheimnissen deß grossen Schatzes, und vollkommenen Ablases theilhafftig zu machen gesuchet, belaufft sich auf mehr, denn 18000. Die gantze acht Tag hindurch waren fast alle Altäre den gantzen Vormittag immer besetzet, und wurden also wenigstens 700. heilige Messen gelesen.

Nachdeme nun diese höchstfeyerliche Octav auf bißhero gemeldete Weise glücklichst beschlossen worden; so traten gleich in der fruhe deß folgenden Monntages die hohe Gäste ihre Ruckreise an. Die zu Hauß gehäuffte Geschäffte gestatteten nit einmahl Sr. Hochwürden, und Gnaden HErrn Prälaten von Memmingen, das Hochdieselbe nur einen Tage nach so vieler, grosser, und fast immer ununterbrochener Mühe außruheten. So bliebe denn Ottobeyren nichts anderes übrig, als daß es sich Hochdenselben nebst schuldigster Dancksagung auf ewige Zeiten verbunden bekennete. Der Dienstag endlichen, an welchem auch Se. Hochwürden, und Gnaden, HErr Præses abzureisen beliebten, machte diesem seltenen, und herzlichen Fest ein Ende.

U. L. O. G. D.

www.ingramcontent.com/pod-product-compliance
Lightning Source LLC
Chambersburg PA
CBHW030255170426
43202CB00009B/751